钩沉历史资料

荟萃传统英华

载道启智化人

续写锦绣未来

《菏泽历史文化丛书》之六

编委会主任　张　伦　李春英

主　　　编　韩广洁

学 术 主 编　潘建荣　张金鼎　张德学

逸迹胜景吟春秋

——菏泽古诗词选辑

潘守皎　王冬梅　杨世勤　编注

图书在版编目（CIP）数据

逸迹胜景吟春秋：菏泽古诗词选辑 / 潘守皎，王冬梅，杨世勤编注．-- 北京：中国文史出版社，2024.4
（菏泽历史文化丛书 / 韩广洁主编．第三辑）
ISBN 978-7-5205-4657-7

Ⅰ．①逸… Ⅱ．①潘… ②王… ③杨… Ⅲ．①古典诗歌—诗集—中国 Ⅳ．① I222

中国国家版本馆 CIP 数据核字（2024）第 080882 号

责任编辑：胡福星

出版发行：中国文史出版社
社　　址：北京市海淀区西八里庄路 69 号　邮编：100142
电　　话：010-81136606　81136602　81136642（发行部）
传　　真：010-81136655
印　　装：菏泽英华彩印有限公司
经　　销：全国新华书店
开　　本：787 × 1092　1/16
印　　张：28.75
字　　数：390 千字
版　　次：2024 年 12 月北京第 1 版
印　　次：2024 年 12 月北京第 1 次印刷
定　　价：1080.00 元（全 6 册）

齐鲁会盟台

仿山曹君墓地

戚姬寺旧迹

黄河夕照

左山禅寺

孟渚古泽

巨野金山

曹州牡丹园

目　录

序

历史是城市的记忆，文化是城市的灵魂。菏泽市中华文化促进会策划并组织编纂的《菏泽历史文化丛书》全部付梓，标志着这项历时十一年、填补菏泽文化通史空白的宏大工程圆满收官。这是菏泽文化强市建设的一件盛世喜事，对于挖掘、传承和弘扬菏泽优秀历史文化具有重要意义。

菏泽历史悠久、人文厚重，传说乃伏羲之桑梓、尧舜之故里，先为商汤之京畿，继属曹国之疆土，是中华文明的重要发祥地之一。翻阅历史长卷，步入文化长廊，这片古老美丽的土地孕育了绵延千年的灿烂文化，滋养了灿若星河的名人巨匠，曾数度成为中原地区重要的政治、经济、文化中心。远古至夏商时期，传说中的“三皇五帝”在此留下足迹，伏羲授渔猎、造八卦，帝尧制历法、兴禅让，虞舜耕历山、陶河滨，带领先民族群繁衍生息，开启华夏文明之源。西周至战国时期，菏泽人文荟萃、百家争鸣，齐鲁、荆楚、吴越、中原文化在此交汇融合，涌现出一批著名的思想家、文学家、军事家，被《史记》誉为“天下之中”。秦之后的两千多年封建社会时期，菏泽虽饱经沧桑、几经沉浮，但深厚的历史文脉赓续不辍，孕育了象征繁荣昌盛、幸福和平的牡丹文化，蕴含忠孝仁义、重信守诺的水浒文化，体现风俗人情、先民智慧的非遗文化，奠定了菏泽“一都四乡”的文化根基。近现代，作为冀鲁豫边区的首府，这里发生过彪炳史册的红三村保卫战，见证了刘邓大军强渡黄河的战略转折，更诞生了数不尽的仁人志士，用满腔热血和赤胆忠心浇灌出生生不息的“菏泽红”。

习近平总书记指出，修史立典，存史启智，以文化人，这是中华民族延续几千年的一个传统。《菏泽历史文化丛书》坚持以史为据、依史寻源，集中展现了菏泽历史概貌和文化辉煌时期，系统介绍了菏泽的贤哲志士、民俗风物、非遗艺文、战争史话和“一都四乡”等内容。这套丛书共十四卷十六册800余万字，文风朴实、秉笔直书，采撷英华、荟萃众美，钩沉历史、通贯古今，是一部全面反映菏泽历史文化的资料性文献。细细品读，定会深切感受到菏泽历史文化的厚重与璀璨、曹州大地的苍茫与崇高、先贤圣哲的智勇和才情、风土人文的深邃与隽美……历史是最好的教科书，只有铭记历史，才能深刻了解过去、全面把握现在、正确创造未来。我们要以高度的文化自信，深入挖掘菏泽历史文化，坚持创造性转化、创新性发展，古为今用、推陈出新，让历史文脉融入现代生活，让文化基因代代相传。

回眸来时路，菏泽市委、市政府始终牢记习近平总书记“后来居上”的殷切嘱托，全面贯彻落实党中央决策部署和省委工作要求，坚定不移推动高质量发展，经济总量、财政收入分别突破4000亿元、300亿元大关，均跃居全省第8位，实现了由“全省垫底”到“跻身中游”的历史性跨越。展望前行路，菏泽已站在新的历史起点上，全市广大党员干部群众要坚持以习近平新时代中国特色社会主义思想为指引，用好《菏泽历史文化丛书》，学史明理、以文铸魂，从历史经验中获得启迪，从文化传承中凝聚力量，从先贤实践中汲取智慧，全力加快突破菏泽、后来居上步伐，奋力谱写无愧于先贤、无愧于时代、无愧于后世的辉煌新篇！

是为序。

中共菏泽市委书记 张伦

菏泽市人民政府市长 李春英

二〇二三年十二月

引　言

菏泽市中华文化促进会策划并组织编纂《菏泽历史文化丛书》，始于2013年。菏泽市委、市政府对这套丛书的编纂高度重视，给予了有力支持。本市十几名专家、学者在编纂中付出了辛苦劳动和不懈努力。现在，这套丛书已陆续付梓。该丛书是菏泽历史文化的百科全书，堪为菏泽文化建设的一项重要工程。

菏泽历史悠久，文化底蕴丰厚。

远古至夏商时期，菏泽为中华民族的重要发祥地之一。历史文献、远古遗存显示，这里是华族、夏族和东夷族群社会与文化的交融之地，各部族首领和远古先贤们或诞生于此，或创业于此，开启了广阔深厚的远古文明。

两周时期，这里河网纵横，交通便利，人口繁盛，经济发达，为齐鲁文化、荆楚文化和吴越文化的交汇之地，被称为“天下之中”，曾孕育了影响深远的兵家文化、道家文化和儒商文化。

秦代之后的两千多年封建社会中，菏泽虽饱受黄河水患和战争离乱之祸，几经兴衰变迁，但深厚的文化传统仍脉延长续，历代名家贤达辈出，文化成就彰明昭著。

至近现代，菏泽作为民主思想的较早传播地和一方革命老区，民主运动和武装斗争风起云涌，薪火相传，以鲁西南战役为代表的革命战争文化永载史册。

在漫长的历史发展进程中，菏泽还孕育了灿烂的文化艺术，以牡丹、戏曲、书画、武术、民间艺术为主的特色文化，以诗歌、文赋、风物、民俗为基础的地域文化等，在中华民族的艺术百花园中大放异彩、耀眼夺目。

以上表明，菏泽在齐鲁和华夏文明的史册中，书写了一页页光辉灿烂、源远流长的历史篇章。

基于以上人文背景，我们经过广泛征集和挖掘资料、史料，精心打造了这套《菏泽历史文化丛书》，使之为继承弘扬中华民族的优秀传统文化，为建设美好、文明、富裕的菏泽服务。

《菏泽历史文化丛书》，是奉献给菏泽人民的精神食粮。这套丛书计 14 卷 16 册，分三辑先后编纂出版。丛书涵盖的主要内容为：菏泽史上四大文化辉煌时期、菏泽非物质文化遗产、菏泽历史名人、菏泽历代科举登科录、菏泽“一都（牡丹之都）四乡（戏曲书画武术等）”、菏泽水浒文化、菏泽艺文、菏泽风物、菏泽民俗和商周时期的菏泽杰出人物伊尹、范蠡、庄子、孙膑等。这套丛书的最大特点，一是时间跨度长，从远古至近现代，悠悠五千余年；二是史实涵盖面广，既包括古今重大文化活动、历史事件和名人志士，又包括个性鲜明的地方特色文化，充分展示了菏泽悠久的历史和丰厚的文化底蕴。《菏泽历史文化丛书》宏富博大，出版这套丛书具有重要的现实意义和深远的历史意义。

首先，丛书给人们提供了一份宝贵的文化遗产和精美的爱国主义教材。丛书从纵向和横向多层面、多角度，比较系统完整地记述了菏泽的历史、文化。横观世事知风雨，纵览史实知兴衰。丛书对于我们进一步了解菏泽，以史为鉴，增强自豪感，树立民族自尊心，陶冶热爱家乡、建设家乡的志向和情操，无疑是十分有益的。丛书各卷中许多史料、图片鲜为人知，是经过广泛走访民间，接触各种线索，查阅多种典籍，或与大专院校、研究机构的专家学者交谈、切磋而获得的。书中相当多的史实、成果是挖掘抢救出来的，弥足珍贵。若不是经过这次大规模收集整理和撰写，丢失难以避免，会留下无尽遗憾和不可挽回的损失。可以说，此套丛书的出版，在菏泽历史文化传承中作用极大。随着时间的推移和岁月的流逝，丛书的价值和重要性将会更加凸显。

其次，丛书有助于提高菏泽人民的人文素质、文化品位，因而对菏泽的文化、社会、经济发展都是十分有益的。文化是灵魂，文化是打开人们心扉、打开社会封闭之门的钥匙。这套丛书会让人们增长历史知识和历史智慧，明确文化与社会、经济的互动作用，自觉加快文化建设的步伐；随着文化品位的提升，文化翅膀将会使菏泽飞得更高、更远，让外部世界更多、更快地了解菏泽、认识菏泽，进而助推菏泽的突破、跨越。

对《菏泽历史文化丛书》的编纂，市有关部门和袁焕勇、冯林、陈一东等同志给予了鼎力相助，我们表示衷心的感谢。

历史是凝固的现实，现实是流动的历史，文化则是历史和现实的折射与升华。菏泽的历史文化、特色文化、革命文化底蕴丰厚、博大精深。在本书编写过程中，我们力求实现科学性、知识性与趣味性的统一，尽量做到图文并茂、雅俗共赏。但是，由于年代久远、资料欠缺，加之我们学识所限，在事件和人物选录、内容取舍、文字表述、图片配置，甚至史实等方面，都可能产生错讹或不妥之处，恳请社会各界有识之士批评指正。

菏泽市中华文化促进会主席 **韩广洁**

二〇二三年十二月

前 言

菏泽，是黄淮平原上一方古老的土地，由于自然条件优越，我们中华民族的祖先很早就在这里生产生活，从而留下了“伏羲之桑梓，尧舜之故里，先为商汤之京畿，继属曹国之疆土”的传说和文献记载，因此有着深厚的历史文化积淀。《汉书》中称赞这里的人“有先王遗风，重厚多君子”，就因为这里曾是古代先贤最早的教化之地。

上古时期及以后很长一段时间，这里曾经存在很多山丘、川泽、城邑、墓台等著名的自然和人文景观。它们有的后来逐渐消失，只供人们伫立凭吊；有的虽然历经风雨却还依然表现出顽强的生命力，在静静地倾诉着历史的沧桑。还有蜚声海内外的牡丹，也在暮春时节的菏泽大地怒放，点缀着人们诗意的生活。

上古时期的菏泽，属于当时九州中兖、豫、徐三州的接合部。境内夏代有贯、莘、三朡、须句等部落与方国，商代除有一些部落和方国以外，商朝曾经的都城北亳、庇，分别在今天的曹县和郓城境内。周代时，文王嫡子、武王胞弟姬振铎被分封于此地，建立了曹国。汉代此地先属于梁国，后又析分为梁、济阴、济川、济东、山阳等郡国，魏晋南北朝以来，济阴郡、曹州成了此地的代称。唐宋以来，曹州的称谓逐渐固定，但文人们更喜欢称此地为“曹南”。上古及此后很长一段时间内，此地以水面广大的菏泽为枢纽，西接东西流向的济水、东连南北流向的菏水，成为四通八达的交通中心，进而成为商业贸易中心，也成为春秋战国时期诸侯征战、会盟的“午道”。这也是《史记·货殖列传》中称其为“天下之中”的缘由。作为商人始祖的范蠡、子贡，就是在这一带经商致富的。标志着齐桓公称霸的葵丘会盟、晋文公称霸的城濮之战，也都发生在这里。汉代以后，由于河患、战乱以及北方少数民族的南下，这里的人们渐渐地由重耕读转变为尚武力，因此又成为众多英雄豪杰的故乡。这种情形到了隋唐以后更加炽烈，留名青史的单雄信、徐懋功、黄巢都是今菏泽人。宋元至明清时期，这里仍然是产生豪杰义士的热土，宋江、徐鸿儒、丁维岳就是其中的代表。因此，在这里大泽与丘山，河济与平原，圣王与先哲，明君与贤相，豪杰与盗贼，平民与牡丹，构成远古以来鲁西南菏泽一带社会生活丰富多彩的篇章，也为历代诗歌吟咏提供了素材。

菏泽的诗歌创作渊源非常久远，《吕氏春秋·音初篇》曾有《候人歌》，就是大禹的妻子涂山氏的侍女所唱，它被称为中国第一首恋歌。大禹治水的河、济之间，正是今天菏泽的境域。中国最早的诗歌总集《诗经》中有《曹风》，就是今天菏泽地区的民歌，《曹风》虽然篇幅不多，但却是《诗经》中经常被后世人们引用的重要篇什。《候人歌》和《曹风》都有南风特征，《候人歌》还被作为南音之始，这正是菏泽这块古老的土地连贯南北文化的印证。菏泽同时也是文人雅士展现笔墨文采的舞台，大批诗词文赋杰作陆续涌现。

公元前202年春天，刘邦在菏泽境内今定陶区的氾水之阳践皇帝位，从而拉开了一个声威煊赫封建王朝的序幕。刘邦荣归故里时的《大风歌》，就是放眼黄淮大平原时动情的歌唱。刘邦封自己的开国功臣彭越为梁王，后来其皇家后代刘武又做了梁王。因此，在菏泽境内，就有了南北两个梁王台，留给后人凭吊咏唱。汉武帝元光三年（前132），黄河决入瓠子河，淮、泗一带洪水接天，汉武帝二十余年治水无功，在瓠子河畔他无奈地唱出了《瓠子歌》，这是汉武帝一生唯一广泛流传的作品。东汉末年，一代枭雄曹操选择了兖州（治所在今鄄城）东郡作为统一北方的根据地。而后，其子、才高八斗的曹植就出生在这里，魏文帝登基后，又把他封在了这里。因此，曹操豪迈襟怀的悲凉倾诉，还有曹植抑曲难申的幽怨哀伤，都留在了菏泽这片土地上。唐朝天宝年间，被玄宗皇帝礼送出宫的大诗人李白来到这里，正好邂逅了漫游在此的大诗人杜甫、高适，他们邀及单父尉陶沔，一起在桑叶飘落的旷野游猎，并在单父城南的高台吟唱，给后人留下了“四君子欢聚”的佳话。唐代三大诗人唯一的这一次相聚，在文学史上亦是人们津津乐道的话题，闻一多先生称李、杜、高等的这次聚会是“太阳、月亮和星星碰了头”。宋元以后，是中原家族文化的繁荣时期，宋代巨野晁氏，元代济阴商氏，都出现了兄弟、叔侄闻名的诗人和曲作家。明代郓城樊氏家族，其翘楚人物在为宦之余，也寄情风雅，留下了很多诗词大作。清朝晚期，这里还出现了一个很有名的诗人团体——曹南诗社，他们聚会唱和，留下了《曹南诗社唱和集》等专门诗集，其领军人物徐继孺还整理了重要的地方文献——《曹南文献录》。

本书《逸迹胜景吟春秋——菏泽古诗词选辑》分为“山丘”“川泽”“城邑”“古迹”“传统八景”和“牡丹”六个部分，选编了历代吟咏菏泽山川、古迹和牡丹等为主题的诗词1000多首，旨在让读者通过这些诗篇，了解菏泽的历史面貌与后世变化，体会菏泽的人杰地灵和物华天宝，领略古代诗词写景状物和抒情咏志的艺术魅力，从而为今天菏泽的文化建设再谱华章。

潘守皎 王冬梅

二〇二三年十二月

第一辑　山丘

远古时期，菏泽境内有大量高出地面的土丘，历史文献称这些土丘为山、丘、岗、墟，其实是上古先民定居的聚落。因它高于地表能避水患，先称为丘，后誉为山。史籍记载的菏泽境内的山有菏山、历山、涂山、景山、曹南山、青山、箕山、富春山、左山、仿山、栖霞山、开山、文亭山等，诸山之中，唯有巨野金山非古代土丘，它属于泰沂山脉的切断余脉残丘。金山高136米，至今仍然耸立在鲁西南平原之上，为“国家3A级景区”“国家级地质公园”。这些土丘或山峰，因为处在古代开发较早、人烟稠密的地区，所以具有丰富的人文信息，引得后人多来寻访凭吊。

一、箕　山

箕山，在山东省鄄城县箕山镇，相传尧曾欲让位许由，许由逃至箕山下，农耕而食。

箕山歌

【上古】许由（生卒年不详）

古今乐录曰：许由者，古之贞固之士也。尧时为布衣，以清节约闻于尧，尧乃遣使禅为天子。由喟然叹曰：匹夫结志固如盘石，采山饮河所以养性，非以贪天下也。尧既殂落，乃作箕山之歌云云。博物志曰：司马迁云，无尧以天下让许由事，扬雄亦云夸大者为之。

登彼箕山兮，瞻望天下。山川丽崎，万物还普。日月运照，靡不记睹。游技其间，何所却虑？叹彼唐尧，独自愁苦。劳心九州岛岛，忧勤后土。位予钦明，传禅易祖。我乐何如，盖不盻预。河水流兮缘高山，甘瓜施兮叶绵蛮。高林肃兮相错连，居此之处傲唐君。

【（明）冯惟讷撰《古诗纪》卷一】

箕山

【唐】胡曾（约840—？）

寂寂箕山春复秋，更无人到此溪头。
弃瓢岩畔中宵月，千古空闻属许由。

【（清）彭定求等编《全唐诗》卷六百四十七】

箕山

【明】刘忠（1452—1523）

陶唐一去几兴衰，何事箕山尚有堆。
地底有人轻衮冕，眼中无物累尘埃。
芳声盖世高千载，故事于今遍九垓。
为问涓涓崖下水，弃瓢流去几时回？

【（明）邓韨编次《濮州志》卷九，嘉靖六年刻本，第4页】

箕山

【明】陈忠翰（生卒年不详）

一壶重千金，所贵吾有身。
轩冕是何物，六合尽埃尘。
楼楼在箕山，古迹今未湮。

弃瓢随流水，洗耳风尚闻。
于斯不振厉，尚友殊空论。

【（明）李先芳纂修《濮州志》卷五，万历九年刻本】

箕山操

【明】刘炳（1331—1399）

尧让天下于巢父，巢父曰君之牧天下，犹予之牧犊，吾无用天下为。《庄子》有樊仲父牵牛饮水，见巢父洗耳驱牛，而还耻令牛饮其下流也。

清流泱泱，箕山之阳。樛木森森，箕山之阴。嗟嗟巢父，岂洗其耳，实洁其心。

【（明）刘炳《刘彦昺集》卷一】

箕　山

【清】邵世纪（生卒年不详）

至尊拱手不能攀，洗耳高栖独往还。
欲觅真踪何处所，茫茫千载有无间。

【（清）高士英修、荣相鼎纂《濮州志》卷七，宣统元年刻本】

过箕山

【清】施润章（1618—1683）

四岳荐有鳏，靡试征厥德。
许由何如人，揖让乃孔亟。
洸洋漆园语，后世争耳食。
荒坟终茫茫，万古谁能识。

颍水今清泠，箕山多傲色。
掷瓢与洗耳，音徽如可即。
长啸凌崇冈，清风翔八极。

【（清）施润章《学余堂诗集》卷十】

谒许由庙

【唐】钱起（722？—780）

故向箕山访许由，林泉物外自清幽。
松上挂瓢枝几变，石间洗耳水空流。
绿苔唯见遮三径，青史空传谢九州。
缅想古人增叹惜，飒然云树满岩秋。

【（唐）钱起《钱仲文集》卷九】

许由墓[①]

【明】张寰（1486—1581）

辟世人归让德衰，荒原尚有白云堆。
席间野老争还急，箕山高风下诏来。
声舆一瓢随逝水，名齐孤竹表尘埃。
至今洗耳桥边石，勒取文章落上台。

【（明）邓韨编次《濮州志》卷九，嘉靖六年刻本，第 5 页】

注释：①鄄城有箕山，相传许由曾隐居于此，死后葬于此。

二、历　山

历山，古雷泽西岸之山。上古时期，舜耕历山，渔雷泽即此。历山在今山东省菏泽鄄城县境内。历山之上有舜王庙。

历山怀古

【清】王经袖（生卒年不详）

宇内历山四，纷争虞帝迹。盍观陶丘北，河滨棱雷泽。耕稼与陶渔，境壤讵遐隔。我来寻前踪，耘后鸟归磔。让路而让畔，遗俗近古昔。仰瞻祀岿存，策杖陟山脊。肃肃拜跪间，温恭俨咫尺。嗟哉山虽小，鸿名永赫奕。

【（清）凌寿柏著《菏泽县志》卷十八，光绪六年刻本，第 73 页】

虞帝庙辞

【元】张頣（生卒年不详）

雷夏泽兮河滨，爰筑宫兮妥皇灵。以陶以渔兮厥居孔宁，山川如故兮有怀古人。思亲兮知天伦，和兄弟兮宜家人。令闻不已兮惟德之纯，享予肆祀兮万世不泯。崇基兮言言，维松相兮既坚。挺徒兮旅楹，神肃然兮来庭。戴宠旗兮霓旌，广牡兮毂烝。甘醴惟厚兮旨且清。笾豆静兮悲英。芬蔡神其歆兮黍稷非馨，锡兹纯暇兮惠式均，贻我采牟兮迄康年。九歌一阕兮于荐斯牲。帝子降兮有妫嫔。于虞兮言归，六珈助兮副袆，玉佩兮陆离，亲承兮结褵。与君兮一齐，掬芳椒兮成居。僻击兰兮为帷，诸娣从兮祁祁。雍雍肃肃兮左右攸宜，内朝退兮委蛇，陪黼坐兮晏娱。酒香兮牲肥，钟鼓药兮昭歌。问公桑兮治丝织，玄纮兮垂衣，相我室家兮福禄是厘。九歌再阕兮右享元妃。馆甥二室兮陶唐，谁其媵兮女英。伣天妹兮定厥祥。有美同居兮志同行。制芝荷为衣兮芙蓉为裳，君之袂兮不如娣之袂良。榆翟兮蕙珩，八鸾兮枪枪。御彩霓兮来帝旁，何为鼓瑟兮流湘。南国虽乐兮不如帝乡，桂栋兮兰堂。荪璧兮药芳。肃祀事兮孔明，举匏尊兮嘉荐令芳。献茧兮承筐，朱绿兮玄黄，烂照照兮黼黻文章。女心伤悲兮祈尔福庆，九歌三阕兮媲于娥皇。

【（明）李先芳纂修《濮州志》卷五，万历九年刻本】

舜 庙[①]

【明】李先芳（1510—1594）

历山高枕瓠河隅，遗庙千秋壮版图。
土俗至今还让畔，居人犹自说成都。
重华遥想风云会，玄德空瞻日月徂。
欲吊湘灵无处所，海天愁思隔苍梧。

【（明）李先芳纂修《濮州志》卷五，万历九年刻本】

注释：①舜庙，祭祀虞舜的庙宇，在今鄄城县闫什镇历山庙村。

舜 庙

【明】陈忠翰（生卒年不详）

稽古重华帝，事业称巍巍。
明扬方未际，发迹何侧微。
躬耕在南亩，让畔风依依。
历山秋草没，禋祀古庙遗。
有为当自奋，颜氏岂我欺。

【（明）李先芳纂修《濮州志》卷五，万历九年刻本】

成都乡谒舜庙

【清】柴孝廉（生卒年不详）

昔岁游历城，人传舜耕处。考核多龃龉，毋乃语近傅。驱车来濮阳，行人还让路。村墟暮烟横，成都曰古聚。况乃庙巍峨，苍龙挂高树。肹蚃实式凭，雷泽非沿误。爱博唯罗君，觇缕托毫素。论古得其真，精神邈堪注。翘首望苍梧，湘灵纷成赋。三妃未之从，空迷寒江渡。

【（清）高士英修、荣相鼎纂《濮州志》卷七，宣统元年刻本】

舜碑

【明】刘忠（1452—1523）

历山高庙暝烟昏，千载犹存片石痕。
飞动龙蛇映今古，光华草木自乾坤。
托耕故迹知何在，让畔遗风俨若存。
仿佛五弦琴一曲，南熏时奏古松根。

【（明）邓韨编次《濮州志》卷九，嘉靖六年刻本，第4页】

舜碑

【明】张寰（1486—1581）

青山堙树自朝昏，山上遗碑有篆痕。
玄德栽培由畎亩，高风揖让小乾坤。
报成岱岳词堪陋，耀武燕然记莫存。
千载重华声不泯，独留遗迹寄云根。

【（明）邓韨编次《濮州志》卷九，嘉靖六年刻本，第5页】

三、陶　丘

陶丘是一座历史悠久的古城，古称陶，在今山东省菏泽市定陶区仿山。早在4000多年前的新石器时代，人类就在这里渔猎耕种，繁衍生息。西周至春秋时期，陶丘是曹国都城。自春秋至西汉800多年间，一直是中原地区的水陆交通中心和全国性经济都会，享有“天下之中”的美誉。

陶丘（得傍字）

【宋】邹浩（1060—1111）

山河融结皆奇状，此丘之形谁与创。
一成为敦再为陶，二帝昌时已询访。
至今禹贡名字存，气势仍容菏泽傍。
普天率土此其中，杂还舟车来四向。
分茅开国南面尊，屡致千金谢齐相。
尔来日月几春冬，兴废相寻人物上。
纷纷万世已尘埃，此丘迤逦初无恙。
平生苦死嗜登临，准拟携筇事踈放。
冷云寒日满荆榛，最尔令人重凄怆。
会须东走泰山颠，纵目乾坤更何障。

【（宋）邹浩撰《道乡集》卷一，见《钦定四库全书》集部】

陪客登陶丘

【明】高启（1336—1374）

相逢俱失意，此地偶同游。
独树邀人去，斜阳为客留。
依村烟景夕，近水竹声秋。
漫有归欢饮，何山是故丘。

【（明）高启撰《大全集》卷十二，见《钦定四库全书》集部】

赋得陶丘寄许生温如

【明】苏祐（1493—1573）

步出卫城门，跂望陶丘台。下有车马之古道，上有钟磬凌晨开。忆昔诸侯会盟日，霓旌绛节何雄哉！陵谷依然几风雨，秋日登临杳谁语？极目平原览四荒，虎虎良田尽禾黍。佳气犹存闾井间，雅歌自有云霄侣。衣冠大姓数十家，巨擘今称宋与许。许氏原从太岳传，名贤遗印几千年。锡圭早授虞京爵，假璧曾归岱下田。雍伯元修产玉缘，却将圭璧种山前。春来试上晴云望，映日氤氲生紫烟。

【（清）徐继孺纂《曹南文献录》卷三十四，诗钞四，第 12 页，1917 年刻本】

定陶道中并谢魏文学兄弟

【清】毛奇龄（1623—1716）

奔走未宁息，幡然济上行。
陶朱游子姓，毛遂野人名。
风落阳桥暮，烟笼麦坂晴。
望门堪止宿，孔氏弟兄情。

【（清）毛奇龄撰《西河集》卷一七一，见《钦定四库全书》集部】

定陶道中即目

【清】赵执信（1662—1744）

钿车飞鞚乱黄尘，柳拂衫襦鸟傍巾。
看尽春风眉髻样，始怜曾有戚夫人。

【（清）赵执信撰《因园集》卷六，见《钦定四库全书》集部】

四、仿　山

仿山系周代曹国历代国君的墓葬地，因平地积壤高大，仿佛如山，故称仿山，位于定陶县城西北5公里，山东省重点文物保护单位。

仿山之名最早见于北宋初年地理著作《太平寰宇记》，其广济军定陶县下云：“仿山庙在县西北五里，层阜之上，仿山古曹国葬地，连属十五里，仿佛似山，因名。自曹叔振铎至伯阳二十五代皆葬于此。”明天启三年重修玉皇阁庙碑文曰：“以人力作阜，沙碛辕于他方，迄今宛然嶙峋，崇二十丈，延环百亩，连属十五里，仿佛如山。”人力作阜如此高大，在鲁西南平原上实为壮观和罕见。

仿山由东、西两山组成，两山之间有一峡谷，名阿谷。阿谷南曾有清泉流其间，名阿谷泉。孔子当年适楚时，曾至此拜谒陵祠，留下了“阿谷停云”的美丽传说。

谒仿山祠①

【明】黎邦琰（？—1588）

阗阗鼓角傍城喧，伏腊千秋父老存。
落日龙蛇回古壁，青春花竹映踈樊。

山河尚想周封邑，雨露空凋汉室园。
曾是弁丝歌四国，一杯祠下愧苹蘩。

【（清）赵国琳修《定陶县志》卷八，顺治十二年刻本，第 24 页】

注释：①也称曹伯祠，西周曹国国君墓群建在仿山，公元前 487 年，曹亡后，曹民怀念故国，便在仿山建造曹伯祠，供奉祭祀。唐宋以后，仿山陆续建造寺庙道观，至明清时达到鼎盛，庙宇达 40 余座，形成规模宏大的风景寺庙园林。

仿山祠

【明】詹瀚（生卒年不详）

定陶新筑仿山祠，曹叔分疆治在兹。
故国桑麻还旧荫，王风弦诵尚存诗。
好游昌邑迷车辙，覆醢梁王绝钓丝。
寂寞丘陵原不改，废兴千古系人思。

【（清）赵国琳修《定陶县志》卷八，顺治十二年刻本，第 22 页】

游仿山谒曹伯祠

【明末】蓝近任（生卒年不详）

涧回冈隆气郁芊，荒祠深锁暮山烟。
松阴时露行人帻，篆古犹封异代藓。
麦秀冬岩传孝女，柳依湖岸想高贤。
济阴故是分茅地，展拜重歌四国篇。

【（清）徐继孺纂《曹南文献录》卷三十六，诗钞六，1917 年刻本，第 18 页】

秋日游仿山

【清】刘珠（生卒年不详）

绕径谷林势渺茫，黍衣水色隐苍苍。
月华望处空无际，云物来时幻不常。
天外鹰声迟过影，山中蝉韵集斜阳。
闲心到此悠然尽，直欲皈依问法王。

【（清）雷宏宇修《定陶县志》卷十一，乾隆十八年刻本，第 332 页】

仿　山

【清】董梦曾（生卒年不详）

隋起空陂里，为山以仿闻。
林风惊虎啸，樵唱入仙群。
梵刹千岩岫，僧炊一片云。
禹功虽邈矣，尚须问菏渍。

【（清）雷宏宇修《定陶县志》卷十一，乾隆十八年刻本，第 332 页】

注释：①仿山原名髣山，在山东定陶城北十里。是曹伯家族墓地，积土成山，故称仿山。

曹伯祠读杨使君碑有感

【清】段云襄（清初）

鄙人不可用，用之国以伤。曹世二十五，传位及伯阳。白雁一上献，大悦公孙疆。背晋而奸宋，梦者子乃行。五垒筑其郊，宗祀随覆亡。岂繄众君子，谋社为之祥。用舍关治忽，惟命不于常。咄嗟勿复道，后来益茫茫。

【（清）佟企圣修《曹州志》卷十八，第 57 页，康熙十三年刻本】

题仿山百神阁

【清】田云翻（生卒年不详）

叶落无风堕石阶，幽林簌簌响苍苔。
一声清磬上方出，几簇游客下界来。
斜日半含村树碧，青山全傍晚霞开。
高原伫立闲依久，渺渺长天过雁回。

【（清）雷宏宇修《定陶县志》卷十一，乾隆十八年刻本，第 331 页】

题仿山百神阁

【清】雷宏宇（乾隆年间）

杰阁凌虚返照东，烟萝百尺挂高崧。
山根峻岃临无地，天路迢遥上蕊宫。
坐看川原人影小，静闻鸡犬白云中。
丹霄似有王乔侣，骑鹤吹笙下碧空。

【（清）雷宏宇修《定陶县志》卷十一，乾隆十八年刻本，第 331 页】

秋日晚登仿山（七律四首）

【清】雷宏宇（乾隆年间）

其一

秋山晚色郁离离，只树疏林对酒卮。
野鸟乱鸣僧舍静，午钟初定客来迟。
苍苔曲磴幽相赏，楼阁丹霞眼忽移。
每到上方频览胜，坐深檐影度东墀。

其二

陶北山头忆昔贤，凭轩感旧事依然。
评题今古如水朗，抵掌山川似眼前。
曹国分疆成底事？丘陵积土话谁迁。
只今惟有史书在，读罢一回一为怜。

其三

绛节彤云上帝居，楼台肃穆壮皇议。
诸天星宿皆拱极，百里山川欲汇陂。
曲径烟清丹灶火，午轩声寂客枰棋。
悄然独立幡坛影，风落松阴迹欲迷。

其四

高洁轩窗静客眸，山光水色共悠悠。
云环阿谷朝来雨，松挂藤萝晚欲秋。
一片空明人迹远，几多村落望中收。
呼童煮水烟迷树，着屐催归月满楼。

【（清）雷宏宇修《定陶县志》卷十一，乾隆十八年刻本，第311—312页】

曹伯祠

【清】李嘉理（生卒年不详）

南华城外草离离，遗构千春尚有祠。
何日公孙曾献雁？当年文子漫吟鸱。
旧邦带砺黄河岸，全郡风烟济水湄。
椒桂依稀烦野老，还从落照想旌旗。

【（清）徐继孺纂《曹南文献录》卷四十五，诗钞十五，1917年刻本，第20页】

曹伯祠

【清】胡惟一（生卒年不详）

殿宇萧森不记春，岁时犹自荐清苹。
派分姬姓神明胄，天破曹荒屏翰臣。
盟会已非周日月，蜉蝣无改旧人民。
仿山闻道楸梧在，考古还期驾四轮。

【（清）佟企圣修《曹州志》卷十八，康熙十三年刻本，第 52 页】

过仿山

【清】张梦兰（生卒年不详）

长林遥带两峰间，望古登临客意闲。
曹伯墓田迷处所，曹南自昔有南山。

【（清）徐继孺纂《曹南文献录》卷四十七，诗钞十七，第 3—4 页，1917 年刻本】

题仿山玉皇阁

【清】刘全始（生卒年不详）

烟萝曲磴匝苍苔，挈榼游人取次来。
寺僻应知僧貌古，山高不碍野云开。
分封争道桐珪典，阿谷独传浣女回。
圣迹汜阳逊此地，诸君任覆掌中杯。

【（清）雷宏宇修《定陶县志》卷十一，乾隆十八年刻本，第 333 页】

五、涂　山

涂山，古称涂山，今称土（土，涂也）山，遗址在今山东曹县南部土山集。涂山历史悠久，是涂山氏族的发源地。大禹治水时，见到在此等待的涂山氏女，于是与其在桑台（景山，又称楚丘，今曹县东部梁堌堆景山遗址）成婚。禹治水成功后，受舜禅让为王，在涂山大会天下诸侯，《左传·哀公七年》有："禹会诸侯于涂山，执玉帛者万国。"夏末，商汤率部落迁于涂山之阳的薄地（涂山西南三里），建城名亳。商汤王死后，葬在涂山之阳，时有陵墓殿宇桐宫，威严壮观。今汤陵仍存。

涂山歌

《吕氏春秋》曰："禹年三十未娶。行涂山，恐时暮失嗣，辞曰：'吾之娶，必有应也。'乃有白狐九尾而造于禹。禹曰：'白者，吾服也；九尾者，其证也。'于是涂山人歌曰：'绥绥白狐，九尾庞庞。成于家室，我都攸昌。'"于是娶涂山女。

绥绥白狐。九尾庞庞。成于家室。我都攸昌。

【《先秦汉魏晋南北朝诗》，中华书局 1983 年版，第 4 页】

涂山女歌

《吕氏春秋·音初》记曰："禹行功，见涂山之女。禹未之遇而巡省南土，涂山氏之女乃命其妾候于涂山之阳，女乃作歌"，曰：

候人兮猗！

【《先秦汉魏晋南北朝诗》，中华书局 1983 年版，第 4 页】

六、曹南山

曹南山，周代曹国名山，因地处曹国之南而得名。南山遗址在今山东省菏泽市曹县青岗集镇与菏泽市定陶区交界处。

登曹南山留题

【明】王崇献（1470—1555）

山势陂陁霁色开，好风吹客上层台。
红尘隔断三千里，惆怅平生两度来。

【（清）朱琦撰、郭道生续修《兖州府曹县志》卷十六，康熙五十五年刻本，第64页】

南　山

【清】段云襄（清初）

南山不可见，陵谷几迁移。
郕宋空陈迹，蒙庄旧寓词。
会盟风雨歇，高隐薜萝夷。
荟蔚今犹昔，由来季女饥。

【（清）佟企圣撰《曹州志》卷十八，康熙十三年刻本，第57页】

望曹南山

【清】童槐（1773—1857）

独坐聊倾卯饮卮，曹南山对卷帘时。
无端荟蔚朝霞见，枨触风人季女思。

【（清）童槐著《今白华堂诗录补》卷七，见《清代诗文集汇编》第511册，第766页】

曹南山

【清】姚释筠（1863—1925）

平沙茫茫大河滨，世变迁流故碛湮。
北亳原陵余几树，南山荟蔚望千春。
诙谐傲岸漆园吏，板荡孑遗周室民。
欲访渔洋吟眺处，长天秋水碧粼粼。

【（清）李经野辑《曹南诗社唱和集》卷五，1918年刻本，见《山东文献集成》第三辑第44册，第612页】

次前韵

【清】朱少白（清末）

一坏突出大河滨，曹国故墟今未湮。
末世蜉蝣浑似梦，新培竹树自成春。
胜游汤伊留遗迹，闲话唐虞有幸民。
庄叟逍遥何处是，华山一角石粼粼。

【（清）李经野辑《曹南诗社唱和集》卷五，1918年刻本，见《山东文献集成》第三辑第44册，第612页】

七、金　山

金山原名焦氏山，汉时改称金山，因建有秦王避暑洞而著名。位于今巨野县城东南25公里处。

金山地处鲁中南低山丘陵以西的边沿地带，属泰沂山脉的切断余脉。该山南北长2华里、东西宽1.5华里，总面积2平方多公里，海拔136米。金山东与高平山相连，东北与白马山相接，南枕禹梁山，北临独山，西北是麟山，群山环抱，岗峦起伏，白马形似卧龙，麟山伏卧如虎。金山矗立其间，向有“镇山”之称。金山之上有人工开凿的石洞，深10余丈，隧道长30丈，为汉武帝之孙、第二代昌邑王刘贺之寿冢。

古时金山，林木茂密，山道迂回，殿宇嵯峨，涌泉涓涓。一年一度的金山庙会，更是热闹非凡，每逢会日，商贾云集，游人如织。香烟云雾，缭绕于苍松翠柏丛中；欢歌笑语，回荡在山谷沟壑之间。这便是巨野著名的古八景之一的“金山春晓”。

清咸丰十一年（1861），一场大火把金山所有建筑及满山数百上千年的古松翠柏焚烧殆尽，金山香火从此衰落。1997年金山重修，恢复了大部分原有建筑，同时增建了中华道观、麒麟园等景点。

金山寺

【明】姚黄（生卒年不详）

夜半盘桓月正圆，攀崖直欲觅寒泉。
衔杯不尽秋山兴，权取金鞍当酒钱。

（见山东巨野金山洞石刻）

傅孝廉谈吾乡金山之胜仍用前韵

【清】刘藻（1701—1766）

金牛山麓鸣石獭，谽谺古洞杂砰湃。
摩挲峭壁不记年，岩隙老松皆偃盖。
我数经过旧不迷，谁知灵境出山外。
石梁斜带小桃源，四时好鸟鸣天籁。
我友酒后向我说，于中特辟清凉界。

我本乾坤淡荡人，闻之飞动不可奈。
烦于山中猿鸟约，他年共入白莲会。

【（清）徐继孺纂《曹南文献录》卷四十二，诗钞十二，1917年刻本，第15页】

路中即景（二月二十八日往金山后核桃园集作）

【清】魏自励（生卒年不详）

一

闲步长途思悄然，踏青时节杏花天。
绝高云气浓含雨，最远峰峦澹锁烟。
四野青畴迷曲径，万家绿树掩晴川。
分明一幅桃源景，点缀西山分外妍。

二

共道黄天久不雨，凌晨一雨景倍佳。
韶光到眼皆成趣，乐事赏心自写怀。
柳陌多逢挑菜客，麦苗微涴踏青鞋。
归来偶向柴门立，笑看苔痕绿上阶。

【（清）魏自励撰《贡树生香诗稿一卷》手抄本，见《山东文献集成》第四辑第32册，第284页】

壬午元日题金山碧霞宫

【清】章弘（生卒年不详）

行殿曾为仙子开，悬崖百丈势崔嵬。
升平景象今朝有，欣看扶携老幼来。

【（清）章弘修《巨野县志》卷十四，康熙四十七年刻本，第29页】

游金山四首

【清】王发越（1794—1858）

其一

选胜名山友共邀，赏心未觉马蹄遥。
桃园雨霁通萧寺，潴水烟深锁断桥。
几曲松凹阴寂静，千层石级势岧峣。
到来早已消尘虑，何处仙风送玉箫。

其二

岚光层叠映麟台，曲径通幽印石苔。
翠嶂烟萝空际袅，碧霞宫殿画中开。
斜穿岭南看云上，小酌山亭待月来。
短笛一声临绝顶，此身恍似到蓬莱。

其三

始皇避暑是何年，古洞游来别有天。
石室削成疑鬼斧，秦梁驾处想神鞭。
影留峭壁明霞照，响滴空岩泻碧泉。
细读残碑寻旧迹，呼童剔藓几流连。

其四

尽日登临惬素襟，栖鸦数点返幽林。
依窗小憩留僧榻，柏槛高歌间梵音。
午夜晨钟惊客梦，半庭残月静禅心。
年来久负青山约，漫写闲情寄碧岑。

（见山东巨野金山石刻）

重九登金山

【清】王发越（1794—1858）

其一

一官匏系几经秋，快意登高忆旧游。
扫径仍闻黄叶寺，柏肩共上夕阳楼。
疏篱把酒花同醉，老衲谈经石点头。
且向东山称傲吏，西风落帽自风流。

其二

萧萧落叶响山亭，石径崎岖已惯经。
出岫闲云低入座，悬崖翠柏叠开屏。
汀芦如雪犹含白，陇麦凝霜未了青。
何处泉声音淅沥，禅心端好静中听。

其三

攀萝扪薜不辞劳，绝顶凭临眼界高。
雨里云横排雁阵，半崖风冷卷松涛。
漫题红叶诗初就，笑问青天首自搔。
呼吸可能通帝座，飞觞且共劈霜螯。

其四

空亭兴废不知年，随意经营别有缘。
簪菊诗开今日社，扫苔石认旧时联。
村连潴水明斜月，路指秦桥淡晚烟。
一片深情惭父老，山殽野蔬乐陶然。

（见山东巨野金山石刻）

游金山

【清】张尔纶（生卒年不详）

金山远城郭，冬日尽来往。凌晨发巾车，向午息尘鞅。才指苍苍间，忽已在其上。盘迴心花开，耳目顿昭朗。古树聚真色，寒泉滴清响。石磴梯云空，升降忽俯仰。所观殊未足，舆人示悒怏。勉食香积厨，揽辔别幽赏。归听鸾铃声，犹作松涛想。

【（清）章弘修《巨野县志》卷十四，康熙四十七年刻本，第6页】

雪后登讲堂同大维章明府及诸同人小集分赋

（绝句四首　诗首俱用皇上所书朱子原句）

【清】张尔纶（生卒年不详）

其一

朝吟东渚风，风散雪腾空。
百里河阳县，缤纷花雨中。

其二

夕弄西屿月，幽光借残雪。
还念不胜寒，玉宇双金阙。

其三

人境谅非遥，新亭已绝嚣。
行厨暂时乐，垂鬓复垂髫。

其四

湖山自幽绝，后会追前哲。
寄语万年人，此地曾看雪。

【（清）章弘修《巨野县志》卷十四，康熙四十七年刻本，第26页】

乙酉元日登金山

【清】倪峡（生卒年不详）

人间元日颂椒花，山上行宫礼碧霞。
解冻流泉迎涧出，穿林石径带峰斜。
清虚只拟来三岛，远近真堪眺万家。
路柳园梅春渐动，风光无限念天涯。

【（清）章弘修《巨野县志》卷十四，康熙四十七年刻本，第 22 页】

丁亥元日登金山

【清】倪峡（生卒年不详）

仙子行宫殿阁新，岁朝瞻礼喜多人。
贤侯七载功培厚，善士千乡志感均。
峰影出云疑入汉，树株夹道尽含春。
不须蓬岛求真境，已隔人间十丈尘。

【（清）章弘修《巨野县志》卷十四，康熙四十七年刻本，第 22 页】

恭步英斋父师游金山原韵

【清】魏杰之（生卒年不详）

其 一

山僧携酒款相邀，前认峰排午午遥。
云气溟濛封汉柏，霞光闪灼射秦桥。
禅房小坐心如洗，画阁凭临势自峣。
隔院鸟声歌不断，好将清韵和清箫。

其 二

筑成艺苑数层台，楼阁峥嵘点翠苔。
伫看泉光穿径起，知从文运自天开。
闲云当户乘风起，野鸟迎人带月来。
一枕岭头眠未觉，恍随仙蝶到蓬莱。

其 三

古洞传来不记年，悬崖凿破碧云天。
因探幽壑频携酒，为渡秦梁缓住鞭。
石室月临疑白昼，涧花雨过泻红泉。
依栏闲话东巡事，半壁斜阳咫尺连。

其 四

仙风习习涤凡襟，小酌山头对晚林。
但许骚坛联雅社，岂容俗态结知音。
峰高自有凌霄势，天远空悬捧日心。
醉后小童呼不起，枕云抱月卧遥岑。

（见山东巨野金山石刻）

恭步英斋父师重九登金山原韵

【清】魏杰之（生卒年不详）

其 一

霜风吹老御梨秋，又遇重阳约旧游。
延客复寻红叶寺，携樽共上白云楼。
茶烹玉茗无双品，菊折寒花第一头。
肄业当年成幻梦，飞泉依旧自空流。

其 二

密雨如丝挂石亭，亭中老衲阅金经。
炉烟缭绕香盈袖，云树苍茫锦列屏。
歌罢神凝秋水碧。诗成韵度暮峰青。
瑶琴一曲通禅院，细按水弦取次听。

其 三

芒鞋踏破莫辞劳，镇日登临雅兴高。
数著残棋倾菊酒，一声长啸和松涛。
征鸿避月青宵唳，山叟穿云白发搔。
徙依溪湾情未已，闲凭石栏钓霜鳌。

其 四

荏苒光阴数十年，素心从不染尘缘。
聊将薄宴酬佳节，愧乏新词续旧联。
桑落杯擎仙掌露，茱萸囊挂夕阳烟。
地邻彭泽知非远，舒啸东皋共粲然。

（见山东巨野金山石刻）

原 韵

【清】魏笃（生卒年不详）

其 一

见说山公载酒邀，双凫驻处兴偏遥。
秦云作势飞魁阁，圣水无波静石桥。
古柏参天蒸霞蔚，危楼拔地矗岧峣。
偶临绝顶开筵坐，仙语凌风送玉箫。

其　二

文坛雄势壮麟台，独峙西风长碧苔。
梵磬声中闻鸟语，禅房香处见花开。
平分秋月寒潭贮，暗引清泉活水来。
伊洛风规知未远，不堪断碣卧蒿莱。

其　三

东巡轶事说年年，避暑空留此洞天。
峭壁云封弥勒座，悬崖目送牧童鞭。
仙棋错落迷松径，钟乳丁东点石泉。
辇玉炉香犹在否，炊烟一带夕阳连。

其　四

凭临绝顶豁胸襟，一抹烟霞淡远林。
石断秦梁埋赤土，泉流圣水泻清音。
披图不羡吴生画，悟道无如静者心。
回首层峦频指点，青天一握接遥岑。

（见山东巨野金山石刻）

原韵四首

【清】魏笃（生卒年不详）

其　一

瞥眼云山又阁秋，茶铛检点又重游。
关心节届重阳日，注意高登百尺楼。
漉酒伊谁香满袖，看花让我菊簪头。
兴来且步登高句，休说山阳第一流。

其 二

石发苍苍上碧亭，丹崖翠嶂几回经。
萸囊细结联诗友，锦壁高题作画屏。
潴水霜华横岸白，麟台蔓草映遥青。
飞鸿一阵啼声晚，杂入流泉细细听。

其 三

每探奇绝已忘劳，歌入五云逸兴高。
雨霁桃园余夕照，风吹桧影涨秋涛。
桑麻到眼情何惬，痛痒关心首自搔。
随意酩酊延父老，分餐且与煮霜螯。

其 四

新亭尚忆落成年，别有幽情远俗缘。
篆额初题名士字，檐头旧带雅人联。
鲁石撑开千家月，锁住曹南万井烟。
遗爱犹夸棠荫茂，登临几辈乐陶然。

（见山东巨野金山石刻）

甲辰正月初九登金山（七律四首 前清遯叟[①]旧作）

【清】朱家驹（1857—1942）

一

去载题诗在此山，今朝又趁一天闲。
春回滨海沧江外，人在疏烟薄霭间。
古庙荒凉抛蝠粪，高峰耸翠拥螺鬟。
高僧想厌尘嚣扰，玉带山门镇日关。

二

欲题聊句拂轻尘，佳士难逢谁写真。
疥壁恐贻前辈诮，笼莎犹待后来人。
偶将谐语谈无鬼，敢道挥毫若有神。
偏是山僧耽野趣，寒梅开到十分春。

三

才到春来昼便长，花香鸟语好天光。
四围烟霭迷金岭，五色云霞捧玉皇。
人到仙山思顶礼，神游佛海肃心香。
兴酣欲寻高僧话，又听疏钟出上方。

四

松风谡谡透春衣，兴酣携樽上翠微。
古柏影留当日荫，寒梅花较去年稀。
几弯径曲看羊过，万里天空任鸟飞。
树色风声共新偿，好从般若语禅机。

【（清）魏自励撰《贡树生香诗稿一卷》手抄本，见《山东文献集成》第四辑第32册，第361页】

注释：①朱家驹（1857—1942），字昂若，号遯庸、遯叟，谥端毅，泰日桥人（一说苏奉贤人）。清光绪五年（1879年）中举，著有《闻妙香斋诗存》《稀龄唱和集》《重游泮水唱和集》及手迹《庐近墨》。

暮春登金山

（伐檀生自寿题壁诗四章，归途仅忆其一，依韵口占，不图竟得晤谈。叠韵唱和，皆一诗作合之功也，仍叠前韵呈教）

【清】魏自励（生卒年不详）

一

不愧瀛洲第一流，香山雅度雪盈头。
老怀自遣诗书画，世事无关风马牛。
天赋松姿清且古，人偕菊隐淡于秋。
闲云野鹤当秋住，满架书签当酒筹。

二

人海藏身际横流，胸怀朗朗月当头。
高标雅羡三霄鹤，利欲羞驱万火牛。
剑胆光明红烛夜，琴心肃穆碧梧秋。
武城旧是弦歌地，愿得澹台即席筹。

【（清）魏自励撰《贡树生香诗稿一卷》手抄本，见《山东文献集成》第四辑第 32 册，第 374 页】

重九登金山（辛未）

【清】魏自励（生卒年不详）

一

双峰叠峙耸南天，绝顶平临意渺然。
回首中秋过廿四，举头下界俯三千。
丹枫乌柏增幽趣，红树白云结静缘。
为看残碑剃苔藓，秦皇洞口锁寒烟。

二

秋来景物最幽闲，陡壁崯岈点翠斑。
镇日关心防逝水，今朝放眼看群山。
无边落木随烟暮，十里斜阳送鸟还。
拟访高僧叩元理，遥听清梵出禅关。

【（清）魏自励撰《贡树生香诗稿一卷》手抄本，见《山东文献集成》第四辑第32册，第285页】

咏古迹三十六首（有序仿兰亭集）

（清）魏自励（生卒年不详）

岁在甲寅仲春之月，游于吾邑之金山，访旧侣也。师弟聊翩，朋旧咸集。此山有悬崖峭壁，茂树丛林。又有圣水名泉，蜿蜒迤逦。引而至书院方池石桥，虽无玉带山门之胜，琳宫绀宇，亦足以游目骋怀。是山也，南环葛岭，北枕玉山，仰观青霄之迥，俯瞰平原之阔，所以高瞻远瞩拓眼界之宽，洵可乐也。夫吾人选胜寻幽，或春三踏青，流览景物之盛，或重九登高，放眼千里之外。虽销寒避暑，时序不同，当其欣于所遇。美景良辰，畅然自适，每不觉天之过午。迨夫夕阳在山，人影散乱，薄言旋归矣。兴之所触，即景生情，各有吟咏，亦不复省识其工拙。及醒后传观，哑然自笑。古人云，畅叙幽情耳，敢言诗哉。每想前辈豪放之情，亦复如是。未尝不低徊往复，不能喻之于怀。固知诗缘情而绮靡，赋体物而浏亮，歌以永言。正如诗以言志。信哉，虽长调短句，所以畅怀，其致一也。

一

玉皇高阁蔚岧峣，五色云霞护绛霄。
绝顶平临时极目，天门南望是天桥。

二

金峰盘结肖龟形，元帝真君镇地灵。
绝顶平临望东北，武城九十九山青。

三

华祖行宫面向西，香花膜拜兢攀跻。
济人医国登仁寿，普救群生拯众黎。

四

山门排列众天尊，十四星官肖像存。
威镇天阊森万象，饶地虎啸与龙蹲。

五

巉岩陡壁五丁开，传说秦皇避暑来。
众说纷纷如聚讼，几多石刻蠹苍苔。

六

秦皇洞畔旧精蓝，庙宇荒凉百不堪。
断壁颓垣无片瓦，阿谁瞻礼到瞿昙。

七

崇冈叠巘欝岧峣，却向通衢架石桥。
横亘东西接南北，玉皇宫阙耸云霄。

八

当年紫气过函关，道德千言留世间。
堪笑冶炉多附会，至今香火重金山。

九

巍峨大殿说三清，宝筏慈航众生灵。
浩劫弥天咨普救，菩提甘露总关情。

十

当年书院说金岭，钟毓人文萃众英。
寄语后来诸俊彦，凌云健翮奋鹏程。

十一

文昌杰阁对斜曛，奎宿东南焕彩雯。
但愿诸公勤学早，扶君稳步上青云。

十二

演戏高阁胥悦亭，笙歌几部万家听。
行云停处余音绕，常伴金峰数点青。

十三

磴道湾环列石栏，清音周匝万松寒。
回看两座天门矗，也学岱宗十八盘。

十四

矗矗高亭跨小池，泉声镇日响涟漪。
于今泉涸无涓滴，空忆石栏点笔时。

十五

为善原来称最乐，擘窠大字至今存。
古碑剥落多斑驳，碧藓苍苔长旧痕。

十六

当年门外有高亭，遗址空存草色青。
以后新碑经浩劫，闲寻点画半凋零。

十七

书院东南薜荔墙，社公社母祀同堂。
小园花木饶幽趣，一树寒梅发异香。

十八

碧霞宫殿礼金仙，宝鼎香炉袅篆烟。
几杵疏钟闻梵呗，唤醒清梦怯尘缘。

十九

殿后寝宫亘碧天，灵官护法竦神鞭。
岭边树色含风冷，下有泠泠圣水泉。

二十

太息当年火劫痕，燎原延蔓到山门。
果然天庭钟神秀，呵护琳宫绀宇存。

二十一

灵官殿后虎皮墙，虬干寒梅发素香。
鱼跃清池恣潜伏，鸳浮水畔任翱翔。

二十二

倒挂悬崖万丈松，嵱岈石壁藓苔封。
蹇裳直上玉皇顶，也似尘凡到九重。

二十三

寝宫西边香积厨，松荫石磴绿苔铺。
山门北去桃园路，玉带坡公今有无。

二十四

穹隆高耸舍身崖，讵有捐躯拼命来。
上帝好生当体念，苍生黔首总堪哀。

二十五

陡壁峪岈偏绿畴，当年观稼使君留。
剧怜诗刻遭残劫，尚有文光射斗牛。

二十六

自来奇巧说公输，技艺宗承作范模。
黝恶石工兼绘事，包罗梓匠与轮舆。

二十七

观音阁对南天门，门内犹疑叩帝阍。
解氏重修留片石，至今遗著姓名存。

二十八

西望乡村万井烟，落霞孤鹜亘长天。
凭高望远抒清兴，涤尽尘嚣与俗缘。

二十九

万仞岚光供北顾，一天斜照自西来。
瓶中几滴杨枝水，洒向红尘救劫灾。

三十

路转峰回人祖亭，亭边池水响泠泠。
凭栏独坐吟清爽，远望葛峰数点青。

三十一

旷野苍茫千里阔，长空周匝一轮圆。
扩开眼界恣游览，唾咳随风落九天。

三十二

矗矗高亭祀药王，当年妙术说岐黄。
神存心手能医国，万病回春溯扁仓。

三十三

三神讹谬作山神，习俗讹传溷假真。
底事修工独在后，尚无碑志勒贞珉。

三十四

东望毗连圣帝宫，浩然正气亘长空。
真经觉世留千古，武帝文昌道脉通。

三十五

奎宿当年说长公，于今金岭有行宫。
魁文从古垂天象，光耀三台亘碧空。

三十六

醵金结社卅余年，节次重修庙貌全。
也似灵光鲁殿宇，后先辉映镇岿然。

【（清）魏自励撰《贡树生香诗稿一卷》手抄本，见《山东文献集成》第四辑第32册，第368—370页】

次韵伐檀生金山题壁

【清】李钝士（1855—1943）

漱枕奚分石与流，聊将春瓮拨床头。
名山自足班司马，史笔何难俾汗牛。
夏正为邦权四代，春王取义懔千秋。
留题不入清凉洞，诗律高人已百筹。

【（清）李经野辑《曹南诗社唱和集》卷八，1918 年刻本，见《山东文献集成》第三辑第 44 册，第 647 页】

次前韵

【清】徐悔斋（1858—1917）

金山山畔水交流，著个诗翁在上头。
新梦离奇指隍鹿，旧题漫漶篆蜗牛。
农家作息岂无历，洞壑清凉常似秋。
野史编成仍自祕，不知海上又添筹。

【（清）李经野辑《曹南诗社唱和集》卷八，1918 年刻本，见《山东文献集成》第三辑第 44 册，第 647 页】

次前韵

【清】陈愚轩（1849—1919）

诗纪麟川岁若流，乐饥人老浣溪头。
伐檀羞说庭悬特，洗耳还邀客饮牛。
古洞清凉姬氏腊，金山高洁首阳秋。
遗民慵作野亭史，何必当筵借箸筹。

【（清）李经野辑《曹南诗社唱和集》卷八，1918 年刻本，见《山东文献集成》第三辑第 44 册，第 647 页】

步英斋王明府游金山原韵

【清】王方堳（生卒年不详）

其 一

闻道赤松昨日游，碧霞仙境路非遥。
携来谢屐无双齿，渡得秦梁第一桥。
紫气凌霄云叆叇，岚光映日岭岧峣。
披襟石磴尘俱远，何处飞声弄短箫。

其 二

乐山合是素胸襟，选得林泉作士林。
西望麟台留古迹，东闻圣水响清音。
摩霄古柏千秋色，出岫闲云万里心。
长笛一声归去晚，夕阳返照上遥岑。

（见山东巨野金山石刻）

步英斋王明府九日登金山原韵

【清】王方堳（生卒年不详）

其 一

萧萧木叶一山秋，事暇琴堂惬胜游。
竹杖拨云寻曲径，金樽醉月坐岑楼。
兴酣不闻风吹帽，节晚犹簪菊满头。
且喜题高心得句，刘郎恐逊此风流。

其　二

携得清风到小亭，闲调丝竹阅金经。
汲来圣水疑龙井，座近苍崖作石屏。
雁过枫林千叶紫，萤添苔砌一帘清。
倦依僧榻心俱静，泉韵悠悠侧耳听。

（见山东巨野金山石刻）

有以原韵就正者复作此示之

（清末）黄维翰（1867—1930）

其　一

讵比寻常览胜然，藉从高处望原田。
万家眼底环优乐，一色晴空混地天。
长此行云分岱麓，值侬到日恰丰年。
我来本为民祈福，那得闲看洞口烟。

其　二

竭来一道匝舆歌，争说新官政尚和。
吏其能仙聊免俗，山皆成市喜盈坡。
漫期观稼三秋好，先觉负□一月多。
愿进来游诸大众，备询今政有无苛。

（见山东巨野金山石刻）

再示士民仍用前韵

（清末）黄维翰（1867—1930）

其 一

扶携老幼各纷然，底事游观旷厥田。
几见做人资佛力，亟宜归业趁晴天。
从来生计争三月，负此春光便一年。
要识神仙能福尔，须凭善气兆祥烟。

其 二

敢希虞诩宰朝歌，错节盘根气愈和。
厉俗勉先去莠稂，崇儒愿与到銮坡。
地当繁剧才方绌，官怕勤能枉更多。
却有数端堪共知，不贪不酷不烦苛。

（见山东巨野金山石刻）

登金山恭谒泰山行宫（二首）

（清末）黄维翰（1867—1930）

其 一

大野茫茫似砥然，一峰突兀起平田。
自来登岱宜三月，今又行宫别一天。
麟泽秀灵夸此地，鸿泥爪迹记当年。
新来不知民安未，凭栏贪看万户烟。

其 二

都人自古被弦歌，到底乡村气象和。
雨足一犁酣翠麦，云连万骑拥山坡。

萑苻患净三旬捷，仙殿恩承两地多。
我欲乞灵先自质，愿持清白屏群苛。

（见山东巨野金山石刻）

金山洞（五律一首）

【明】汤节（生卒年不详）

千古金山境，楼台瞰碧空。
洞闻唐室造，寺建大明隆。
西睇麟台近，东瞻岱岳崇。
我来疏导后，漕运拟成功。

（见山东巨野金山洞内石刻）

游秦王避暑洞

【明】宋沧（1483—1533）

闻说秦王避暑年，万几不事日高眠。
洞深霞碧苔侵座，阁小云凉石逗椽。
白兔走时回王气，黄金凿处溜寒泉。
汉家司隶多知事，更向山南种墓田。

（见山东巨野金山洞石刻西壁）

金山洞（五绝三首）

【明】娄奎（生卒年不详）

一

祖龙饶智力，政事出多门。
劈石山为室，惊翻万古魂。

二

一从秦鹿失，遗洞属空门。
老我游观后，难禁役梦魂。

三

避暑须臾事，胡为凿洞门。
当年遗迹在，见者尚惊魂。

（见山东巨野金山洞石刻洞外东壁）

金山洞（俚语二韵）

【明】虞俊（生卒年不详）

一

始皇避暑石宫开，枕上风从方外来。
肯把清阴调鼎热，洞云何日锁苍苔。

二

载过金山洞，登游正夕阳。
落红悬石壁，虚白隐炉香。
床矮流云冷，松高宿鸟闻。
薰风依旧在，何处觅秦梁。

（见山东巨野金山洞内石刻）

祖龙洞（七律一首）

【明】耿桢（生卒年不详）

祖龙遗洞倚云开，步履春风选胜来。
菏泽东流元灏漾，焦山旁列亦崔嵬。

几年绾绶惭为令，此日分闲倩举杯。
好是麦枭新雨霁，青青极望起裴回。

（见山东巨野金山洞内石刻）

过秦皇避暑宫

【明】王士性（1547—1598）

驱铎何年到海东，残山未断有行宫。
恍凭鳌极神工尽，已锢黄泉地脉空。
拂石不妨移清苑，披襟谁与共雄风。
茫茫王气咸阳远，巨野寒莎落照中。

（见山东巨野金山洞内石刻）

游金山洞

【明】江廷藻（生卒年不详）

秦皇东狩几多年，避暑行宫此地传。若非鬼斧神输力，怪石安能万窍穿。恍如紫薇仙仗列，六辅三弼珠蝉联。又如太乙居其中，祥云彩电都回旋。悬崖百尺飞珠帘，白虹长卧银桥前。薜萝深处红日小，花落无痕炅无烟。石床茶灶珊瑚枕，只好陈抟白昼眠。梦里曾逢姑射仙，围棋一局岁几千。任他桃李迎风笑，不与尘世争鲜研。快乐人逢快乐天，心自知兮口自言。朱门轩冕探奇穴，芒鞋藜杖空攀缘。谁人学得无生术，歧路苍黄入桃源。昔有神人陟其巅，引来采药袖翩跹。到今脱下王乔履，洞中丹灶犹依然。跨鹤仙人今去也，名题雁塔鸟迹镌。自古神仙无妙诀，悟真人得悟真篇。

（见山东巨野金山洞内石刻）

金山洞

【明】吕封齐（万历年间）

耽寂尘踪少，探奇胜概偏。云开山上地，雨滴洞中天。径窄藤萝没，崖高日月悬。谁云秦政凿，只是鲁恭穿。玉兔今亡矣，金牛更渺然。惟余青翠色，一带起平田。

【（清）章弘修《巨野县志》卷十四，康熙四十七年刻本，第 24 页】

金山洞

【明】田毅（万历年间）

一

双崖谁擘峭千裁，人道秦皇避暑来。
二西分藏纵地圻，五丁余力借天开。
涓涓灵液悬清溜，漠漠寒云拥碧苔。
极目岳光摇海色，可知有路向蓬莱。

二

黄土冈还若有情，鲁恭曾此卜幽盟。
虚传白兔泄灵气，赢得金牛纪胜名。
水咽秦梁迷野渡，烟消汉邑隐荒城。
仙人旧是还册处，瑶草年年顶上生。

【（清）章弘修《巨野县志》卷十四，康熙四十七年刻本，第 21 页】

闲游金山洞

【明】井济（生卒年不详）

千寻石壁辟山巅，古洞闳深别有天。
谩说祖龙驱溽暑，还疑鬼斧示幽玄。
泉穿石罅飞琼屑，草覆岩阿流碧烟。
清景从来留胜迹，嬴秦获爱是何年？

（见山东巨野金山洞石刻洞外东壁）

寓秦皇避暑宫（七律）

【明】陶唐佐（生卒年不详）

秦王驻马紫云峰，草媚山灵谷应声。
水阁霞流冰潭泛，石廊风软玉帘清。
双崖月瞰千檐晓，一径天摹万户明。
真个此中含造化，不然冬至更春生。

（见山东巨野金山石刻洞外西侧壁上）

洞中怀古

【明】陶唐佐（生卒年不详）

秦王幽洞锁烟霞，春草离离古木斜。
辇路巢莺三两个，朝朝啼与野棠花。

（见山东巨野金山洞内石刻）

无 题

【明】陈光世（生卒年不详）

萦迂飞挽过鱼台，老纳迎予陟胜嵬。
麟渡[①]遥怜姬鲁往，昆宫偏向此山来。
举头红日天颜近，满眼长春径道开。
千载石床仙洞在，黄云依旧锁春隈。

（见山东巨野金山洞石刻）

注释：①麟渡，麟渡古流，巨野古八景之一。在今麒麟镇获麟村北潴水河。

游金山洞

【明末】吕成乐（1584—1656）

祖龙遗迹足千古，日暮登临愁若缕。
南眺昌城尽草莱，洞中犹滴秦时雨。

【（清）章弘修《巨野县志》卷十四，康熙四十七年刻本，第 27 页】

过金山洞同姚宋诸君赋

【明末】吕成乐（1584—1656）

开洞人传自祖龙，寻幽我辈一相从。
阿房风雨浑消歇，惆怅空山起暮钟。

（见山东巨野金山洞石刻）

金山洞（七律四首）

【明】吕鹏云（生卒年不详）

其一

凿山为洞属何年，怪石崚嶒四阁连。
风度悬崖如喷雪，云开邃室回暮天。
振衣想见获麟后，览胜转思逐鹿前。
一自秦皇传驻跸，清凉别境尚依然。

其二

古洞阴深冷不禁，祖龙曾此翠华临。
巡方王气空瞻眺，跨世雄风可陆沉。
避暑片时应自适，坑儒当日是何心。
盘桓更欲论刘项，千古悠悠寄慨深。

其三

古洞幽然古刹傍，到来伏暑亦生凉。
泉鸣似觉风敲玉，花发浑疑岫吐香。
白兔只应传汉吏，黄泥不复控秦梁。
携樽更上高岩望，咫尺卿云是帝乡。

其四

万仞丹梯一径分，望来大野正氤氲。
山光白映沧溟月，洞霭青连岱岳云。
何处樵歌天外度，几回梵响坐中闻。
登临幸际熙明日，漫抚丝桐送夕曛。

【（清）章弘修《巨野县志》卷十四，康熙四十七年刻本，第 19 页】

再过秦王避暑宫

【明】姚黄（生卒年不详）

重游避暑洞，逸兴转飞扬。
不雨池塘润，无风殿阁凉。
高歌倾鲁酒，薄醉据胡床。
日暮犹难去，谁怜老更狂。

【（清）章弘修《巨野县志》卷十四，康熙四十七年刻本，第 13 页】

游金山避暑洞

【明】毕玉（生卒年不详）

绣壁紫苔新，桃花几度春。
秦人避暑处，倘有避秦人。

【（清）章弘修《巨野县志》卷十四，康熙四十七年刻本，第 25 页】

登金山清凉洞

【明】毕珦（生卒年不详）

何处望咸阳，金山古道傍。
楚人焦土后，犹自号清凉。

【（清）章弘修《巨野县志》卷十四，康熙四十七年刻本，第 25 页】

登金山洞

【明】屈竟显（生卒年不详）

览胜金山洞，十年此一游。
寒泉清漱玉，树古翠悬虱。

日透午时影，凉生六月秋。
生平爱幽赏，欲去去还留。

【（清）章弘修《巨野县志》卷十四，康熙四十七年刻本，第 13 页】

夜游金山洞

【明】武位中（生卒年不详）

选胜探幽兴不穷，松蹊道磴扪萝通。
琴鸣汉祖停车地，酒泛秦皇避暑宫。
绝壁插天星斗宿，阴房当夏雪霜蒙。
英雄空遂焚书意，翻惹词人赋咏工。

（见山东巨野金山洞石刻洞外东壁）

重游秦皇避暑洞

【明】（作者不详）

选得名山续旧游，分闲一歇冷如秋。
洞中玉液垂宫壁，疑是秦人泪未收。

（见山东巨野金山洞石刻内洞门西、下）

注释：①满家硐，地名，位于嘉祥、金乡、巨野交界处。

游始皇避暑宫

【明】刘希禹（生卒年不详）

其　一

巡眺当年迤逦行，朱氛思避洞金京。
嶛嶆石阙雄阿阁，硫礞云崖壮塞城。

鲁匠有能雕构苦，楚人无计烬灰倾。
只今响答声如袭，疑是山灵向客评。

其 二

秦王幽洞开金屿，跨舆驰銮愿霞侣。
缭岸乘风袭座凉，寒泉咄日清襟暑。
紫苔绿藓壁衣衣，树古螭悬荫覆稀。
洞天寥寂人何在？金碧嶕峣空自巍。

其 三

携知古洞一相羊，奇趣鸿纷款对觞。
敞袍青霞石径暗，幽花春日午天光。
池腥应有珠龙据，岩怪犹传宝犊藏。
览罢重沽是坐啸，胜游何事讳清狂。

（见山东巨野金山洞石刻西壁）

春日集饮金山洞之一

【明末】陶唐翰（生卒年不详）

春水溶溶春草芊，醉扶红袖陟亨巅。
笼云石壁高千尺，直欲扪星撼碧天。

（见山东巨野金山洞石刻西壁）

春日集饮金山洞之二（五律 宾王甫）

【明末】谢崇知（生卒年不详）

古洞[①]何年凿，不知度几秋。
虚传逃白免，果信隐金牛。

乳液垂宫壁，云霞锁殿头。

徘徊兴未已，明月更相留。

（见山东巨野金山洞石刻西壁）

注释：①古洞，指秦皇避暑洞。

春日集饮金山洞之三

【明末】刘汝和（生卒年不详）

巍巍古洞树苍苍，石窍生风宫殿凉。

避暑仙翁何处去，空留明月照山房。

（见山东巨野金山洞石刻西壁）

春日集饮金山洞之四

【明末】谢崇奖（生卒年不详）

登山选胜举流觞，人面桃花满洞芳。

载酒只应寻我辈，相牵诗兴与春长。

（见山东巨野金山洞石刻西壁）

春日集饮金山洞之五

【明末】倩云（生卒年不详）

山花照眼弄春晴，风过停莺数落英。

眉黛成尘若个事，霓裳曲总断肠声。

（见山东巨野金山洞石刻西壁）

春日集饮金山洞之六

【清】张其经（生卒年不详）

极目春山悲旧游，东南王气几曾休。
辟峦开嶂迎凉地，只见白毫绿水流。

（见山东巨野金山洞石刻西壁）

春日集饮金山洞之七观洞值饮

【明】王或甫　程允蹈

芳遍层峦斗晓风，逐烟跻跳过溪东。
飘飘洞口桃花片，飞向壶觞一点红。

（见山东巨野金山洞石刻西壁）

七律无题

【明】宋承荫（生卒年不详）

巾车载酒任遨游，满壁苍烟石磴幽。
古洞穿云晴亦雨，寒泉瀑布散还收。
心头玉屑凭吞吐，天收霞光自去留。
老我不知神力倦，挥毫吊古意悠悠。

（见山东巨野金山洞石刻西壁）

七律无题

【明】宋承勉（生卒年不详）

岩峣金岭此登游，石径盘纡晚更幽。
雨滴悬流丹洞口，天分峭壁白云头。
尊前夜色千岩暝，树底风声万壑秋。

一卧禅房尘梦断，人寰仙境两悠悠。

（见山东巨野金山洞石刻西壁）

五绝无题

【明】余安（生卒年不详）

鬼斧何年凿，神哉此洞门。
顿令千里客，一过一惊魂。

（见山东巨野金山洞石刻）

五律联句①

【明末清初】陶唐翰（生卒年不详）等

东游压紫气，凿石见雄风。（萧翱凤）
数拟变玉崖，洁欲斩太风。（陶唐翰）
汉兵无此头，楚火久往征。（孟　白）
执酒问凭予，月色照碧峒。（魏　□）

（见山东巨野金山洞石刻）

注释：①崇祯元年（1628）游秦王避暑宫联句。孟白，萧翱凤作纪，陶唐翰丹书。

五绝金山洞

【明】赵勤（生卒年不详）

麟台第一峰，幽窈古洞中。
杖藜闲游玩，二四醉酒翁。

（见山东巨野金山洞石刻）

五绝游金山

【明】翟伟（生卒年不详）

千年金山寺，从游兴浩然。
师儒浴沂趣，聊寄洞中天。

（见山东巨野金山洞内石刻）

五绝游金山

【明】黄鼐（生卒年不详）

混沌开来后，幽深山洞奇。
追踪春满眼，无碍一题诗。

（见山东巨野金山洞内石刻）

五律联句

【明】心渊等

览胜金山洞，十年此一游。（心渊）[①]
泉寒清漱玉，树古翠悬虬。（桂岭）
日透午时影，凉生六月秋。（大冶）
生平爱赏幽，虞川去还留。（近堂）

（隆庆改元夏）

（见山东巨野金山洞石刻）

注释：①心渊、桂岭、大冶、近堂五人，生卒年生平不详。

五　绝

【明】小河（生卒年不详）

一带山水应，高歌四壁春。
凉生浮逆旅，不解古上人。

（见山东巨野金山洞石刻）

游秦皇避暑洞

【清】张尔纶（生卒年不详）

秦有咸阳宫，避暑岂来此。或云东游过，所说乃相似。祖龙竭民力，每每呈奢侈。但求三川开，不顾五丁死。况兹数里山，穿凿易称旨。石洞搜云根，壁立两门峙。遥想当年人，内外尽金紫。瞬息千余秋，夜游只鹿豕。佛殿有更无，行人指基址。吁嗟后世人，万勿学秦始。美景悦人心，尚受无穷訾。

【（清）章弘修《巨野县志》卷十四，康熙四十七年刻本，第 6 页】

游金山避暑洞

【清】倪峡（生卒年不详）

古洞相传避暑幽，秦王遗迹已千秋。
人工斧凿如天巧，驾海何疑石也愁。

【（清）章弘修《巨野县志》卷十四，康熙四十七年刻本，第 29 页】

金山洞

【清】张廷佐（生卒年不详）

生平痼癖爱幽寻，乘兴登临石洞深。
云雾不封浑黯黯，藤萝漫合自阴阴。

山灵曾现黄金瑞，故老犹传翠辇音。
何幸清凉庇天下？免教憔悴抱呻吟。

（见山东巨野金山洞石刻）

游秦皇洞

【清】卞敦本（生卒年不详）

西帝无焦土，东巡有洞天。
桃园新雨霁，谁道避秦年。

（见山东巨野金山洞石刻）

游秦皇洞

【清】魏云从（生卒年不详）

大起阿房手，乘凉意不堪。
骄王一抔土，何地觅金蚕[①]。

（见山东巨野金山洞石刻）

注释：①金蚕，金属铸造的蚕，古代帝王的一种殉葬品。

游秦王避暑洞（丁未初夏作）

【清】陈以远（生卒年不详）

偶上麟台第一峰，半天云影落杯中。
徘徊石径思前事，可惜经营避暑宫。

（见山东巨野金山洞石刻）

前题次韵

【清】唐镛（生卒年不详）

紫气氤氲碧殿开，岁朝结伴陟崔嵬。
使君政美人无事，欣睹纷纷士女来。

（见山东巨野金山洞石刻）

游金山清凉洞

【清】毕蕴朴（生卒年不详）

夹道巉撑自祖龙，来游盛暑若初冬。
当年敛怨知多少，今作麟台第一峰。

（见山东巨野金山洞石刻）

前　题

【清】魏光缙（生卒年不详）

雄峙曹南第一峰，烟畴两陌自回环。
千层石级连云树，屈指年来几度攀。
劈开云径闪嵯峨，四柱亭亭碧汉摩。
俯视桑麻皆到眼，常依曲栏听农歌。

（见山东巨野金山洞石刻）

前　题

【清】解峻（生卒年不详）

其　一

旌飞金岭洞云开，争看使君观稼来。
十二琴弦归圣水，一双凫舄绕麟台。

其 二

一番花雨一番新，百里休风百里春。

漫说登高闲作赋，须知仙吏本诗人。

（见山东巨野金山洞石刻）

七古一首

【清末】吴履泰（生卒年不详）

金山之阳秦王洞，洞里涓涓碧水流。我来此洞寻仙迹，不见仙人见石头。嵯峨玲珑如对笑，笑我奔走作马牛。君不见雨壁斑斑题诗句，大都感慨古今愁。又不见昔日宦游名利客，而今转瞬成骷髅。大抵人生如泡影，不及石头历千秋。立功主德皆门径，总期没世令名留。功名富贵寻常事，惟有神仙不易求。茫茫沧海隔两岸，谁是宝筏渡迷舟。抛却浮名无争点，得好修来便好修。吁嗟乎！得好修来便好修。

（见山东巨野金山洞石刻）

大石峡

【清】侯士畯（生卒年不详）

暑酷逃何处，言寻石峡偏。

一峰真似面，群濑总如弦。

选树看铺席，拂云待醉眠。

此山饶异迹，多事远求仙。

【（清）徐继孺纂《曹南文献录》卷四十二，诗钞十二，1917年刻本，第13页】

八、左　山

左山，在山东曹县西北60里，一名左岗，《太平寰宇记·济阴》谓："左岗在济阴县东北五里，冈阜连属，林木交映，以近左城，故以名焉。"

过左山忆弟晦叔待制

【宋】范致冲（宣和年间）

定陶东望左山头，仲弟何之忆旧游。
棣萼俱荣人已去，棠阴不改水空流。
九华秀气千年在，五桂高科万事休。
圣主矜嗟隆赠典，一门恩德重山丘。

【（清）佟企圣撰《曹州志》卷十八，康熙十三年刻本，第11页】

左山怀古

【明】邹鲁（弘治年间）

古寺荒村远近同，停骖一望思无穷。
市朝一堕洪涛里，雉堞犹存晓雾中。
乱世民情嗟百孔，经量国是忆三空。
古今陵谷多如此，莫怪商人叹故宫。

【（清）佟企圣撰《曹州志》卷十八，康熙十三年刻本，第19页】

游左山次宋范学士韵

【明】蓝瑞（生卒年不详）

每羡物华恨白头，禅林喜得共佳游。
园陵非旧山还在①，城郭如真水不流②。

福海慈航浮世事，丹书铁券古人休。

名贤诗后赓新句，常使乾坤识古丘。

【（清）朱琦撰、郭道生续修《兖州府曹县志》卷十六，康熙五十五年刻本，第 43 页】

注释：①文中原注“左山有汉恭王园庙故址”。

②文中原注“此地常见晨光似城郭”。

和范提举题左山韵

【明】杨迴（生卒年不详）

一晌耕云绿岭头，春明花柳正堪游。

林中白发三明净，树里黄河九曲流。

青镜总怜双鬓老，香灯一悟万缘休。

南宗北旨应同否，好把朱衣问比丘。

【（清）徐继孺撰《曹南文献录》卷三十三，诗钞三，1917 年刻本，第 21 页】

和范提举留题左山韵

【明】蔡继先（嘉靖年间）

珠树龙宫閟陇头，昔贤曾此赋闲游。

云迷故国山川在，碣断荒阡岁月留。

灵兽获来文藻改，苞稂歌后霸图休。

汉恭左史知谁是，眼底累累总一丘。

【（清）徐继孺撰《曹南文献录》卷三十六，诗钞六，1917 年刻本，第 2 页】

和钱令公游左山韵

【明】蔡弼（生卒年不详）

新绿泛红点树头，春风杖履续先游。
济阴宦迹棠偏茂，左碣雄文藻尚流。
自古少凌追杜牧，于今曹国借韩休。
祖孙奕世相辉映，恩德君家重此丘。

【（清）徐继孺撰《曹南文献录》卷三十六，诗钞六，1917 年刻本，第 2 页】

游左山次钱令公韵

【明】王士龙（万历年间）

绛宫遥占碧峰头，最好登临续胜游。
历落天花清夜坠，微茫云树翠烟流。
前朝名守推修懿，此日神君是子休。
漫道南华千古秘，阳春今已遍曹丘。

【（清）徐继孺撰《曹南文献录》卷三十六，诗钞六，1917 年刻本，第 18 页】

游左山次钱令公韵

【明】万爱民（生卒年不详）

片月高悬古刹头，蓬心拟逐白云游。
魂销幻境肠还结，木落空山泪欲流。
明镜台边窥舍利，疏钟声里叹浮休。
茫茫苦海凭谁问，噩梦荒凉寄楚丘。

【（清）徐继孺撰《曹南文献录》卷三十六，诗钞六，1917 年刻本，第 19 页】

次钱令公游左山寺元韵

【明】徐笃（万历年间）

省耕春过左山头，乘兴因为兰若游。
只树遥连棠阴蔼，尼珠光映福星流。
高才共羡超钱起，老衲谁能继贯休。
试洗苍苔看断碣，祖孙文价重嵩丘。

【（清）徐继孺撰《曹南文献录》卷三十七，诗钞七，1917 年刻本，第 6 页】

春日偕蔡赉卿游左山寺次韵

【明】钱达道（万历年间）

禅林隐隐挂城头，春尽携觞一浪游。
寂寞左丘红日近，凄凉汉塚白云流。
寒钟古刹鸣还咽，乳燕空梁语未休。
蔡氏中郎多藻思，彩毫飞洒寄名丘。

【（清）佟企圣撰《曹州志》卷十八，康熙十三年刻本，第 27 页】

九、栖霞山

栖霞山，又名梁王台，唐朝大诗人李白游历处。位于单县城西南堤角高埠处。早在西汉文帝年间，栖霞山就已得名。据民国本《单县志》载：“汉文帝十一年，刘恒封其子刘武为梁王于睢阳。梁王好营宫室，建东苑延亘三百余里。单父在其内。并在栖霞山营造宫室，为游猎、休息之处。每来游，便树石题词。”

携妓登梁王栖霞山孟氏桃园中

【唐】李白（701—762）

碧草已满地，柳与梅争春。谢公自有东山妓，金屏笑坐如花人。今日非昨日，明日还复来。白发对绿酒，强歌心已摧。君不见梁王池上月，昔照梁王樽酒中。梁王已去明月在，黄鹂愁醉啼春风。分明感激眼前事，莫惜醉卧桃园东。

【（清）彭定求撰《全唐诗》卷一百七十九，中华书局1960年版，第824页】

送族弟单父主簿凝摄宋城主簿至郭南月桥却回栖霞山留饮赠之

【唐】李白（701—762）

吾家青萍剑，操割有余闲。往来纠二邑，此去何时还。鞍马月桥南，光辉歧路间。贤豪相追饯，却到栖霞山。群花散芳园，斗酒开离颜。乐酣相顾起，征马无由攀。

【（清）彭定求撰《全唐诗》卷一百七十六，中华书局1960年版，第1795页】

栖霞山夜坐

【唐】僧灵一（727—762）

山头戒坛路，幽映云岩侧。
四面青石床，一峰苔藓色。
松风静复起，月影开还黑。
何独乘夜来，殊非昼所得。

【（清）王镛撰《单县志》卷十，康熙五十六年刻本，第15页】

梁 台①

【金】完颜璹（1172—1232）

汴水悠悠蔡水来，秋风古道野花开。
行人惊起田间雉，飞上梁王鼓吹台。

【《全金诗》，第 3 册，第 117 页】

注释：①单父梁台即栖霞山。

栖霞台

【明】李开芳（生卒年不详）

梁王台上从春酒，灿灿桃花乱碧柳。柳雾花风岁岁同，世情人面尚同否。满斟春酒问春莺，巧舌为谁百啭鸣。啼破兴亡多少事，柏梁铜雀恨难平。此台芜没复崩溃，昔日梁王今安在。樵牧昏朝任意过，残碑断碣荒苔内。五陵年少寻芳眠，不上空台羁玉鞭。历尽古来贤达客，题诗惟有李青莲。

【（清）王镛撰《单县志》卷十，康熙五十六年刻本，第 32 页】

寒食后栖霞山作

【清】卢锡晋（1642—？）

荒台犹是旧时春，绿尽垂杨汉水滨。
已惯清明常过眼，漫劳莺语唤愁人。

【（清）项葆桢撰《单县志》卷十五，1929 年刻本，第 19 页】

栖霞山怀古

【清】谢衮（清中期）

梁王筑山涞水崖，硉矶千仞落红霞。筵开人去空日暮，霞光时绕岩端花。青莲此地留佳宴，云际离离悲鸿雁。骢马独挽月桥东，高歌一声天地暗。暗暗天地乌鹊啼，今人哪知古别离。登峰还思餐霞客，壁间有诗莫轻题。

【（清）普尔泰撰《单县志》卷九，乾隆二十四年刻本，第 56 页】

栖霞山

【清】刘峨（1723—1795）

梁王游观定何处？李白酣乐亦长语。
两家遗迹同扫除，来者脉脉去者倨。
有客立马临斜阳，就中颇爱青莲狂。
青萍宰割不得意，鞍马歧路成沧桑。

【（清）普尔泰撰《单县志》卷九，乾隆二十四年刻本，第 57 页】

栖霞山

【清】魏自励（生卒年不详）

晴云余绮烛遥天，天台仿佛在目前。
闲话赤城缥缈景，半拟尘寰半拟仙。
振衣直上最高顶，蓬莱杰阁矗高耸。
澄江如练忆元晖，空中朱霞散万顷。

【（清）魏自励撰《贡树生香诗稿一卷》，见《山东文献集成》第 32 册，第 388 页】

第二辑 川泽

菏泽一带在远古时期呈现岗丘、水泽和平原交错的地貌，非常适合中华先民在这里繁衍生息。根据地理学的研究，250 万年前，地球曾发生过两次较大的地壳运动，即燕山运动和喜马拉雅山运动，形成了我国西高东低的地势特点。由于华北处在两次地壳运动的接触带，因而形成了北有燕山，西有太行山和豫西山地，南有大别山，东有泰沂山脉的低陷地带，菏泽正处在这个低陷区域的中心，成为华北平原海拔最低的地方。110 万年前，孕育着中华民族的母亲河——黄河，汇集沿途诸多支流，逐渐形成。它发源于巴颜喀拉山，穿过青、甘、蒙古高原后，在黄土高原携带大量泥沙，泄入华北低陷区，最后由低陷区的东北部注入渤海，无穷泥沙充填着浩瀚的低陷区。历经百万年的填充，菏泽境内于 5 万年前成了广阔的低洼沼泽水域。

大约 7000 年以前，我国中原广大地区处在一个持续稳定的暖湿气候环境里，气温较高，雨量充沛，植物茂盛，最适宜古人类的生存与繁衍。在这个时期，一些走下高原的中华先民们陆续定居于鲁西南。据文献记载，远古时期，菏泽地貌属中原地区独有的岗丘、水泽和平原交错的地理类型。这里在沃野广布的同时，还分布有源于黄河的济水、菏水、汳水、濮水、羊里水、灉水、沮水等十多条河流，其中多条自西往东贯流区境，并形成有菏泽、雷泽、大野泽、孟潴泽等四大古泽。虽经后世变迁，“十水”“四泽”已经不见踪影，但它们至今遗址尚存，化为菏泽远古历史的地理实证，在菏泽人的心目中留下悠深的记忆和影响。如今菏泽之名，即是来源于远古之菏泽。本篇汇录了历代描写菏泽古代川泽的诗歌共 86 首，供读者遥想古代菏泽大河奔流与山映川泽的壮丽美景。

一、黄　河

黄河，位于中国北方，是全国第二长河，全长约5464公里，它发源于青藏高原巴颜喀拉山北麓的约古宗列盆地，流经今天青海、四川、甘肃、宁夏、内蒙古、陕西、山西、河南及山东9个省（自治区），最后汇入渤海。黄河从今菏泽市东明县进入山东，流经本市东明、鄄城、牡丹区、郓城等县区，黄河故道则曾从今菏泽东明、曹县、单县过江苏入海。

河　复

【宋】苏轼（1037—1101）

熙宁十年秋，河决澶渊，注巨野，入淮泗。自澶、魏以北皆绝流，而济、楚大被其害，彭门城下水二丈八尺，七十余日不退，吏民疲于守御。十月十三日，澶州大风终日，既止，而河流一支已复故道，闻之喜甚，庶几可塞乎。乃作《河复》诗，歌之道路，以致民愿而迎神休，盖守土者之志也。

君不见西汉元光元封间，河决瓠子二十年。巨野东倾淮泗满，楚人恣食黄河鳣。万里沙回封禅罢，初遣越巫沉白马。河公未许人力穷，薪刍万计随流下。吾君盛德如唐尧，百神受职河神骄。帝遣风师下约束，北流夜起澶州桥。东风吹冻收微渌，神功不用淇园竹。楚人种麦满河淤，仰看浮槎栖古木。

【（宋）苏轼《东坡全集》卷八】

黄　河

【宋】洪适（1117—1184）

宣防瓠子挠西京，向者河堤役不宁。

边骑任教就下流，始知谈舌误朝廷。

【（宋）洪适《盘洲文集》卷五】

黄河道中

【元】王艮（生卒不详）

荒荒大野兼天远，浑浑长河与海通。
云暗春城榆荚雨，浪翻沙岸鲤鱼风。
简书上计千艘集，玉帛来朝九域中。
献纳愿陪青锁议，衰迟已是白头翁。

【《全元诗》第 29 册，第 258 页】

河浑浑（并序）

【元】黄哲（？—1375）

洪武辛亥夏六月，工部主事仇公、中书宣郎观公奉旨按行黄河，北环梁山，逆折西，至巨野、曹、濮，达盟津，发民疏浚浅壅，俾通粮漕。予亦承乏，分领东平之役，济宁则有守御千户张将军董其事焉。诸公偕会梁山。余记元年春奉命溯河北来时，兵始袭汴，舟师逾彭城，北入汴南塔翌日则又徙而他流矣。涂路朽坏流沙，数百里间，篙楫畚锸无所施其功。故议者欲上闻，有复堰黄陵冈之举。噫！此季元之覆辙，何足与议哉。因赋《河浑浑》。

河浑浑，发昆仑。度沙碛，经中原，喷薄砥柱排龙门，环嵩绝华熊虎奔。穷探幽讨事奇绝，云是天津银潢之所接。葱岭三时积雪消，流沙万派从东决。东州沃壤徐豫之墟，怀山襄陵赤子为鱼。玄圭锡夏后，安得辞胼胝。龙门一疏凿，亘古功巍巍。巍巍功可成，河水浑复清。

【（元）黄哲《广州四先生诗》卷一】

治河和崔司空韵

【明】王崇文（1468—1520）

泰岳峰高好勒铭，拟将大智步前踪。
汉王白马何须用，夏氏铉圭合与同。

国祚万年应有赖，水流百折总归东。
数年南顾今才慰，莫为贤劳叹转蓬。

【（清）郭道生撰《兖州府曹县志》卷十六，康熙五十五年刻本，第 37 页】

河决歌

【明】王崇献（1470—1555）

八月九月河水溢，贾鲁堤防迷旧迹。涓涓起自涧溪间，顷刻岸崩数千尺。我行见此殊衔恤，观者如堵咸股栗。怒气喷却九天风，声若万雷号镇日。晡时东注如海倒，平原千里连苍昊。人家远近百无存，禾黍高低付一扫。人民湛溺不知数，牛羊畜产何须顾。仓皇收拾水中粮，拟向他乡度朝暮。翻思山东富庶乡，百年生育荷吾皇。哀哉河伯何不仁，忍使一旦成苍茫。闻道当年瓠子河，兴卒十万功不磨。况复曹南水势雄，庙堂发策当如何。

君不见，东村子父兮，救子父先死；又不见，西村女母子相持，死不已。安得治河最上策，洒泪匍匐献天子。

【（清）佟企圣纂修《曹州志》卷十八，康熙十三年刻本，第 392 页】

河浑浑

【明】顾清（1488—1505）

河浑浑，发昆仑。奔驰万里出龙门。出龙门，啮金堤，泛瓠子，鱼鼋蛟鼍，乘时奋起，城郭壤，丘陵颓。汉帝沉，玉马劳，歌入云哀。河浑浑，询神灵，我皇龙飞。初泥沙潜，伏波镜澄，皇钦事，禋孔精，胡为乎？一日骋雄，悍违天经。　　奔腾荡潏，岸拆堤倾。使行者不得遂，居者不得宁，园庐漂溺鱼鳖横。河浑浑，下民咨神禹，上天去，买尉来，何时三年青？兖民亦疲，土牛楗石将恐非。河浑浑，侧身南望劳我思。

【（清）顾清《东江家藏集》卷六）】

沿眺黄河有作

【明】苏祐（1493—1573）

停辕览原甸，西见黄河流。腾踏杳百川，滥觞经昆丘。九折东到海，日夜一何遒。原泉非有托，涸尘将见浮。奔驶亦劳止，情事焉所求。临流振缁衣，征途怀百忧。倘逢河上公，税驾从以游。

【（明）苏祐《穀原诗集》卷二】

入曹南

【明】王崇仁（1505—1521）

黄河从天来，发源自昆仑。万里至中华，九折成雷奔。流入鲁魏间，土坟地不根。东山有长堤，惠爱今如存。沿河赖滑王，继世犹村村。迩来风浪恶，澎湃冲天门。居民尽东徙，漂泊谁招魂？世无涂山客，舜警何为分。

【（清）朱琦撰《兖州府曹县志》卷十六，康熙五十五年刻本，第 10 页】

晓渡黄河

【明】于若瀛（1552—1610）

盛暑恣行迈，凌晨孤棹发。渐开南岸烟，遽没西岩月。连天涨新黄，惊鸟去嵲嵲。淈淈曲流驶，炎飙乱短发。崩脆梁疆域，摧荡宋城阙。璧马安所投，歌裂瓠子决。竭民困筑役，岸沙忽出没。触物眩游目，掀蓬益忡惙。何以瀹狂澜，济川惭薄劣。

【（清）金世德修、杨日升纂《东明县志》卷八，康熙十一年刻本】

嘉靖二十八年河决

【明】张兆祯（1573—1619）

桑田沧海变何常，瓠子金堤自古忙。
时事纷纷恒若此，浇愁且尽手中觞。

【（清）徐继孺辑《曹南文献录》卷三十六，1917 年刻本】

闻义士王丈补之输粟一千石助漕河大工走笔书此

【明】徐笃（万历年间）

疏凿漕河役万夫，司农告匮少良图。
谁期义士千金散，直使贫民一旦苏。
忧国岂同食肉者，汗颜应奈守钱奴。
山人闻此嫣然笑，起舞茅堂自倒壶。

【（清）郭道生撰《兖州府曹县志》卷十六，康熙五十五年刻本，第 47 页】

赋城中积水仍前韵

【清】扈光祚（清初）

霜雨浃旬注，白波满地来。
居巢留古意，悬釜悲今才。
城阙木罂渡，桥门桂櫂开。
济阴花县里，一带水漩洄。

【（清）朱琦撰、郭道生续修《兖州府曹县志》卷十六，康熙五十五年刻本，第 28 页】

观河篇

【清】陈澄心（1662—1722）

黄河水汤汤，两源接星纪。一从葱岭发，一自于阗始。张掖西合渭，王屋东迎济。行径大伾山，迂回一万里。中有物狰狞，天吴身八尾。挟怒涛而奔，荡然不可砥。朝溃酸枣堤，暮决濮阳水。竞伐竹为楗，负薪亦徒尔。谁愿身塞河？波势会沙止。我授符蒙泽，滋疆属所理。鞭马大堤头，瞻彼浊流驶。物力已肆既，埤畔复崩圮。慨予发省优，此责可谁委。作诗寄伯河，更醉伯以醴。虽无玉马沈，投一犉一毳。知伯稔有灵，应退而南徙。愿少杀其怒，毋伤穜及秠。

【（清）朱琦撰《兖州府曹县志》卷十六，康熙五十五年刻本，第 12 页】

黄河二首

【清】嵇曾筠（1668—1748）

一

黄河曲曲来，昼夜流不已。胡不直如弦，一泻可千里。地险路且长，歧途判彼此。苟萌跃冶心，泛轶逾常轨。中道炎纷驰，散乱难为水。惟屈乃能伸，屈伸存至理。不屈则不伸，祸福多伏倚。迂回而渐进，东海终当抵。

二

黄河风势顺，孤篷不敢翥。激湍趁狂飙，恐触暗滩淤。有时风景逆，半帆随水去。溜涌故迟迟，沿波且容与。岂不审缓急，徐行庶无虑。岂不知顺逆，失势何所据。济川道纵赊，登岸终有处。慎重以安行，何必求风助。

【（清）嵇曾筠《师善堂诗集》卷三，《清代诗文集汇编》第 226 册，第 238 页】

视河兼柬督工诸使

【清】朱琦（生卒年不详）

乙丑孟冬，奉鹤翁朱父师命，督工疏郭外旧河，因集同人小酌，遂成口号一首，兼求和。

一

昆仑来自远，荧色望中高。
瓠子明秋水，桃花静暮涛。
宁烦沈璧意，终矢负薪劳。
幸勿伤农业，烹羔拄浊醪。

二

九折总滔滔，龙门触怒涛。
沙堤百里固，畚锸万夫劳。
关内功难下，司空智独高。
他年清可俟，毕力藉同袍。

三

经国忠谟竭，成功刊奠余。
乍知安若堵，何事叹其鱼。
葱郁新杨柳，熙嬉旧室庐。
恩勤聊慰劳，防患慎于初。

四

盛世无昏垫，残黎有干年。
安澜舜德著，敷土禹功宣。
公子今恭命，阳侯蚤顺鞭。
相期还努力，盘石庆长天。

【（清）郭道生撰《兖州府曹县志》卷十六，康熙五十五年刻本，第27页】

晚渡黄河

【清】吴璜（1736—1796）

土冈风起晓扬沙，漠漠樯乌接翅过。
秋汛但教楗竹固，岁修敢费帑金多。
宋元故道浑无据，淮泗交流更若何？
珍重临深遗训在，饥趋共奈涉洪波。

【（清）吴璜《黄琢山房集》卷八，《清代诗文集汇编》第 360 册，第 134 页】

渡黄河

【清】仇丽亭（1739—1794）

皇天郁怒如欲泄，殷雷奋地地迸裂。黄河之水何处来，白浪高翻太古雪。天风穿裘匹马立，阴厓森森望舟楫。欲渡不渡心断绝，中流崛强不肯平。篙师解衣与撑突。我生壮志奇横不，可当对之毛发直。竖心惴栗且如前，河上归夜夜惊噩，在床席其险怕向妻帑说。吁嗟乎，万古回薄大气力，中间沐日而溶月。固天纵之成怪物，纵有蛟龙不敢宅。唐元奘汉张骞，彼何人，斯乃能探其源于昆仑巅。我闻此水直与银潢连二子，何不乘此登青天。青天苍苍河水急，水势力与嵩华敌。龙门上世凿无人，微禹民其为鱼鳖。豫兖徐扬频徒移，庐舍桑田遭荡潏。贾让虽存上中下，三策从来治河终乏术。呜呼，从来治河终乏术。安得疾驱入海无停留，庶几世世大患息。

【（清）仇丽亭《未学斋集补遗》，《清代诗文集汇编》第 303 册，第 272 页】

渡 河

【清】陈观国（1745—？）

水落鱼龙蛰，寒流拥断冰。
波舍斜日动，气接远天澄。

歌欲思瓠子，舟谁共李膺。

身微轻险阻，风浪记吾曾。

【（清）陈观国《悭斋吟草》卷二，《清代诗文集汇编》第 410 册，第 591 页】

黄 河

【清】刘珊（1778—1824）

鸿洞遥看浪几层，浊流终古竟谁澄。

秋高星月无留影，春老风花有断冰。

河汉上通天可问，昆仑北折地难胜。

百年故道今何处，瓠子金堤总莫凭。

【（清）刘珊《亦政堂诗集》卷三，《清代诗文集汇编》第 527 册，第 458 页】

前 题

【清】陈愚轩（1849—1919）

洪流去滔滔，龙蛇战方罢。断碑镌曹工，游人何悲咤。维昔嘉道年，宣防万福迓。天使贤庆刘，民牧汉遂霸。四境先输将，薄材得善价。金堤巩苞桑，河润茁禾稼。自改铜瓦道，陵谷嗟可讶。履亩沙石田，榷算屋间架。竭泽网师急，含沙毒蜮射。翻思河伯仁，鱼鸟遂生化。今岁瓠子歌，三省偾台假。防民甚防川，虎伥祸为嫁。地逼萑苻丛，时停炎官驾。逝水未百年，瓦砾圮台榭。劫后有残石，文岂汉碑亚。钝士为摩挲，明德远思夏。落日眺大堤，火云烁桑柘。感怀发高吟，卓笔倾鲍谢。源头探星宿，龙门接嵩华。壮士歌挽河，拳石补天罅。河徙留故道，诗编起桧下。变风终下泉，愿赓曹三坝。

【（清）李经野辑《曹南诗社唱和集》卷七，1918 年刻本，见《山东文献集成》第三辑第 44 册，第 638 页】

秋日观黄河

【清】李曾裕（1853—1932）

军声十万海潮通，弩箭披摧直注东。
沙挟泥流翻作岸，水经堤束渐悬空。
帆樯络绎通齐豫，云树苍茫渡雁鸣。
极目萧条今昔感，宣防徒说汉时宫。

【（清）周保琛修、李曾裕纂《东明县续志》卷四，宣统三年刻本，第 23 页】

黄 河

【清】褚瑨（生卒年不详）

一

高悬星辰播昆仑，万里沙飞万里源。
汉大何争咫尺地，禹神能凿鬼人门。
龙游定有波中窟，犀照难分水底村。
上策几曾行贾让，道旁筑室至今论。

二

闻道宣防塞决河，六龙亲幸侍臣多。
负薪立下淇源揵，沈玉悲传瓠子歌。
玉辇久迷芳草路，金堤几委浊流波。
可怜使者频持节，屯氏安危总若何？

三

从来左右虑强伤，水性何曾受曲防？
千乘已移淮泗势，九河难觅豫齐疆。
功名竹落夸延世，行旅粮赍问郑庄。
总为小民昏垫苦，长茭美玉付沧浪。

四

蜿蜒异口迹在河坎，风掣灵旗爆竹喧。万事漕渠维郑国，几年东郡祷王尊。星游五老光重现，龙负全图气不昏。夜半雷声神亦沛，旧川还处听潺湲。

【（清）周保琛修、李曾裕纂《东明县续志》卷四，宣统三年刻本】

灾黎行

【清】陈嗣良（生卒年不详）

甲戌秋，奉委赴曹县查水灾，由济宁上船，二日甫抵乡城北登岸。

金嘉罗灾何太酷，民居直被鱼龙夺。千寻万寻波光摇，千声万声夜鬼哭。半死半活水中树，东坍西塌土坯屋。一帆烟雨不中流，茫茫不辨陵与谷。昨夜泊舟十里铺，铺上老人悲且语。自言生年七十五，不见此间如此苦。十年兵火十年水，半生生于忧患里。生者流离今已矣，不堪庐墓埋水底。君不见汤汤数百里，道之堪痛尔。去岁卖牛驴，今年卖儿女。明年儿女尽，吾侪将就死。勘荒使者虽仁贤，未必能将吾侪抚。老人言罢泪如雨，傍有小儿牵衣忽阻拦，莫言莫言，言恐使君怒。吁嗟乎，欲为灾民绘灾图。难绘疾痛之声相号呼，会向长官陈上救荒书。

【（清）陈嗣良撰《曹州府曹县志》卷十七，光绪十年刻本，续艺文志下】

渡河（时正盛涨）

【清】任传藻（1886—？）

拍天飞浪误翻银，六月黄河似海滨。
一叶孤悬随上下，万方多难吐悲辛。
乘风手欲屠鲸锷，臬世人争惜凤麟。
到此个怜还自笑，横舟我已渡龙津。

【（清）周保琛修、李曾裕纂《东明县续志》卷四，宣统三年刻本】

无 题

【清】万士燧（生卒年不详）

顺治乙酉河决流通，邑西南尽成泽国。南北阔三十里，舟楫不通，予以事勉渡焉，赋此志幸。

一

乡梦渺天涯，孤舟日半斜。
红霞浸浪尾，白鸟带波花。
静卧凭三老，漂沉痛万家，
水天光断续，无翼渡寒沙。

二

锦漩三十里，生小未曾经。
野果无人绿，岚光何处青。
中流不敢忘，登岸始知灵。
草草离波际，云埋近浦亭。

【（清）郭道生撰《兖州府曹县志》卷十六，康熙五十五年刻本，第 28 页】

黄河口决移居古营重阳有感

【清】武珠联（生卒年不详）

澹荡西风逐晚霞，可怜沦落已无家。
故园难望啼红泪，浊浪东流带白沙。
十载干戈惊夙梦，一番陵谷起新嗟。
此身漂泊浑难定，犹醉重阳旧日花。

【（清）郭道生撰《兖州府曹县志》卷十六，康熙五十五年刻本，第 55 页】

视河兼柬督工诸使

【清】蔡维屏（生卒年不详）

非是昆仑水，却从天上来。
一渠迷夏道，千畚见虞才。
兴发清茶淡，心劳醇醴开。
伫看城郭处，何在不潆洄。

【（清）郭道生撰《兖州府曹县志》卷十六，康熙五十五年刻本，第28页】

河工落成

【清】蔡维屏（生卒年不详）

接年议水道，时久运方享。
淤去耸高阁，渠道绕近城。
龙门文水转，星宿武林迎。
谁是朝朝乐，称觥歌夏声。

【（清）郭道生撰《兖州府曹县志》卷十六，康熙五十五年刻本，第28页】

视河兼柬督工诸使

【清】扈光祚（生卒年不详）

温令神君下，欢歌赤子来。
心劳八士拙，颐指五臣才。
淤积百年道，流澌一旦开。
康衢乐击壤，无虑水潆洄。

【（清）郭道生撰《兖州府曹县志》卷十六，康熙五十五年刻本，第28页】

视河兼柬督工诸使

【清】王长松（生卒年不详）

良牧忧昏垫，千夫歌子来。
宣劳须众力，经理借群才。
堤断流渠讯，关通泽国开。
水平须命酒，饮吸百川洄。

【（清）郭道生撰《兖州府曹县志》卷十六，康熙五十五年刻本，第 28 页】

河工落成

【清】王长松（生卒年不详）

水厄须终泰，波平幸始享。
浚流穿护堑，排浪决层城。
访友船无渡，邀宾马可迎。
港填比户乐，处处起歌声。

【（清）郭道生撰《兖州府曹县志》卷十六，康熙五十五年刻本，第 28 页】

颂河功

【清】张懋载（生卒年不详）

瓠子滩声撼夜楼，麦矶波涨拥林邱。
浮来海国珊瑚枕，载得朱方翡翠裘。
帆影远衔淮济树，橹声惊满鹭鸶州。
可怜最是三农苦，幸赖神功砥浊流。

【（清）郭道生撰《兖州府曹县志》卷十六，康熙五十五年刻本，第 52 页】

三坝晚眺[1]

【清】李钝士（1855—1943）

铜瓦全河徙，曹工三坝留。
残堤便农亩，剩水泛渔舟。
形势控虞单，忠勤思庆刘。
遥怜瓠子口，四载尚横流。

【（清）李经野辑《曹南诗社唱和集》卷七，1918 年刻本，见《山东文献集成》第三辑第 44 册，第 638 页】

注释：①原题中有注，坝下有断碑尚存，曹工三坝数字。

二、济水（沇水）

济水是一条古老的自然水系，曾经与长江、黄河、淮河齐名，并称“四渎”。济水又名沸水、沇水，是黄河的支流，由河南荥阳出黄河东流，过东明县南境、古陶丘之北入菏泽，于菏泽东北出流入大野泽，再东北出，流过梁山东、平阴北，东流入海。605 年，隋炀帝开浚通济河，济水断流。

济　渎[1]

【元】汪元量（1241—1317）

玉简投潭洞，金樽出石隈。
龙光蟠窟宅，蜃气结楼台。
卷地风雷起，掀天雨雹来。
人间为济渎，水底即蓬莱。

【《全元诗》第 12 册，第 30 页】

注释：①济渎，即济水，详见前济水注。

夜泊济河[①]

【元】陈孚（1259—1309）

十日淮沂上，今朝渡济河。
龟蒙秋烧阔，浮峄夕阳多。
古寺云笼塔，长亭柳映波。
鲁邦无孔子，何处听弦歌。

【《全元诗》第 18 册，第 360 页】

注释：①济河，即济水，详见前济水注。

渡沇水[①]

【清】孙继登（生卒年不详）

马嘶人语水泠泠，一角华山隔岸青。
红杏堤遥三月暮，绿杨阴里一舟停。
日斜风定人争渡，絮舞花飞路几径。
沽酒平陵应在即，燕台犹话短长亭。

【（清）不著辑者《武定诗补钞》，第三册，见《山东文献集成》第二辑第 41 册，第 667 页】

注释：①沇水，即济水，详见前济水注。

沇水道中

【清】孙继登（生卒年不详）

济水湾环西复东，无边霁色画图中。
参天柳浪翻空碧，近水桃花倒影红。
春涨凭添三两雨，轻舟稳受一帆风。
斜阳古渡春山远，几缕炊烟袅碧空。

【（清）不著辑者《武定诗补钞》，第三册，见《山东文献集成》第二辑第 41 册，第 668 页】

三、濮　水

濮水，古时也称濉水，是流经古菏泽区域的一条重要河流，雷夏泽和巨野泽的水源之一。《汉书·地理志》载：“濮水首受泲（济）于封丘县东北，至都关入羊里水者也。……又东北过廪丘县为濮水。”

奉和展礼岱宗途经濮济

【唐】萧楚材（生卒年不详）

拂汉星旗转，分霄日羽明。
将追会阜迹，更勒岱宗铭。
林戈咽济岸，兽鼓震河庭。
叶箭凌寒矫，乌弓望晓惊。
已降汾水作，仍深迎渭情。

【（明）李先芳纂修《濮州志》卷五，万历九年刻本】

奉和展礼岱宗途经濮济

【唐】薛克构（武后时期）

龙图冠胥陆，凤驾指云亭。
非烟泛济浦，绿字启河汀。
画裳晨应月，文戟曙分星。
四田巡揖礼，三驱道契经。
行欣奉万岁，窃抃偶千龄。

【（明）李先芳纂修《濮州志》卷五，万历九年刻本】

濮 水

【唐】胡曾（约 840—？）

青春行役去悠悠，一曲蒲汀濮水流。
正见途中龟曳尾，今人特地感庄周。

【（清）彭定求等编《全唐诗》卷六百四十七】

濮上送友人①

【元】王祎（1322—1373）

天末孤云去，城头落日沉。
苍黄游子意，寥落古人心。
已觉河山异，空惊岁月深。
由来桑濮地，千载有余音。

【（元）王祎《王忠文集》卷二】

注释：①濮上，古卫地，指濮水之滨。

归途揽咏古迹并追记百泉游事其六

【明】李梦阳（1472—1529）

淇门不减越江头，卫女宁论越女游。
濮上春花如锦绣，桑中五月采莲舟。

【（明）李梦阳《空同集》卷三十七】

濮上歌

【明】杨千庭（生卒年不详）

吴趋隔江甸，齐讴阻山阿。四座且莫喧，听我濮上歌。濮歌自有始，请从帝丘起，帝丘何嵬嵬。肇迹颛顼氏，钦明放勋烈。陵墓历千祀，三舍楚师熸。一匡鄄会美，桓文两创霸。经略咸自此，晚卫卜迁吉。崇墉积百雉，延陵为歌风。其国多君子，越兹弥未代。贤哲难胜纪，达哉漆园吏。把竿钓清沚，亦有持七首。任侠宁论死，汲公震汉廷。挺挺光青史，思王八斗才。曾此剖玉玺，节义垂岨张。科名文定李，我登昆吾台，长啸何能已？

【（明）李先芳纂修《濮州志》卷五，万历九年刻本】

再过滩河次前韵

【明】徐笃（万历年间）

遥指垂杨问旧津，胜游不厌往来频。
岸边芳草眠渔父，滩上桃花立美人。
细苇短蒲争出水，林莺沙鹭各鸣春。
清狂未受红尘染，何用沧浪洗葛巾。

【（清）徐继孺撰《曹南文献录》卷三十七，诗钞七，1917年刻本，第5页】

四、瓠子河

瓠子河，古水名，于河南浚县境内出黄河东流，过今河南滑县、濮阳，入今山东菏泽市鄄城境内。瓠子河之名首见于《史记》：汉光二年，“河决瓠子”。《水经注》载，瓠子河自河南濮阳北，东经咸城南，又东经桃城，又东南进入鄄城清丘（今临濮镇苏老家）东北，又东经句阳县（今菏泽小留镇）之小成阳城北，又东经垂亭（今鄄城郑营乡刘堌堆）北，又经雷泽北，过郓城南，北流过梁山西，至平阴县入济水。

瓠子歌

（汉）刘彻（公元前156—公元前87）

一

瓠子决兮将奈何？浩浩旰旰兮闾殚为河！殚为河兮地不得宁，功无已时兮吾山平。吾山平兮巨野溢，鱼沸郁兮柏冬日。延道弛兮离常流，蛟龙骋兮方远游。归旧川兮神哉沛，不封禅兮安知外！为我谓河伯兮何不仁，泛滥不止兮愁吾人？啮桑浮兮淮、泗满，久不反兮水维缓。

【（明）邓韨编次《濮州志》卷第九，嘉靖六年刻本】

二

河汤汤兮激潺湲，北渡污兮浚流难。搴长茭兮沈美玉，河伯许兮薪不属。薪不属兮卫人罪，烧萧条兮噫乎何以御水！颓林竹兮楗石菑，宣房塞兮万福来。

【（明）邓韨编次《濮州志》卷第九，嘉靖六年刻本】

瓠子诗

【明】李梦阳（1472—1529）

沉璧余瓠子，横汾怀帝歌。
波涛满眼送，城郭没年多。
虎战仍三晋，龙腾失九河。
宋人饶事迹，今望亦滂沱。

【（明）李先芳纂修《濮州志》卷五，万历九年刻本】

题瓠子河

【明】谢榛（1495—1575）

金堤重到感秋风，瓠子犹思汉武功。雉堞遥连千树暝，龙珠不见二潭空。芰荷老尽青霜后，箫管寒催落日中。白发沧州幽事在，黄花绿酒故人同。谢安自信游山剧，潘岳谁怜作赋工。无数峰峦秋色里，高歌相对欲争雄。

【（明）李先芳纂修《濮州志》卷五，万历九年刻本】

河决之患

【清】爱新觉罗·颙琰（1760—1820）

神禹疏九河，西汉已迷迹。劳民塞宣房，瓠子复力役。博采能浚川，贾让陈三策。迁徙任分流，穿渠导水脉。最下作堤防，拂性必横逆。时势迥不同，今古地形易。上中断难循，室家岁增益。守成永安澜，心祝诚敬积。

【（清）爱新觉罗·颙琰《御制诗三集》卷二十一，《清代诗文集汇编》第 461 册，第 586 页】

决河叹

【清】刘人骏（光绪年间）

我闻汉决瓠子河，武帝宣防力居多。导河北流复禹绩，千年水患无洪波。后来河决齐梁地，筑堤障川乃强制。巨浸泛滥向东流，大臣力主回东议。奈何天不哀穷黎，河患岁岁闻溃堤。去岁新郑灾更重，城郭屋舍澄为泥。恩诏特颁颠连悯，急命河臣工代赈。九百余万付东流，依旧临河嗟泯泯。堪笑裕国大司农，海防捐例变郑工。以爵为媒易歆动，花样翻新不雷同。富者万金一挥手，百里称侯绾印绶。岂知旧例已新更，瞻之在前忽在后。自古谋国有本计，补苴目前滋流弊。竭泽而渔钓者悲，百姓无利君何利。忆昔贾让献三策，补救不关防与塞。非河犯人人犯河，此论明通我心折。安得汉武英雄才，力排众议湖陂开。远徙人民多粢地，河流终古不为灾。

【（清）刘人骏《鹪洞诗钞》卷二，《清代诗文集汇编》第 737 册，第 466 页】

五、汜　水

汜水，济水的支流之一，流经今山东菏泽市定陶区南、曹县北，汇入古菏泽，是一条比较古老的河道。因刘邦即皇帝位于汜水之阳，使该水名垂后世。

汜 水

【明】邹鲁（生卒年不详）

陵谷千年已变移，汉王坛坫总凌夷。
成功本自收三杰，屈策原非仗六奇。
古木昏鸦声断续，春风宿草色参差。
炎刘一代英雄事，尽属沉沦半截碑。

【（清）赵国琳修《定陶县志》卷八，顺治十二年刻本，第 22 页】

汜 水

【明】乔迁（1483—1565）

收拾山河成一王，此方御极告多方。
叔孙制礼虽知贵，彭越开疆未可忘。
放马归牛思往圣，藏弓烹狗笑惟狂。
于今汜水也消涸，吊古行吟对夕阳。

【（清）赵国琳修《定陶县志》卷八，顺治十二年刻本，第 23 页】

氾　水

【清】段云襄（清初）

氾水何年涸，淤田人自耕。
岸迷芳草合，陇断野云生。
墟里连葭县，风烟下鹤城。
怆然怀汉祖，崛起事龙争。

【（清）佟企圣修《曹州志》卷十八，康熙十三年刻本，第 57 页】

氾　水

【清】赵国琳（顺治年间）

曹南陶北郁云林，汉代雄图迹可寻。
五载战功成帝业，一坛践祚享天心。
风号犹递山呼远，澄澈堪思世泽深。
为问采芝黄绮辈，不将白发点华簪。

【（清）赵国琳修《定陶县志》卷八，顺治十二年刻本，第 29 页】

氾水长城

【明】刘太素（？—1612）

柳河春色转华平，雉堞穹隆冠百城。
石磴红泉流不歇，千秋鼎吕锲澄清。

【（清）雷宏宇修《定陶县志》卷十一，乾隆十八年刻本】

氾水道中

【清】桑调元（1695—1771）

乍听蝉声出树间，渔罾高挂水云闲。
沿塘草舍延瓜瓠，时见黄花满屋山。

【（清）桑调元撰《弢甫诗续集》卷十七，见《清代诗文集汇编》第277册，第469页】

氾水道中

【清】韦佩金（1757？—1808）

河气兼湖涌，冰天不肯春。
晴推篷顶雪，寒袭鸟边人。
日澹新年静，村稀比屋贫。
庙墙红一角，私祭定何神。

【（清）韦佩金撰《经遗堂全集》卷八，见《清代诗文集汇编》第431册，第272页】

氾水道中

【清】徐宗干（1796—1866）

磅礴扶舆气，蜿蜒冈阜平。
屋深陶穴古，径仄小车轻。
松树怪于石，麦苗青上城。
开田隐岩谷，宜雨又宜晴。

【（清）徐宗干撰《斯未信斋诗录》卷十二之一，见《清代诗文集汇编》第593册，第523页】

氾水道中

【清】邹尧廷（道光年间）

两山壁立作深堑，山头尘土打人面。天光黯淡不分明，前车后车争一线。君不见，楚汉之间废垒亡，即令险阻成康庄。禾黍芃芃桑柘茂，乱山顶上有田场。

【（清）邹尧廷撰《留耕草堂初稿》卷五之二，见《清代诗文集汇编》第565册，第783页】

氾水渡河

【清】熊宝泰（嘉庆年间）

偶过成皋地，崎岖感慨多。
片帆离断岸，一气走黄河。
水立真难渡，沙回不易过。
谁怜漂泊久，头白恨如何。

【（清）熊宝泰撰《藕颐类稿》卷六，见《清代诗文集汇编》第403册，第58—59页】

汉高受命坛①

【清】曹成书（1753—？）

赤帝膺服氾水边，命坛高筑镇畿川。
芳名不逐山河改，故址转因风雨坚。
露草朝降楚士气，野花暮带汉宫烟。
鸿基四百已成旧，独道争锋引马还。

【（清）雷宏宇修《定陶县志》卷十一，乾隆十八年刻本，第333页】

注释：①在山东定陶西北约十里。汉高帝即位于氾水之阳，即这里。今名官堌堆。

六、雷 泽

雷泽亦称雷夏泽，龙泽。雷泽之名，首见《禹贡》。曰：“济、河惟兖州，九河既道，雷夏既泽，澭沮会同。”雷泽是中国古代历史上，养育中华先民的生命之泽。《山海经·海内东经》云：“雷泽中有雷神。”汉代的《诗含神雾》、晋代皇甫谧的《帝王世纪》皆云：“华胥履迹雷泽生伏羲。”黄河与济水之间古时被称为兖州，雷泽就在黄河与济水之间，今鄄城东南与牡丹区西北一带。《史记·五帝本纪》：“舜耕历山，渔雷泽”，即指此。隋朝曾在此置雷泽县，唐初《括地志·濮州》雷泽县云：“雷夏泽在濮州雷泽县郭外西北”，后世曹州八景中有“雷泽秋风”。

雷 泽

【清】张士龙（顺治年间）

夏泽泽气深，神物兆其始。须发亦同人，鳞爪自磈礧。有时鼓腹鸣，震雷惊百里。千纪精仍结，翠虬变苍水。灵性周夤纮，鬐鬣走王鲔。龙德乐渊潜，一日因风起。怒飞薄青天，九色五云里。霖雨滋群生，纷洒遍遐迩。

【（清）佟企圣修《曹州志》卷十八，康熙十三年刻本，第 48 页】

雷 泽

【清】邵世纪（生卒年不详）

空潭隐隐起龙雷，虞帝当年渔钓来。

圣泽不随沧海变，风烟平野尚潆洄。

【（清）高士英修、荣相鼎纂《濮州志》卷七，宣统元年刻本】

七、菏 泽

菏泽，是秦汉以前古代中国十大名泽之一，也是菏泽市名的由来。菏泽之名，最早见于《禹贡》："导菏泽，被孟猪。"菏泽西纳济水，通黄河；东出菏水，接江水（泗水），再南通淮河、长江、东海；东北出济水入大野泽，又东北，经济南北，东流入海。菏泽还北连雷泽，通濮水、羊里水、瓠子河；南纳黄沟支流，通孟诸泽。菏泽是营造陶为天下之中的交通枢纽，当年范蠡居陶经商，就是看中了这里人口稠密、经济繁荣以及交通便利诸条件。

菏泽地处今定陶区东北部，《汉书·地理志》云："《禹贡》菏泽在定陶东。"汉定陶县城，在今城北五里。唐《括地志》云："菏泽在曹州济阴县东北九十里，故定陶城东北，今名龙池，亦名九卿陂。"唐《元和郡县图志》、宋《太平寰宇记》均在曹州济阴县该条之下称：菏泽在（济阴）县东北九十里，故定陶城东北。

菏泽（探得梅字）

【宋】邹浩（1060—1111）

滔天浲水非凡灾，平地汹汹生风雷。帝尧哀民作鱼鳖，咨禹平之时懋哉。未暇雍容堂陛上，和羹以尔为盐梅。禹知休戚系予手，汲汲岂获怜婴孩。疏凿高低捐四海，校量势力天须回。尔时菏泽次第及，导引一股从东来。就中不独豫州利，八荒赖以川原开。农桑处处酬愿欲，鸟兽蹄迹还蓬莱。此泽虽微与有力，揭之载籍悬星魁。禹归上天已万祀，遗利犹今分九垓。帝里虎士不知数，朝昏待哺张其腮。转输粟布自东部，浃日何啻浮千桅。始知寸胶无足用，安危须仗经纶才。君不见黄河泛滥金堤摧，縻费皇家几亿财。华衣肉食皆妙选，年年议论喧中台。

【（宋）邹浩撰《道乡集》卷一，见《钦定四库全书》集部】

飏言三十五首其六　菏泽

【清】赵国琳（顺治年间）

神禹疏河事决排，导从菏泽不从淮。
北归故道原其性，迁入新漕无乃乖。
佩犊带牛开旧陇，荒藤古树锁危崖。
细诹今古分歧处，唤醒伊谁梦里槐。

【（清）赵国琳修《定陶县志》卷八，顺治十二年刻本，第 28 页】

八、巨野泽

巨野泽又名大野泽，还有大泽、广野泽和东海之称。《山海经》中记载炎帝女儿精卫衔石填东海的故事，就是指的大野泽，反映了远古时候大野泽的存在。《禹贡》："大野既都，东原底平"，就是大禹治水涉及大野泽的记录。《尔雅》云：大野泽、巨野泽乃一泽二名。汉以前文献称大野，《史记》始有巨野泽之称。《说文》：钜，广大也，大野、巨野同义，故二名并称；唐、宋以后，多称巨野。该泽是炎帝部族的发祥地之一。炎帝蚩尤带领八十一氏族生活在大野泽周围。黄帝战蚩尤，蚩尤被杀，身葬两处：一葬大野泽南岸、今巨野城东北 9 里，一葬大野泽东岸、今嘉祥县梁宝寺乡阚城遗址。

巨野西纳濮水，而通雷泽；西南纳济水连通菏泽；东北出济水，再东北经济南流入海；东南出黄水入菏水、通泗水、入淮、入海。因交通之便，水产丰富，自古是先民生存争夺之地。西周时属成、鲁两国共管。鲁哀公西狩大野，获麟，麟死，麟冢在巨野城东 12 里。依照《中国历史地图册》标绘，春秋时巨野泽在今巨野城西、北、东三面，环城而水。泽东西长约百里，南北宽约 30 里。自汉元光河决 23 年以后，大野泽自西往东淤缩，而作为大野泽之源的济水、濮水，在长期河决的过程中不断淤塞，大野泽水源枯竭，巨野泽也逐渐消失。

巨野泊即事

【宋】陈师道（1053—1101）

蒲巷牵丝直，萍湖坠镜清。
顺流风借便，捷路雪初晴。
鸟度欲何向，鸥来只自惊。
有行须快意，安得易为情。

【（宋）陈师道撰《后山集》，见《钦定四库全书》集部】

巨野二首

【宋】陈师道（1053—1101）

其一

蒲港侵衣绿，莲塘乱眼红。
将身供世事，结缆待回风。

其二

余力唐虞后，沉入海岱西。
不应容桀黠，宁复有青齐。
灯火鱼成市，帆樯藕带泥。
十年尘雾底，瞥眼怪凫鹥。

【（宋）陈师道撰《后山集》，见《钦定四库全书》集部三】

过大野泽[①]

【元】柳贯（1270—1342）

大野自为泽，济流安得通。渟涵就深广，蟠际渺西东。揭帆入洪澜，尽此一日风。青山若浮髻，隐见云烟中。不知何乡聚，欲辨已冥蒙。兹惟开辟水，岂因疏凿功。捐小已成大，地利乃丰崇。至今徐兖郊，桑麻岁芃芃。贿迁擅工贾，组丽连仆童。矧时漕事兴，舟航密如蓬。宝藏在山海，其益无终穷。一令民生遂，坐致国本充。非吾黄帽郎，孰讯白凫翁。

【（元）柳贯撰《待制集》卷一，见《钦定四库全书》集部】

注释：①亦名巨野泽、广野泽，上古九泽之一，故址在今山东菏泽市巨野县北。

赋得巨野泽送宋显夫佥事之山南

【元】余阙（1303—1358）

堤上柳沉沉，春满泛渚禽。
济川东汇阔，汶水北流深。
落日依中沚，浮云积太阴。
微茫看不尽，浑似别时心。

【（清）章弘修《巨野县志》卷十四，康熙四十七年刻本，第 31 页】

巨野道中

【明】薛瑄（1389—1464）

巨野茫茫远际天，春风春雨淡春烟。
河流尚自成陈迹，俯仰千秋事渺然。

【（清）章弘修《巨野县志》卷十四，康熙四十七年刻本，第 27 页】

丁未春巨野田云岳过东明，投予以诗，今予途经巨野亦赋诗奉答

【明】穆光胤（？—1639）

玉案曾投我，高吟三载余。
徒瞻双雁羽，未办一函书。
南望吴门马，东寻海岱鱼。
经行聊寄语，莫谓野情疏。

【（明）吕鹏云纂《巨野县志》卷九，天启三年稿本，第 146 页】

余十年前自泰岱回晤田斗岳于独山，有邂逅之作，今复过此，感而再赋

【明】穆光胤（？—1639）

昔年水雪里，邂逅有班荆。
此日垂杨陌，支离叹聚萍。
青山还未老，白发已先生。
日暮经过处，怀人无限情。

【（清）章弘修《巨野县志》卷十四，康熙四十七年刻本，第 12 页】

巨野道中

【清】陆初望（—1850—）

片帆如马驶，对酒发高歌。
月满寒江阔，云开远寺多。
海中撑碧岫，天上走黄河。
不见故人久，离怀可奈何。

【（清）陆初望撰《怀白轩诗钞》卷一，见《清代诗文集汇编》第 616 册，第 680 页】

巨野野望

【清】倪峡（生卒年不详）

连云积雨鲁西偏，大野重潴陆作川。
到处船舷临水岸，几家烟火上山巅。
流离未必皆天意，抚戢须知在吏贤。
闻道恩纶勤补救，司农切莫惜金钱。

【（清）章弘修《巨野县志》卷十四，康熙四十七年刻本，第22页】

九、孟诸泽

孟诸泽之名源于《禹贡》："导菏泽，被孟潴。"《左传》称之为孟诸，《周礼·职方》称之为望诸，《汉书》谓之盟诸，明清以来的文献称孟诸泽。

孟诸泽是4000年前有虞部落的发祥地之一，是夏朝第六代国君少康的复兴地，商汤氏族的龙兴地。4000年前的孟诸泽，水域面积覆盖今单县西南部和曹县的南部。该泽西纳源于黄河的古汳水，东出汳水，入泗水，通连江淮；北出黄沟枝水，通济水入菏泽，是上古水上交通一个重要枢纽。经过千百年黄河泥沙的淤积，至春秋时孟诸泽已一分为二：西曰蒙泽，东曰孟诸泽。

唐《元和郡县图志·河南道·宋州》虞城县下载："虞城县西南至州七十里。本虞国，舜后所封之邑，后汉及晋属梁国……孟诸泽在县西北十里，周迴五十里，俗号盟诸泽。"唐、宋时的虞城县即今河南虞城北三十里之利民镇，该镇北十里即明、清黄河故道。利民镇西北十里就是周围五十里水面的孟诸泽，其水域几乎全在菏泽市的单县西南境，今所谓浮岗水库，即唐朝孟诸泽的北部。孟诸泽在唐时尚有周五十里的水面。天宝三年，李白、杜甫、高适曾同游孟诸泽，写下了游孟诸泽的诗篇。

秋猎孟渚夜归置酒单父东楼观妓

【唐】李白（701—762）

倾晖速短炬，走海无停川。冀餐圆丘草，欲以还颓年。此事不可得，微生若浮烟。骏发跨名驹，雕弓控鸣弦。鹰豪鲁草白，狐兔多肥鲜。邀遮相驰逐，遂出城东田。一扫田野空，喧呼鞍马前。归来献所获，炮炙宜霜天。出舞两美人，飘飖若云仙。留欢不知疲，清晓方来旋。

【（清）彭定求撰《全唐诗》，中华书局 1960 年版，第 1823 页】

范仲淹

徐继孺（1858—1917）

希文功德远，遥遥照千春。当期未遇时，负笈孟诸滨。能传戚氏学，遂为宋名臣。人仰范参政，不知戚同文。志士贵暗修，斯道终不湮。睢阳衍学派，潜庵醇乎醇。赫赫两丈正，异代声臭亲。世去味云远，芳躅空后尘。

【（清）徐继孺撰《徐悔斋集》卷十四，见《清代诗文集汇编》783 册，第 578 页】

第三辑 城邑

曹州有悠久的历史，曾经是上古尧的封地。周代以前曾经作为一个方国而存在，被称为“曹”。周武王灭商之后，封其弟振铎来此建国，也称为“曹”，但此曹已非彼曹，而是一个与天子同姓的新的封国，当时曹的都城在陶丘。秦统一天下之后，曾设东郡和砀郡管辖这里，汉朝则在此处设置济阴郡和山阳。从此，济阴就成为这里一个比较固定的称谓。北周宣政元年（578），当时的西兖州改为曹州，州治左城（今曹县西北）。隋朝统一天下，曾恢复济阴郡、东郡分治曹州，唐武德元年，李渊设立了历史上最大的曹州，辖14县。此后，宋、元、明、均设曹州，但州域面积却日益缩小。清朝升曹州为曹州府，辖10县及濮州（州治山东鄄城县旧城镇）1个散州，行政管辖区域大大增加。因此，此处所收录历代文人经行曹州、描写曹州城邑风情以及与曹州有关的赠酬等方面的诗歌便涵盖了历代济阴、曹州、单州、济州以及所附州县相关的诗。

一、济　阴

济阴，因在济水之南而得名。汉景帝中元六年（公元前144）从梁国分出定陶国，汉武帝建元三年（前104年）改定陶国为济阴郡，汉宣帝甘露二年（前52）更名为定陶国，哀帝建平二年（前5）又改为济阴郡，属兖州，治所在今山东菏泽市定陶区，济阴是中原地区的政治、经济、军事、文化重镇，战国初年著名军事家吴起就出生在这里。

送人任济阴①

【唐】张籍（约 766—830）

黄绶在腰下，知君非旅行。
将书报旧里，留褐与诸生。
赠别尽沽酒，惜欢多出城。
春风济水上，候吏听车声。

【（唐）张籍撰《张司业集》卷三，见《钦定四库全书》集部别集类】

注释：①济阴，曹州古称，因在济水之南而得名。

送孟仲习知济阴

【宋】司马光（1019—1086）

圣主焦劳意，谁云百里轻。东州比灾害，剧令选精明。水去良田阔，人归旅谷生。间阎连旧观，鸡犬变新声。盗散疲民活，奸穷老吏惊。政成知不日，双耳为君倾。

【（清）佟企圣撰《曹州志》卷十八，康熙十三年刻本，第 5 页】

济　阴

【宋】毕仲游（1047—1121）

一

东州女儿年十七，身在风尘如在室。红腮绿领巧相宜，露浥海棠娇滴沥。态浓意远画不尽，对客无言却真实。济阴县令为留连，樽俎相逢复相失。我读古人书，又爱斯人美。既未能忘情，亦未能忘礼。

二

以情败礼礼之贼，以礼约情情有止。上不与汝碍崆峒之山，下不与汝隔沧浪之水。无山无水有城市，咫尺青楼三万里。东家酒香喷兰芷，对客醉歌而已矣。君不见鲁国有男子，拒户不开宁老死。

【（宋）毕仲游撰《西台集》卷十八，据《钦定四库全书》集部别集类】

济阴寄故人

【宋】吕本中（1084—1145）

柳絮飞时与君别，南楼把酒看明月。月似当年离别时，柳絮如君何处飞。千书百书要相就，思君不见令人瘦。念君情意只如初，顾我形骸已非旧。朝来有信渡黄河，雁足系书多网罗。城南城北芳草多，月明如此奈愁何。

【《钦定四库全书》御选宋诗卷三十一】

赠济阴簿吕居仁弟

【宋】刘师川（北宋末）

大阮平生予所爱，小阮相逢亦倾盖。

济阴未识情更亲，信手新诗落珠贝。

杨氏作公谁料理，藏孙有后诚可喜。

长亭水落风雨多，无酒饮君如别何。

【（清）佟企圣撰《曹州志》卷十八，康熙十三年刻本，第11页】

济阴城吊古

【清】郭斌（生卒年不详）

雄城背水自隋始，板荡年来数改移。

清济北环犹故道，浊河南溃是新基。

一方陵谷浑如扫，百雉藩垣未有墙。

莘仲商村尘漠漠，令人抚景顿兴思。

【（清）佟企圣撰《曹州志》卷十八，康熙十三年刻本，第22页】

二、曹　州

北周武帝宇文邕宣政元年（578），改当时的西兖州为曹州，州治左城（今曹县西北），辖定陶、冤句、乘氏、离狐四县，是为曹州得名之始。隋朝统一天下，曾恢复济阴郡、东郡分治曹州，后又恢复曹州名称，但所治仅万安、己氏两县，已非北周时曹州模样。唐武德元年，李渊分天下为七道，曹州隶河南道，管辖济阴、考城、冤句、乘氏、南华、成武、单父、楚丘、鄄城、雷泽、临濮、范县、郓城、巨野共14县，是历史上最大的曹州，但唐朝文人更喜欢称之为"曹南"。宋朝建立后，置曹州管辖济阴、冤句、乘氏、南华，回归北周时行政区划。金朝灭北宋之后，曹州辖济阴、定陶、东明，归属山东西路。元朝时，属济宁府。明清时期，由于战乱与河患，昔日人口稠密的曹州一带，户口骤减，故曹州在明清两代的行政区划差别很大。明代曹州所辖只有济阴、定陶和楚丘三县，清朝初年，曹州仍袭明制，辖曹县（楚丘已并入曹县）、定陶二县。明代曹州州治也经历了"乘氏—安陵镇—盘石镇—乘氏"一番轮回，至州雍正二年（1724），清朝升曹州为曹州府，附郭菏泽，辖菏泽（今牡丹区）、定陶、单县、曹县、巨野、莘县、鄄城、范县、城武、郓城、朝城11县及濮州（州治山东鄄城县旧城镇）1个散州，行政管辖区域大大增加。

留别曹南群官之江南

【唐】李白（701—762）

我昔钓白龙，放龙溪水旁。道成本欲去，挥手凌苍苍。时来不关人，谈笑游轩皇。献纳少成事，归来辞建章。十年罢西笑，揽镜如秋霜。闭剑琉璃匣，炼丹紫翠房。身佩豁落图，腰垂虎盘囊。仙人驾彩凤，志在穷遐荒。恋子四五人，徘徊未翱翔。东流送白日，骤歌兰蕙芳。仙宫两无从，人间久摧藏。范蠡说勾践，屈平去怀王。飘摇紫霞心，流浪忆江乡，愁为万里别。复此一衔觞，淮水帝王州，金陵绕丹阳。楼台照海色，衣马摇川光。及此北望君，相思泪成行。朝云落梦渚，瑶草空高堂。帝子隔洞庭，青枫满潇湘。怀君路绵邈，览古情凄凉。登月眺百川，杳然万恨长。却恋峨眉去，弄景偶骑羊。

【（唐）李白撰《李太白文集》卷十二，据文渊阁《四库全书》电子版，上海人民出版社 1999 年 11 月版，集部别集类】

僻 居

【宋】燕肃（961—1040）

蓬茅城市远，草径接渔村。
白日偶无客，青山长对门。
药炉留火暖，花坞带烟昏。
静坐搜新句，冥心傍酒樽。

【（清）佟企圣撰《曹州志》卷十八，康熙十三年刻本，第 6 页】

寄薛学士时曹州持服

【宋】林逋（967—1028）

飞徵偶未下天衢，古郡宽闲且寄居。
曾许布衣通一刺，每留蔬食看群书。
高斋已想闲丹灶，清梦谁同话直庐。
江外敢知无别计，只携琴鹤听新除。

【（宋）林逋撰《宋林和靖先生诗集》卷三，明万历四十一年刻本，何养纯、诸时宝等，第 5 页】

寄岑迪（时黜官居曹州）

【宋】林逋（967—1028）

久辜才术向吾朝，公罪应该洗雪条。
佐邑旧曾居府寺，转官新合入京僚。
门庭冷落闲中住，僮仆生疏贱价招。
别后交游合相忆，酒灯棋雨数侵宵。

【（宋）林逋撰《宋林和靖先生诗集》卷三，明万历四十一年刻本，何养纯、诸时宝等，第 5 页】

曹州寄任独复

【宋】林逋（967—1028）

交结文章尽世惊，城中幽隐更无营。
敢将古道为吾事，耻对常流语子名。
秋思病弹曾独听，太玄闲写欠谁评。
清代故实蒲轮在，合为高贤下帝京。

【（宋）林逋撰《宋林和靖先生诗集》卷三，明万历四十一年刻本，何养纯、诸时宝等，第 6 页】

暮春寄怀曹南通守任寺丞

【宋】林逋（967—1028）

跌荡情怀每事同，十年曹社醉春风。
弹弓园圃阴森下，棋子厅堂寂静中。
赤脚我犹无一婢，黑头君合作三公。
江湖今日还劳结，目送归飞点点鸿。

【（宋）林逋撰《宋林和靖先生诗集》卷三，明万历四十一年刻本，何养纯、诸时宝等，第 9 页】

出曹州

【宋】林逋（967—1028）

诗怀动叹嗟，驴立帽阴斜。
雨乐生新碱，茅丛夹旧槎。
午烟昏独店，冈路透谁家。
几日江南兴，扁舟泊岸沙。

【（宋）林逋撰《宋林和靖先生诗集》卷一，明万历年四十一年刻本，何养纯、诸时宝等，第6页】

寄雷泽张从道

【宋】石介（1005—1045）

不知有冻死，一室心恬如。
腊尽妻未褐，天寒子读书。
浇风与世博，古道于时疏。
事事皆同我，忆君春草初。

【（清）徐继孺纂《曹南文献录》卷五十三，诗钞二十三，1917年刻本，第17页】

寄答曹州李审言龙图

【宋】邵雍（1011—1077）

一般颜色正苍苍，今古人曾望断肠。日往月来无以异，阳舒阴惨不相妨。迅雷震后山川裂，甘露零时草木香。幽暗岩崖生鬼魅，清平郊野见鸾凰。千花烂为三春雨，万木凋因一夜霜。此意分明难理会，直须贤者入消详。

【（清）佟企圣撰《曹州志》卷十八，康熙十三年刻本，第6页】

由馆阁出知曹州

【宋】刘攽（1023—1088）

璧门金阙倚天开，五见宫花落古槐。

明月扁舟沧海去，却将云气望蓬莱。

【（清）佟企圣撰《曹州志》卷十八，康熙十三年刻本，第7页】

由馆阁出知曹州

【宋】刘攽（1023—1088）

璧门金阙倚天开，五见宫花落古槐。

明月扁舟沧海去，却将云气望蓬莱。

【（清）佟企圣撰《曹州志》卷十八，康熙十三年刻本，第7页】

拟　古

【宋】刘攽（1023—1088）

老莱隐穷楚，因与时世隔。

暮归怪车辙，夜起避山泽。

若人不可见，况肯低颜色。

安知丛台下，一旦三千客。

西边竟不还，嗟哉莫良画。

【（清）佟企圣撰《曹州志》卷十八，康熙十三年刻本，第7页】

寄曹州李审言龙图

【宋】程颐（1033—1107）

向日所言是，如今却是非。

安知今日是，不起后来疑。

【（清）佟企圣撰《曹州志》卷十八，康熙十三年刻本，第6页】

咸平读书堂

【宋】陈师道（1053—1101）

昔人三百篇，善世已有余。后生守章句，不足供嗫嚅。一登吏部选，笔砚随扫除。闭合画眉妩，隔屋闻歌呼。奉公用汉律，宁复要诗书。俛首出跨下，枉此七尺躯。今代陶朱公，不作大梁屠。计然特未用，意得轻全吴。为邦得畿县，政密自计疏。宁书下下考，不奉急急符。用意簿领外，筑室课典谟。平生五千卷，还舍不问途。旧事更汉唐，稍以诗自娱。复作无事饮，醉卧拥青奴。桃李春事繁，轩窗画景舒。鸣屋鸠唤雨，窥帘燕哺鶵。休吏散篇帙，风篁献笙竽。听然一启齿，斯民免为鱼。

【（清）佟企圣撰《曹州志》卷十八，康熙十三年刻本，第 7 页】

晁无咎张文潜见过

【宋】陈师道（1053—1101）

白社双林去，高轩二妙来。
排门冲鸟雀，挥壁带尘埃。
不惮除堂费，深愁载酒回。
功名付公等，归路在蓬莱。

【（宋）陈师道撰《后山诗注》卷一，刻本，元（1271—1368 年）】

寄曹州吕太守①

【宋】陈师道（1053—1101）

往生三吕共修途，拟上青云近玉除。
中道勤回奔电足，今年还直迩英庐。
纵谈尚记华严夜，枉道难回刺史车。
乘兴宽为七字句，逢人聊代八行书。

【（清）佟企圣撰《曹州志》卷十八，康熙十三年刻本，第 9 页】

注释：①曹州吕太守，即宋朝诗人吕本中（1084— 1145），字居仁，世称东莱先生。祖籍莱州，宋凤台人。诗人，词人，道学家。诗属江西派。著有《春秋集解》《紫微诗话》《东莱先生诗集》等。

寄曹州晁大夫①

【宋】陈师道（1053—1101）

东方千骑贵当年，白发居头也自贤。
肯费精神修客主，稍回功誉入章篇。
虚名不救空肠厄，晚岁仍遭末疾缠。
死后不为天下惜，镜中当有故人怜。

【（清）佟企圣撰《曹州志》卷十八，康熙十三年刻本，第 8 页】

注释：①曹州晁大夫，晁补之弟晁将之，曾为曹州教授。

曹州后圃夜行

【宋】晁补之（1053—1110）

本欲生稜梦不成，城头高下打三更。
月明如昼柳如画，更向瑶池南岸行。

【（宋）晁补之撰《鸡肋集》卷六，见《钦定四库全书》集部）】

曹州道中二首

【宋】晁补之（1053—1110）

一

天旱久不雨，四郊多狂风。
萧萧班马鸣，落日大野中。

君子守宫廷，至乐圣所同。
喟余不逢辰，足迹道里重。

二

驱马上高原，秋风吹客衣。
感时有所怀，送目鸿雁飞。
羸童惑歧道，日莫相际稀。
愧彼倦翔鸟，知还良庶几。

【（宋）晁补之《鸡肋集》卷六，摛藻堂《钦定四库全书荟要》，吉林出版集团有限责任公司 2005 年影印本，第 41 页】

登濮阳北城

【元】杨飞卿（生卒年不详）

层城高绝一攀跻，岁梢临风客思凄。
烧入马陵秋草黑，雁横雷泽暮天低。
陈台事往人何在，曹国风遥望欲迷。
牢落壮怀谁与语，疏林残照乱鸦飞。

【（清）徐继孺纂《曹南文献录》卷五十四，诗钞二十四，1917 年曹县徐氏刻本，第 4 页】

请告归曹南山庄述怀二首

【明】王珣（1440–1508）

一

恩典辉煌许告休，老臣六十又三秋。
生寻云路拖朱绂，归到林泉已白头。

南野碧山看不厌，东篱黄菊醉相酬。
余年幸际升平世，梦觉羲皇学子牟。

二

三十余年游宦海，萧疏今日二毛垂。
九重纶綍惭无补，数亩荒芜好自披。
丹凤晓城千里梦，白云秋墅一枰棋。
几回独对山庄月，树影参差任转移。

【（清）徐继孺撰《曹南文献录》卷三十三，诗钞三，民国六年刻本，第 4 页】

冉堌①道中

【明】陈策（生卒年不详）

十年长剑带秋横，潦倒何缘此地行。
岂是杜陵兼吏隐，野花含笑不禁情。

【（清）佟企圣修《曹州志》卷十八，康熙十三年刻本，第 21 页】

注释：①位于定陶、曹县、成武三县交会处。历史悠久，是孔门先贤三冉（冉耕、冉雍、冉求）的故里。今山东菏泽定陶辖下冉堌镇。

送王叔武归曹

【明】边贡（1476—1523）

黄河三尺雪，冰厚不可解。
使君白马来，青云见风采。
潇潇梁园竹，秀色遥相待。
邹生与枚叟，借问今安在。
日暮登吹台，含情向千载。

【（清）佟企圣撰《曹州志》卷十八，康熙十三年刻本，第 24 页】

赠肃庵朱侍御南巡便道过家

【明】顾可学（1482—1560）

台端声誉著瑶京，敕旨重承代狩行。
自昔边垂威虎豹，于今海国靖蛟鲸。
褒封恭捧金纶宠，省侍惟迎玉节荣。
暂住南曹勤北望，法星光动上台明。

【（清）朱琦撰、郭道生续修《兖州府曹县志》卷十六，康熙五十五年刻本，第 39 页】

送琴士沈克昌归曹南

【明】谢榛（1495—1575）

老人意气未全平，长铗悲歌竟此行。
四海知音须我辈，几人倾盖见真情。
官桥疏柳高秋色，客舍寒蛩半夜声。
大石潭东堪寄傲，儿孙相与事春耕。

【（清）徐继孺撰《曹南文献录》卷五十四，民国六年刻本，诗钞二十四，第 27 页】

次燕峰公韵

【明】何鳌（1497—1559）

飞旌晓过大河滨，敢谓兹行报主频。
雨洗莎洲添淑景，风飘柳岸不生尘。
昔年朋辈知谁在，此地官僚尽是新。
衰老更为沧水使，年来懒散却成真。

【（清）朱琦撰、郭道生续修《兖州府曹县志》卷十六，康熙五十五年刻本】

访城南隐者

【明】扈永通（1499—1576）

十里城南访隐居，小轩春日到茅庐。
庭阶过雨沙初净，书帙侵窗草不除。
谩拟楚王能好客，直缘鲍子甚知予。
相邀明月成幽兴，莫问丽谯更漏余。

【（清）徐继孺撰《曹南文献录》卷三十四，诗钞四，1917年刻本，第26页】

冬日寄怀钱五卿明府

【明】邢侗（1551—1612）

黄河冰合暮云平，明府高斋坐月清。
待得春流听骨渌，桃花飞遍楚阳城。

【（清）朱琦撰、郭道生续修《兖州府曹县志》卷十六，康熙五十五年刻本，第65页】

过曹呈钱五卿

【明】何淳之（生卒年不详）

道路区区不问年，楚丘载酒足留连。
长河新涨飞朝鹢，夹岸垂杨起暮蝉。
雅道怀君怜旧雨，高情爱我薄云天。
清光藉甚今千里，匹马彝门月正园。

【（清）朱琦撰、郭道生续修《兖州府曹县志》卷十六，康熙五十五年刻本，第46页】

由吏科出判曹州

【明】邵和（生卒年不详）

移家数口寄荒城，莫遣东风识此情。
歧路萍蓬头已白，虚堂花竹梦初成。
草经细雨春应尽，云暗空阶鹤不惊。
静里细观齐物论，塞翁心事未须评。

【（清）佟企圣撰《曹州志》卷十八，康熙十三年刻本，第16页】

贺范太守建学

【明】袁旻（生卒年不详）

治教休明洽四方，曹南太守独循良。
增多户口开州域，高广宫墙立郡庠。
秩秩豆笾崇祀享，英英贤俊发科场。
文翁学校兴西蜀，今昔相仍汗简香。

【（清）佟企圣撰《曹州志》卷十八，康熙十三年刻本，第17页】

送李迂斋回曹南

【明】陈鉴（生卒年不详）

春云黯黯日含晖，遥望台星出紫微。
古道自无三黜愠，直臣又见一番归。
离筵对酒心先醉，祖道分襟马似飞。
天眷吾皇应有在，交游勿惜暂相违。

【（清）徐继孺撰《曹南文献录》卷五十四，民国六年刻本，诗钞二十四，第11页】

送曹南王德润还汴藩

【明】程敏政（？—1499）

礼闱亲荐出群才，翰苑重看蚌有胎。
榜下衣冠尽再叶，里中文献旧三槐。
出城催上离亭宴，候馆知从觐阙来。
多病得谁增壮色，送君斜日下燕台。

【（清）徐继孺撰《曹南文献录》卷五十四，民国六年刻本，诗钞二十四，第13页】

送曹南王德润还汴藩

【明】王鏊（生卒年不详）

山东富才贤，诸王名久擅。诗书相君家，冰玉天官倩。宅相今有征，佩刀谁所荐。八风羽毛奇，双珠文彩炫。美济虞廷元，数比周家孪。联中甲科名，两入词垣选。秘学付青箱，习书空白练。阴功积已多，远近称殆遍。高明用柔克，吏事以文缘。花县春阳仁，白简秋霜面。治棼力有余，催科考甘殿。至今吴兴郡，苕霅为君变。转漕再来燕，分省还当汴。未见情已深，况也屡相见。依依北扉语，草草东城饯。去去那能忘，斯文有深眷。

【（清）徐继孺撰《曹南文献录》卷五十四，民国六年刻本，诗钞二十四，第12页】

送曹南王德润归汴藩

【明】王越（生卒年不详）

三十年夜气箴，光明谁识大参心。
棋高自有饶人著，琴古宁无治世音。

顾我一杯将进酒，愿君四海早为霖。
赠言不尽相知意，淇水深如汴水深。

【（清）徐继孺撰《曹南文献录》卷五十四，民国六年刻本，诗钞二十四，第12页】

送王德润大参再还汴藩

【明】陶谐（生卒年不详）

上国重来是壮游，又看雏凤在瀛洲。
宦情落落诗成卷，归兴匆匆月满舟。
汴水春深堂树绿，燕山秋老桂枝稠。
山东相业从来事，趁取勋名未白头。

【（清）徐继孺撰《曹南文献录》卷五十四，民国六年刻本，诗钞二十四，第13页】

送王大参德润再还汴藩

【明】张弘至（生卒年不详）

薰风拂千旌，征车晓当发。岂不念行暑，抵掌无宁辙。迢迢目河阳，依依心魏阙。三载两在途，勋庸谅昭彻。夫岂竞时耀，忠义良已结。况兹庭除秀，踵迹森朝列。青峦峙层霄，黄流委百折。百折东到海，层霄相巀嵲。同心翌皇猷，胡为赋别离。

【（清）朱琦撰、郭道生续修《兖州府曹县志》卷十六，康熙五十五年刻本，第9页】

过曹南访钱五卿明府

【明】徐汉稚（生卒年不详）

自别河阳尹，风流最可思。
不因悬榻久，那惜抱琴迟。
藻丽开文牖，云峰映墨池。
当从素丝暇，鸣引慰心期。

【（清）朱琦撰、郭道生续修《兖州府曹县志》卷十六，康熙五十五年刻本，第 26 页】

送寮友蔡怀山还曹

【明】屈谏（生卒年不详）

千里相逢一笑开，满城春雨下琴台。
门无尺刺间花鸟，人有讴歌遍草莱。
绿野遥怜春色好，青云须遣嗣音来。
斜阳弱柳蹄鞭疾，日夕殷勤劝一杯。

【（清）朱琦撰、郭道生续修《兖州府曹县志》卷十六，康熙五十五年刻本，第 39 页】

赠肃庵朱侍御南巡便道过家

【明】顾可学（生卒年不详）

台端声誉著瑶京，敕旨重承代狩行。
自昔边垂威虎豹，于今海国靖蛟鲸。
褒封恭捧金纶宠。省侍惟迎玉节荣。
暂住南曹勤北望，法星光动上台明。

【（清）朱琦撰、郭道生续修《兖州府曹县志》卷十六，康熙五十五年刻本，第 39 页】

曹县送陈宗来

【清】纪映钟（1609—1681）

同作蒹葭客，萧然河上秋。
送君归故里，大火正西流。
匹马循秦峄，离人集楚丘。
依依城畔柳，欲去更淹留。

【（清）纪映钟《憨叟诗钞》卷三，见《清代诗文集汇编》第 30 册，第 31 页】

冉 堌

【明】邹鲁（生卒年不详）

驻马前寻村里寺，剜若细读寺中碑。
儿童散尽家何在，陵谷迁来墓不知。
盛德自随村姓冉，美名何止豹留皮。
新祠敬作皈依愿，却恐宫墙未易窥。

【（清）赵国琳修《定陶县志》卷八，顺治十二年刻本，第 22 页】

曹南渡河望南华山①

【清】王士禛（1634—1711）

函关已吊玄元宅，郑圃还过御寇家。
问渡漆园风雨里，却临秋水诵《南华》。

【（清）王士禛《蚕尾续诗》卷四，《山东文献集成》第三辑，第二十七册，第 707 页】

注释：①南华山：是庄子居所附近的一座小山。据考证，在今东明县菜园集乡庄寨村庄子墓以北，黄河大堤之下。

宿冉堌集（冉有故里）

【清】桑调元（1695—1771）

明灯作宵市，络绎野翁来。
倚户方闲甚，投车亦悠哉。
先贤犹有里，后世漫云才。
政事何因见，丰碑翳绿苔。

【（清）桑调元撰《弢甫诗续集》卷七，见《清代诗文集汇编》第 277 册，第 5 页】

义昌道中

【清】王三锡（1716—？）

绕舍竹千竿，迎门水一曲。
尚尔风尘劳，登临看不足。

【（清）佟企圣修《曹州志》卷十八，康熙十三年版，第 34 页】

口　占

【清】魏自励（生卒年不详）

功名变幻等浮沤，时序推迁似水流。
记得去年今日事，荼蘼沉醉在曹州。

【（清）魏自励撰《贡树生香诗稿一卷》，据《山东文献集成》第 32 册，第 335 页】

九日赵陂堂访王爱莲诗

【清】赵振极（清初）

日暮僧居寂，穿林觅异人。

野情忘苛礼，古庙酝天真。

抚菊惊时节，论文发主臣。

宛然陶令隐，萸酒一相亲。

【（清）朱琦撰、郭道生续修《兖州府曹县志》卷十六，康熙五十五年刻本，第 28 页】

东池雅会壬子端阳作

【清】蓝庚生（康熙年间）

贤侯清且廉，鸣琴邑已治。节届大痦日，东池选胜地。戒食罗桃李，偕乐集髦稚。鹄立胥翘瞻，延颈望人瑞。紫气满丹阳，巍然真长至。挥尘一何绮，玉屑霏霏坠。相见即相亲，坐列竟无次。薰风拂面来，萧散放志意。近水张行厨，供俱无凡器。何以充翠釜，龙根味独异。何以实金樽，中山真足嗜。长飚破急湍，龙舟夸轻利。洋洋鱼游乐，依依鸟飞迟。杂英满芳洲，兰沼浴翡翠。艳质效鸾舞，清歌引凤吹。观者如堵墙，欢呼恣游嬉。侯曰与民同，士女莫相避。休哉此美举，人人皆沾被。远追兰亭游，不殊洛水戏。兴尽各言旋，德饱心亦醉。明年端阳节，重来寻盛事。

【（清）朱琦撰、郭道生续修《兖州府曹县志》卷十六，康熙五十五年刻本，第 14 页】

九月十九张斋园招饮同白敬宣

【清】高士和（清初）

重九何妨再，山亭叙旧游。
当前皆令节，此后是残秋。
黄菊花全盛，丹枫叶尚留。
酒怀浑未灭，莫恨雪盈头。

【（清）张鹏展撰《国朝山左诗续钞》卷三十一，见《山东文献集成》第一辑第42册，第648页】

和永城萧文宿乱后赠别原韵

【清】徐本荣（生卒年不详）

干戈四起日频频，天北天南共苦辛。
帐里薰风深惠我，河边柳色动愁人。
身经锻炼方能健，士到贫穷始见真。
诗酒何年再觞咏，曹南桃李又逢春。

【（清）陈嗣良撰《曹州府曹县志》卷十七，光绪十年刻本，续艺文志下】

和萧芷南送兄侄旋归永城原韵

【清】徐本荣（生卒年不详）

欲挽行旌驻，匆匆不可留。
干戈犹作别，诗酒总成愁。
日暖荆花茂，风香桂蕊秋。
怀才惟所适，利器迈吴钩。

【（清）陈嗣良撰《曹州府曹县志》卷十七，光绪十年刻本，续艺文志下】

又

休凭管见妄窥天，识破俗情便脱然。
索诗几番劳折柬，论交累世已忘年。
文非无价犹藏帚，贫不误人肯执鞭。
入座春风应愧我，吾家旧物是青毡。

【（清）陈嗣良撰《曹州府曹县志》卷十七，光绪十年刻本，续艺文志下】

赠别邑侯陆伊湄先生解篆去曹四章

【清】傅同禄（生卒年不详）

一

书斋几度课诗文，丹桂高攀属望殷。
二论著来罗万象，八章赋就扫千军。
学同韩愈尊如岱，品比程颐仰似云。
幸得春风三载坐，心香一瓣未应分。

二

艳说郁林凤彩呈，云霄一羽被苍生。
安边曾记黄獐咏，燕省时闻呦鹿鸣。
溟渤三山参治象，洪涛九曲写英声。
圣朝雅爱防秋最，应识臣心似水清。

三

昔闻沧海变桑田，今日曹南又入仙。
农圃经营民暴富，郊庠劝课士皆贤。
渔舟遥唱苍葭外，秧马频栖绿树前。
更媲河阳花作县，甘棠思慕最缠绵。

四

庞统原非百里才，方州典领更谁猜。
三年已氏功初奏，千里君门春乍开。
余慕应从棠舍动，远迎定有骖綮来。
受恩如许何曾报，想得斑骓去复回。

【（清）陈嗣良撰《曹州府曹县志》卷十七，光绪十年刻本，续艺文志下】

曹镇致仕识别四首

【清】刘清（生卒年不详）

一

卅年冒宠玷朝班，诏许全家返故关。
善饭尚欣身手健，恋恩先怅鬓毛斑。
年来衣食皆天赐，老去林泉得暂闲。
万里栖霞知好在，只愁无叶买青山。

二

秋风欲别转流连，回首云山缓著鞭。
千里桑麻迷海岱，万家井灶息烽烟。
驽骀未必知前路，樗散空教养大年。
叠荷君恩犹未报，虚名敢媲况青天。

三

抽帆宦海觉身轻，惭愧人传大树名。
噩梦未能忘马革，初心且与证鸥盟。
苦无奇绩酬知遇，剩有余生颂太平。
笑语山东诸父老，急收刀剑事春耕。

四

宵路何心振羽翰，兜鍪依旧著儒冠。

敝裘典尽书囊在，壮志销除剑匣寒。

十月冰霜时节改，一家鸡犬去留难。

真成日近长安远，独向浮云直北看。

【（清）徐继孺撰《曹南文献录》卷五十六，诗钞二十六，民国六年刻本，第20页】

曹南道中

【清】李贺（清末）

鸡鸣露气动微凉，柳意随人路更长。

日色才临塔影动，仿山山下问濠梁。

【（清）徐继孺撰《曹南文献录》卷四十三，诗钞十三，1917年刻本，第23页】

赴曹州途中遇雨

【清】陈观园（生卒年不详）

送客雨凄凄，驱车汶水西。

烟浓围树暗，云重厌天低。

坠见先秋叶，喧闻正午鸡。

农家何太苦，戴笠把锄犁。

【（清）陈观园《悭斋吟草》，卷二，见《清代诗文集汇编》第410册，第591页】

赠刘沂川

【清】韩世林（清末）

世上繁华卷欲空，怜君潇洒少年中。
新茶声沸黄泥灶，好鸟喧腾碧竹笼。
四五株花浓淡月，两三杯酒往来风。
柴门晚步闻开眼，回照穿林灿绿红。

【（清）陈嗣良撰《曹州府曹县志》卷十七，光绪十年刻本，续艺文志下】

三、单　州

单州古称单父，因舜帝的老师单卷在此居住得名。西周为单子国，秦朝公元前221年置单父县，汉代三次为县侯国、一次为县王国，隋朝恢复单父县。五代后唐同光二年（924），改辉州为单州，治单父（今山东单县单城镇），辖单父、成武、砀山、鱼台县，宋代因之。元代，单州领单父、嘉祥二县。明洪武二年（1369）七月，降单州为单县。

单父逢邓司仓覆仓库因而有赠

【唐】高适（700—765）

邦牧今坐啸，群贤趋纪纲。四人忽不扰，耕者遥相望。粲粲府中妙，授词如履霜。炎炎伏热时，草木无晶光。匹马度睢水，清风何激扬！校缗阅帑藏，发廪欣斯箱。邂逅得相逢，欢言至夕阳。开襟自公馀，载酒登琴堂。举杯挹山川，寓目穷毫芒。白鸟向田尽，青蝉归路长。醉中不惜别，况乃正游梁。

【（清）彭定求编《全唐诗》，中华书局1960年版，第2191页】

哭单父梁九少府

【唐】高适（700—765）

开箧泪沾臆，见君前日书。夜台今寂寞，犹是子云居。畴昔探云奇，登临赋山水。同舟南浦下，望月西江里。契阔多别离，绸缪到生死。九原即何处？万事皆如此。晋山徒峨峨，斯人已冥冥。常时禄且薄，殁后家复贫。妻子在远道，弟兄无一人。十上多苦辛，一官恒自哂。青云将可致，白日忽先尽。惟有身后名，空留无远近。

【（清）彭定求编《全唐诗》，中华书局 1960 年版，第 2215 页】

宋中十首选六

【唐】高适（700—765）

其 一

梁王昔全盛，宾客复多才。
悠悠一千年，陈迹唯高台。
寂寞向秋草，悲风千里来。

其 二

朝临孟渚上，忽见芒砀间。
赤帝终已矣，白云长不还。
时清更何有，禾黍遍空山。

其 四

梁苑白日暮，梁山秋草时。
君王不可见，修竹令人悲。
九月桑叶尽，寒风鸣树枝。

其 五

登高临旧国，怀古对穷秋。
落日鸿雁度，寒城砧杵愁。
昔贤不复有，行矣莫淹留。

其 八

五霸递征伐，宋人无战功。
解围幸奇说，易子伤吾衷。
唯见卢门外，萧条多转蓬。

其 九

常爱宓子贱，鸣琴能自亲。
邑中静无事，岂不由其身。
何意千年后，寂寞无此人。

【《全唐诗》卷二百十二，中华书局 1960 年版，第 2210—2212 页】

早秋单父南楼[①]酬窦公衡

【唐】李白（701—762）

白露见日灭，红颜随霜凋。别君若俯仰，春芳辞秋条。泰山嵯峨夏云在，疑是白波涨东海。散为飞雨川上来，遥帷却卷清浮埃。知君独坐青轩下，此时结念同所怀。我闭南楼看道书，幽帘清寂在仙居。曾无好事来相访，赖尔高文一起予。

【（清）彭定求撰《全唐诗》卷一百七十八，中华书局 1960 年版，第 1812 页】

注释：①南楼，清代单县诗人李簧的《古单父旧城访太白先生南楼，古迹已失》诗中说“幼闻南楼高百尺，欣然欲往见其迹。后来驱车访故国，父老遥指开山北”。据此推断，南楼应在单县城东南张堌堆附近。

单父东楼秋夜送族弟沈之秦时凝弟在席

【唐】李白（701—762）

尔从咸阳来，问我何劳苦。沐猴而冠不足言，身骑土牛滞东鲁。沈弟欲行凝弟留，孤飞一雁秦云秋。坐来黄叶落四五，北斗已挂西城楼。丝桐感人弦亦绝，满堂送君皆惜别。卷帘见月清兴来，疑是山阴夜中雪。明日斗酒别，惆怅清路尘。遥望长安日，不见长安人。长安宫阙九天上，此地曾经为近臣。一朝复一朝，发白心不改。屈原憔悴滞江潭，亭伯流离放辽海。折翮翻飞随转蓬，闻弦坠虚下霜空。圣朝久弃青云士，他日谁怜张长公。

【（清）彭定求撰《全唐诗》，中华书局 1960 年版，第 1793 页】

秋猎孟渚夜归置酒单父东楼观妓

【唐】李白（701—762）

倾晖速短炬，走海无停川。冀餐圆丘草，欲以还颓年。此事不可得，微生若浮烟。骏发跨名驹，雕弓控鸣弦。鹰豪鲁草白，狐兔多肥鲜。邀遮相弛逐，遂出城东田。一扫田野空，喧呼鞍马前。归来献所获，炮炙宜霜天。出舞两美人，飘飖若云仙。留欢不知疲，清晓方来旋。

【（清）彭定求撰《全唐诗》，中华书局 1960 年版，第 1823 页】

梁园歌送河南王说判官

【唐】岑参（约 715—770）

君不见梁孝王修竹园，颓墙隐辚势仍存。娇娥曼脸成草蔓，罗帷珠帘空竹根。大梁一旦人代改，秋月春风不相待。池中几度雁新来，洲上千年鹤应在。梁园二月梨花飞，却似梁王雪下时。当时置酒延枚叟，肯料平台狐兔走。万事翻覆如浮云，昔人空在今人口。单父古来称宓生，只今为政有吾兄[①]。輶轩若过梁园道，应傍琴台闻政声。

【（清）彭定求撰《全唐诗》，中华书局 1960 年版，第 2052 页】

注释：①原文有注“时岑参之兄宰单父”。

将赴单州和韦度支相送之什次韵

【宋】王禹偁（954—1001）

就养求官动圣知，专城犹得近王畿。
乡人竟指曾题柱，丘嫂应惭不下机。
西掖罢批天子诏，北堂荣着老莱衣。
邻封唱和如多暇，三载须成一集归。

【（宋）王禹偁撰《王黄州小畜集》卷十，宋绍兴十七年（1147）年刻本，第 8 页】

初上单州有作

【宋】王禹偁（954—1001）

旧官休念直承明，就养谁能系宦情。
蓝绶昔年为短簿，彩衣今日是专城。
妓人半在登楼看，亲老初来满郡迎。
慢逐板舆张皂盖，平生唯有此时荣。

【（宋）王禹偁撰《王黄州小畜集》卷十，宋绍兴十七年（1147）年刻本，第 9 页】

成武县作

【宋】王禹偁（954—1001）

释褐来成武，初官且自强。
位卑松在涧，俸薄叶经霜。

雨菌生书案，饥禽啄印床。
犹惊写秋卷，槐砌落花黄。

【（宋）王禹偁撰《王黄州小畜集》卷七，宋绍兴十七年刻本，第 5 页】

官成武主簿作五首

【宋】王禹偁（954—1001）

一

释褐来成武，始知为政难。
每签逃户状，羞作字人官。
冷砌莓苔遍，荒城草木寒。
宦情销已矣，时梦钓鱼滩。

二

释褐来成武，徒劳自伤感。
位卑松在涧，俸薄叶经霜。
径拥寒莎绿，门横古木苍。
冠缨尘已满，未敢濯沧浪。

三

释褐来成武，经春自愧多。
晨炊犹接续，时雨未滂沱。
拂榻惊巢燕，陈书起蛰娥。
惠民无政术，尸禄竟如何。

四

释褐来成武，闲思应举时。
投人天下遍，瘦马雪中骑。

秋卷何年中，春愁到处随。

如今名已遂，怎敢话官卑。

五

释褐来成武，携家别故乡。

北堂微禄及，南亩旧田荒。

菊篱飞秋蝶，庭莎叫夜蛩。

无人慰孤寂，窗月自生凉。

（《雍正山东通志》卷三五之一下）

盛京宰单州武成县

【宋】杨亿（974—1020）

父豫任度支郎中，弟玄任屯田员外

子男印绶诸侯秩，邹鲁闾阎太古风。

兔苑胜游抛霰雪，琴台善政继丝桐。

征途朔吹貂裘暖，祖席清歌蚁酒空。

令弟严君俱应宿，时瞻悬象向南宫。

【（宋）杨亿撰《武夷新集》卷三，诗三，见文渊阁《四库全书》电子版，上海人民出版社 1999 年 11 月版，集部别集类】

三鬷①亭

【宋】石延年（994—1041）

义旗旆旆向三鬷，北怨南征西怨东。

自是凶残深剪后，商家四海尽春风。

【（清）赵国琳修《定陶县志》卷八，顺治十二年刻本，第 21 页】

注释：①三鬷，古国名。在今山东菏泽定陶境内。

送苏公佐屯田[①]知单州

【宋】梅尧臣（1002—1060）

柏上有群乌，一乌飞向东。

方栖头毰毸，与人司吉凶。

八月禾已获，九月黍已舂。

竞相持美酒，相庆乐年丰。

借问何能尔，时平无困穷。

【（宋）梅尧臣撰《宛陵集》卷五十七，据文渊阁《四库全书》电子版，上海人民出版社 1999 年 11 月版，集部别集类】

注释：①苏屯田，即苏寀，字公佐。磁州滏阳人，科举考试及第。屯田为官称，为工部掌管屯田政令的官员。苏寀嘉祐年间曾知单州。

送苏屯田知单州

【宋】司马光（1019—1086）

佳郡望都城，相闻击柝声。

宾朋才执别，耆旧已前迎。

彩服当年戏，骊驹此日荣。

弦歌应尽在，琴调不须更。

【（宋）司马光撰《传家集》，卷四十，据文渊阁《四库全书》电子版，上海人民出版社 1999 年 11 月版，集部别集类】

酬晁单州[①]二首

【宋】刘攽（1023—1089）

一

九载一相逢，侵寻头已童。

喜君真傲吏，老我未成翁。
简易文书省，悲欢酒盏空。
平生怀旧意，尽见醉醒中。

二

弹琴君子邑，贤守智逾多。
不作长沙赋，仍传白雪歌。
解酲应用酒，成佛却须魔。
正买千金骨，何忧骥跛跎。

【（宋）刘攽撰《彭城集》卷十二，见文渊阁《四库全书》电子版，上海人民出版社 1999 年 11 月版，集部别集类】

注释：①指晁端彦。元丰、元祐间晁端彦曾知单州。

次韵晁单州诗六首

【宋】刘攽（1023—1089）

一

五字酬君诗百篇，知音免负伯牙弦。
淹留子贱弹琴地，怅望兰成射策年。
术到仙真皆羽化，师无前敌在中权。
古今风雅人多少，名下声华不浪传。

二

材杰知心似合符，不违颜氏亦如愚。
文章偏我不得力，怀抱与君非有殊。
龟手但知能澼絖，纬萧何意得骊珠。
自携如意樽前舞，曲尽歌长缺酒壶。

三

性僻材疏酷嗜诗，头童齿缺雪垂颐。
五十已过无闻尔，三百虽多奚以为。
每向后生知所畏，独于名士喜同时。
李陵苏武俱尘土，豪杰由来自得师。

四

多爱不忍缘爱奇，记人毫发忘瑕疵。
垂老此心免愧已，起予它日亟言诗。
衣冠为子最青眼，兄弟数君仍白眉。
瓠叶岂以菲废礼，鲜首燔炮为宛脾。

五

侧径蜂飞忙蔽日，绿阴莺语静移时。
自疑寂寞扬雄宅，最爱清和谢监诗。
词客篇章写桐叶，饮流筹箸折花枝。
相望十舍不相就，两地风光镇所思。

六

贵公门地多阴德，庆事今君大乐生。
爱子桂枝新上第，弄孙兰茁始书名。
拨弓试复穿杨叶，负鼎何妨待鹄羹。
不似淮阳多病守，十年卧合见交情。

【（宋）刘敞撰《彭城集》卷十四，据文渊阁《四库全书》电子版，上海人民出版社 1999 年 11 月版，集部别集类】

寄单州张朝请

【宋】陈师道（1053—1101）

平生天上张公子，尚记门间半面人。
声烈与风来不尽，音书无使去难频。
一言悟主心犹壮，百巧成穷发自新。
闻说监河收贷粟，定倾东海活穷鳞。

【（宋）陈师道撰《后山集》卷六，见《钦定四库全书》集部别集类，详校汪彦博、何思钧覆勘】

寄单州吕侍讲

【宋】陈师道（1053—1101）

往时三吕共修途，拟上青云近玉除。
中道勒回奔电足，今年还直迩英庐。
纵谈尚记华严夜，枉道难随刺史车。
遣兴宽为七字语，寻人聊代一行书。

【（宋）陈师道撰《后山集》卷六，见《钦定四库全书》集部别集类】

送夹谷伯敬之单父

【元】贡奎（1269—1329）

燕州连日雨，八月寒装绵。闭户断车辙，修途溢如川。朝晴悦物性，槐阴起初蝉。衣篝瀑余润，照眼阶葵鲜。闻君去仪曹，五马行翩翩。缅怀古单父，高堂坐鸣弦。政理日以娱，宝此千载贤。矧此荐岁饥，夏潦仍相缘。嗷嗷东南州，流移踵车船。死者相枕藉，羸瘠甘弃捐。民命悬守令，壅遏谁当怜。君怀策世才，往哉寄承宣。譬彼善牧者，鞭击非所先。戴星亦有人，何乃任力专。凄凉二子远，故老应相传。我昔尝经游，土风尚熙然。回河抱阡陌，桑麻绿浮烟。岂无余稻区，草木纷华妍。维兹重责任，慎彼浇俗迁。会微太史书，家声振当年。

【（元）贡奎著《云林集》卷一，《钦定四库全书》集部，详校李彤、孙球覆勘】

题单父宋希贤孝友诗卷

【元】许有壬（1287—1364）

家贫身壮赘它门，有志浑如不赘人。
致乐致哀终子职，肯叫秦法变彝伦。

【（元）许有壬著《至正集》卷二十九，《钦定四库全书》集部，详校钱樾、孙球覆勘】

无 题

【元】刘强甫（生卒年不详）

至正丙申岁，予叨守济宁，夏六月乙未，因修河防过单父。公余偶登琴台碑，羡先贤之政迹，仍观贤守之行，实若监郡公远偰公彦璋扫里公知州彦高奥屯公麟李公辈，皆一时豪杰，各材器不凡，公廉是守。在兵革中，其抚民御寇之方，未能一一枚举，援述鄙语数字，以纪其万一云。

巫宓当年治化淳，前杨移马性同伦。此方黎庶何多幸，又见诸公绝后尘。

【（清）项葆桢撰《单县志》卷十五，1929年刻本，第7页】

无 题

【元】刘强甫（生卒年不详）

复记旧游鄙语，希德麟太守电览一笑掷焉。因观水患忆曾游，屈指俄惊岁九周。今已河平民乐业，还知予昔运筹不。

【（清）项葆桢撰《单县志》卷十五，1929年刻本，第7页】

单父道中有感

【明】于慎行（1545—1608）

落日名城道，荒凉可奈何。
荒田人迹少，茅屋水痕多。
霞散梁王岫，琴残宓子歌。
停车问田父，含涕说修河。

【（清）王镛撰《单县志》卷十，清康熙五十六年刻本，第21页】

登济城望城武

【明】归有光（1507—1571）

城武汉时县，乃在兖西南。曾考昔为令，期年化方覃。性本爱潇散，候望苦不堪。飞雪渍乌帽，弃掷欲投簪。竟以末疾返，不及一考淹。时当孝皇日，仁治正渐涵。我来登济城，落日已半含。西望适相仍，伫立独悲喑。明经几累世，沦废良可惭。

【（清）袁章华撰《城武县志》卷十一，道光十年刻本，第1页】

行河至单父会中丞黄公登琴台酒后放歌

【明】李化龙（1554—1611）

巨鳌奠四极，相传不记年。忽然弃之去，游戏清泠渊。海水上天龙走陆，黄河稳坐昆仑巅。我乘博望槎，随流导百川。浴日下扶桑，返棹汶阳田。十二诸侯何处所，但见荒陇野渡横苍烟。邂逅黄中丞，单父古城边。握手一相笑，逸兴何翩翩。胸吞云梦星罗以八九，气凌鲲鹏水激之三千。班荆聊对酌，共醉琴台前。宓子风流今已矣，且将我辈嵚岑历落对先贤。登台四望心茫然，长河东流去不还。岱宗倒影落尊前，空青不断海云连。蓬莱三山在眼底，仿佛玉楼金阙亘长天。便欲共君姿霞举，临风笑拍洪涯肩。却恐九州倾洞从兹始，我辈何由世外相周旋。况君许身比稷契，赫赫高名海内传。天下方有事，安得常晏眠。但愿君侯大手整顿乾坤了，使我脱然常往遗世而寻仙。野色苍茫夕照偏，城隅古木号饥鸢。划然长啸人寥廓，惊起皓月当空悬。为君慷慨舞龙泉，丈夫输心生可捐。不见眼前纷纷轻薄何足数，对酒当歌宝剑篇。明日分手地，但见草芊芊。君问营丘覆，我觅范蠡船。待君他日表海功成青社启，记访槎头缩项鳊。

【（清）王镛撰《单县志》卷十，康熙五十六年刻本，第 22 页】

陪御史大夫李公宴于单父之琴台赋赠长律

【清】黄克缵（1550—1634）

东游河伯未澄清，亚相征来视水衡。汉代登仙人羡李，虞廷告瑞昴为精。岳分嵩岱经曾授，节建东西贼悉平，昔日偏裨皆大将，今时守令半诸生。旧都淮泗飞征盖，故里澶渊迓去旌。沉马已惩前事失，其鱼空抱此时情。行边草就三都赋，茅舍仍开五校营。雨暗隋堤栖永夜，月明萧寺肃严更。朱旗倒映阳侯宅，紫气高含单父城。执法台中惭接武，论文席上喜班荆。欢深鲁酒休辞薄，话到唐风好结盟。缱绻陈遵投辖意，依稀宓子鼓琴声。知君诺比千金重，使我心将万户轻。况奉玺书趋太守，敢云弧矢许专征。忧天几欲垂双泪，凿地何由借五丁。厌见村墟湮夏屋，愁看禾黍废春耕。苍生故自怜财力，长吏还应苦送迎。愿以嘉谟咨岳牧，徐收群策报公卿。宣房瓠子皆陈迹，麟阁云台大有名。待挽狂澜归海去，元圭入告禹功成。

【（清）王镛撰《单县志》卷十，康熙五十六年刻本，第 23 页】

和王元之韵[1]

【明】郑汉（生卒年不详）

一

忝兹尹成武，职业敢辞难。
愧乏安民略，宁为窃禄官。
登堂星汉在，退食菜羹寒。
夙抱冰兢切，真如上急滩。

二

忝兹尹成武，徒有视如伤。
忍见心头剜，愁添须发霜。
日移庭树午，烟暝晚城苍。
不觉瞑思久，归鸿已渡浪。

三

忝兹尹成武，愧古良独多。
中心常感慨，有泪欲滂沱。
抱膝看归鸟，挑灯讶扑蛾。
静中观物理，吾道竟如何。

四

忝兹尹成武，转思穷郁时。
几餐麋肉食，何德副车骑。
民望云霓切，人称琴鹤随。
只忧心未古，何论职崇卑。

五

忝兹尹成武，悠然念故乡。
月孤松桧冷，山寂草堂荒。
清曙空啼鸟，深秋任叫蛩。
只承民社切，转觉竹窗凉。

【（清）袁章华撰《城武县志》卷十一，道光十年刻本，第 9 页】

注释：①王禹偁曾赋《官成武主簿作五首》，此处所和正是这组诗。

和王元之韵[①]

【清】杨宫建（生卒年不详）

一

捧檄来城武，应怜抚字难。
弹丸当小邑，夙夜愧微官。
一境愁淫雨，千家起暮寒。
向来行陆地，渔钓满前滩。

二

捧檄来城武，遗黎重可伤。
护堤防灌注，茅屋漏风霜。
任土今犹旷，愁时鬓已苍。
犁耕须及早，休拟对沧浪。

三

捧檄来城武，重关落日多。
一行辞阙下，回首隔滹沱。
远树承青盖，遥山列翠峨。
简书非敢后，报称复如何。

四

捧檄来城武，皇皇问俗时。
飞凫空自远，疲马能解骑。
喜值阳春侯，何当甘雨随。
从教膺百里，奉职敢言卑。

五

捧檄来城武，三年滞此乡。
遥知倚闾望，莫遣故园荒。
玉露惊寒雁，金风入夜蛩。
彩衣花萼并，客思转苍凉。

【（清）袁章华撰《城武县志》卷十一，道光十年刻本，第 27 页】

注释：①王禹偁曾赋《官成武主簿作五首》，此处所和正是这组诗。

送子仲还单父

【清】冒起宗（1590—1650）

炎风促驾过东皋，千里尘沙吊喧劳。
只为通家思独远，可知先辈谊元高。
荒园暂觌文星丽，僻邑争瞻鲁国豪。
十日平原留不住，临歧黯黯首重搔。

【（清）冒起宗撰《拙存堂逸稿》卷三，见《清代诗文集汇编》上海古籍出版社 2010 年版，第 6 册，第 349 页】

单父道中

【清】林之蒨（约 1666—1752）

槐柳生秋阴，禾黍逢古道。茶瓜设邮亭，野水明相照。高城报琴堂，前贤有遗教。稼穑正逢年，行行恣所眺。旅舍月色光，一酌聊自劳，怀乡不成眠，坐听隣难叫。

【（清）林之蒨撰《偶存草堂集》卷五，第 13 页，《清代诗文集汇编》第 228 册，第 107 页】

冬夜至待园[①]赠朱赞思[②]

【清】刘藻（1701—1766）

世事谁能待，迟迟尚此园。富春贤令尹，单父旧王孙。竹暗桥边树，灯明水外村。古今人代隔，风雅意长存。爱客佳公子，相邀信宿留。林鸦寒渡夕，风箨故园秋。不尽倾樽兴，还为秉烛游。池台记仿佛，他日驾扁舟。

【（清）徐继孺撰《曹南文献录》卷四十二，诗钞十二，1917 年刻本，第 20 页】

注释：① 待园，单县人朱永龄在城北家中所建别业。

② 朱赞思，应为朱永龄后人。

高宗南巡刘恪简公[①]新庄迎驾赐诗一章

【清】爱新觉罗・弘历（1711—1799）

乾隆四十九年二月

畿辅居官为最久，抡开綮戟俾仔肩。
由来吏治能谁隐，所重民艰在汝宣。
莫以已知自矜也，常如不足尚勤旃。
三年方伯凡三易，摘句翻因意戚然。

【（清）项葆桢撰《单县志》卷十六，1929年刻本，第1页】

注释：①刘恪简，即刘峨（1723—1795），字先资，号宜轩，单县城南35里刘老家人。官至兵部尚书。死后，赐谥“恪简”。

高宗幸津淀刘恪简公赴行在扈跸赐诗一章

【清】爱新觉罗·弘历（1711—1799）

乾隆五十年三月二日

水路吉行三十里，烟宫驻跸淀池濆。
和门敞向春晴午，联席聊酬奔走勤。
赐食漫夸言宴镐，翕河亦弗类横汾。
若论洁治轩庭美，只为惘然不为欣。

【（清）项葆桢撰《单县志》卷十六，1929年刻本，第1页】

贺李邑侯卓荐[1]四章

【清】朱嵇（1714—1786）

兴学章

嵚岑琴台，含秀南走。有蹲其石，有清其浏。苍柏蜷龙，古碣倒韭。我侯来思，学贯二酉。悬壁疏堂，临流开牖。松韵弦琴，蔚为文薮。

重农章

油油其云，新畬喜霁。侯不劳民，畎亩广惠。如云之茂，如锦之丽。鸥堤安澜，虹桥克济。双雉时驯，九穗则滞。锡福田畴，畦兰艺蕙。

无讼章

侯继二贤，服官学古。讼折片言，化成鼓舞。鹿夹晴犊，鱼乐夜浦。境不入蝗，鄗难夺鄗。苔卧桁杨，雀罗庭户。式饮式食，曰邹曰鲁。

勤治章

惟侯秉德，越水扇芳。勤有余闲，和益克庄。牧岳咸荐，观国之光。我侯遘止，五马其骧。我侯旋止，重树甘业。题屏持节，轶龚超黄。

【（清）项葆桢撰《单县志》卷十五，1929 年刻本，第 22 页】

注释：①李邑侯卓荐，单县县令李卓荐。邑侯，县令。

夜宿单县城下

【清】吴象弼（生卒年不详）

深夜严城下，还为客邸留。
星寒沈画角，暗霜殢征裘。
道路谁青眼，年华自白头。
明朝期小阮，相对说乡愁。

【（清）不辑著者《武定诗补钞第一册》，见《山东文献集成》第二辑第 41 册，第 352 页】

单父道中

【清】李世泰（1736—？）

幞被南来正暮春，乐成河畔拂征尘。
鲂鳟味美堪垂钓，桑拓阴浓欲问津。
父老谁传新谱曲，诗篇还认过来人。
琴台突兀烟霞里，入眼苍茫恐未真。

【（清）普尔泰撰《单县志》卷九，乾隆二十四年刻本，第 57 页】

冉堌答王云鹤

【清】刘大绅（1747—1828）

灌园井畔翳桑麻，绿柳垂垂日未斜。
此去也知相见少，与君更劈邵平瓜。

【（清）徐继孺纂《曹南文献录》卷五十六，诗钞二十六，第7页，1917年刻本】

客单父，石完璞、孙嵩峰、张致祥、冉敬轩兄弟见过

【清】刘大绅（1747—1828）

西望南华是旧游，当年傲吏说庄周。
升沉于我如蕉鹿，得失从人应马牛。
岂有丰碑仍在口？但看矮屋已低头。
诸君一种相思处，风雨泥途倦未休。

【（清）徐继孺撰《曹南文献录》卷五十五，1917年刻本】

客单父石完璞孙嵩峰张致祥冉敬轩兄弟见过

【清】刘大绅（1747—1828）

西望南华是旧游，当年傲吏说庄周。
升沉于我如蕉鹿，得失从人应马牛。
岂有丰碑仍在口，但看矮屋已低头。
诸君一种相思处，风雨泥途倦未休。

【（清）项葆桢撰《单县志》卷十六，1929年刻本，第3页】

单父留别李莲溪二首

【清】陈周璜（清初）

一

葭管萌生气更温，孤云携雨走乾坤。
菟裘百里疑无路，鸡黍千年尚有村。
落尽梅花水始结，烧残榾柮月初昏。
明朝腊去凭谁送，向晚知君早闭门。

二

竹杖芒鞋缁布巾，勾留转瞬已经旬。
名山乍见成良友，佳句重看是故人。
梦里悲欢情易释，眼前离合认难真。
非予抵死冲寒去，日冷椿萱有老亲。

【（清）普尔泰撰《单县志》卷九，乾隆二十四年刻本，第 45 页】

赠张秀才图成（八旬大庆诗以祝之）

【清】金天定（生卒年不详）

芳园小筑近栖霞，共识西京孝友家。
子羽非公难枉驾，安仁曾到为看花。
扶鸠过里称人瑞，酌兕登堂祝岁华。
百忍自能绵鹤算，无须吕井漉丹砂。

【（清）王镛撰《单县志》卷十，康熙五十六年刻本，第 39 页】

祝孙邑侯[1]寿

【清】黄时达（乾隆年间）

县滨黄河，乾隆五十九年七月水势陡长，拍岸盈堤。吾侯往来河畔，昼夜巡防，幸保平宁。又禀请上官拆除江境坝工，以畅去路，隐患悉除。时当寿辰，群献歌诗以申悃忱。昔宰吾邑巫马子，披星戴月锡我祉。家室安堵自熙熙，孰知贤侯实劳矣。国家慎简多循良，接迹前哲来琴台。泉甘如醴飞旧井，灵禽呼麦趁夕阳。河伯肆怒冯夷舞，夫妇垫隘深愁苦。会得慈君浦车临，顿教泽国成乐土。济人端赖利涉才，人定能胜真奇哉。中流一柱河之浒，洪涛九曲狂澜回。煌煌天语勤褒奖，大惧腾骧失所仰。喜容河内借一年，一时眉宇齐开朗。黄河安澜向东流，恰逢海屋飞仙寿。愿得似此黄河水，千年万载宗瀛洲。

【（清）项葆桢撰《单县志》卷十六，1929年刻本，第5页】

注释：①孙邑侯，姓孙的县令。清代单县有两位姓孙的县令，一是孙象坤；二是孙立方。

前　题

【清】刘鏊（乾隆年间）

宓子鸣琴地，循良莅政初。甫成三月治，早播万民誉。座有水壶朗，庭悬宝鉴虚。会当花作县，先兆雨随车。九曲无奔浪，千村乐定居。清门勤拂拭，蓬户受吹嘘。化洽披星后，身康戴月余。小春逢令节，桃李满阶除。

【（清）项葆桢撰《单县志》卷十六，1929年刻本，第5页】

过单县草楼集叶愚泉向荣少尉止宿十日赋此为别二首

【清】何栻（同治年间）

一

公牍余三策，官钱罄一囊。
寻常多酒债，落拓老诗狂。
肝胆仍如火，须眉渐已霜。
性情投分处，十日迟行装。

二

自说来河上，浮沉四十秋。
能平瓠子险，不抱杞人忧。
身世一长啸，公卿半旧游。
官卑从放达，宦海有安舟。

【（清）何栻著《悔余庵诗移》卷二，见《清代诗文集汇编》第 664 册，第 17 页】

四、济　州

济州，北魏泰常八年（423）设州，因其地临汶、泗、沂、洸、济五水而得名，初设于今茌平西南，后置于巨野，又迁于任城。元至正八年（1358 年）废。900 年，济州时置时废，竟达 8 次之多。北宋济州州治巨野，辖巨野、任城、金乡、郓城四县，宋代著名文学家王禹偁、晁补之籍贯都是济州巨野人。

登麟州[1]城楼

【宋】张咏（946—1015）

莫问戎庭苦，高栏是夕攀。

时清官事少，边静戍人闲。

雉堞临水寒，穹庐倚乱山。

皇恩正无外，不拟更移关。

【（清）徐继孺纂《曹南文献录》卷三十一，诗钞一，1917年刻本，第5页】

注释：①即山东巨野城，唐时（621）开始设置麟州，次年废。

宿济州西门外旅馆

【宋】晁端友（约1028—约1075）

寒林残日欲栖乌，壁里青灯乍有无。

小雨音音人不寐，卧听羸马龁残蒭。

【（宋）徐继孺纂《曹南文献录》卷三十二，诗钞二，1917年刻本，第1页】

昌邑[1]道中

【宋】陈思（生卒年不详）

屋角鸡号夜向晨，客床相对话悲辛。

流离仅脱哙等伍，老大空为济上人。

却扫欲安无事贵，累人犹说立锥贫。

故山邻里今安否，归去同寻笋蕨春。

【（宋）陈思纂《两宋名贤小集》卷三百六十三，见《钦定四库全书》集部】

注释：①故城位于山东省巨野城南27公里的大谢集镇昌邑集，是西汉山阳国、昌邑国的都城。

越州歌二十

【宋】汪元量（南宋年间）

新济州来旧济州，柳门西畔两三鸥。
酒边笑谵消长日，弄竹弹丝尽胜流。

【（宋）汪元量撰《湖山类稿》卷五 水云集，见《钦定四库全书》集部别集三】

登魁楼

【明】谢崇质（生卒年不详）

城上高楼四望开，登临此日独徘徊。
苍烟漠漠迷麟墅，芳草芊芊远凤台。
璀璨魁光摇五岳，葱茏佳气烛三台。
躬逢仙令崇文教，喜见群英夺锦迴。

【（清）章弘修《巨野县志》卷十四，康熙四十七年刻本，第 21 页】

吾邑二首

【明】田峤（万历年间）

一

大野名从禹贡传，硭傏郡县自泰年。
西行赤帝金戈入，东渡皇人玉玺还。
兔径纵横麟偃息，雀城缥缈凤翩跹。
登临俯仰悲千古，牺塚农祠并眼前。

二

荷阳草色鹿胎青，极目东看翡翠屏。
十薮古今连泰壄，两台南北出咸亭。
旃檀宝刹春相丽，菡萏金波夜不扃。
旧治龙山腾万马，可知天上属房星。

【（清）章弘修《巨野县志》卷十四，康熙四十七年刻本，第 20 页】

过昌邑

（明末清初）施闰章（1619—1683）

触热复停骖，褰帷对夕岚。
林中闻布谷，树杪见眠蚕。
衣染海云润，泉思山井甘。
故乡茶笋熟，昨夜梦江南。

【（清）施闰章撰《学馀堂诗集》卷二十六，见《钦定四库全书》集部】

第四辑　古迹

曹州所属区域在广袤的黄淮平原之上，这里开发较早，农耕文化繁荣。传说中的古代圣王唐尧、商汤都曾活动在这里，以至《汉书》的作者称赞这里的人民“有先王遗风”。所以，域内至今有尧王墓、商汤陵，还有历代的先贤也在这里留下各种遗迹，他们的祠堂墓穴也留在了这片土地上以供后人凭吊。这里还是春秋战国时候诸侯会盟的舞台以及纵横捭阖的主要战场，历史上几次重要的会盟如葵丘会盟、鄄之盟等都发生在这里，著名的城濮之战、桂陵之战、马陵之战也发生在这里，因而此处有无数的历史遗迹让历代的诗人发思古幽情。

一、尧王陵墓

关于尧陵之所在，千百年来不乏争议，史料记载竟有十处之多，涉及山东、山西、河南三省 10 个县市。清康熙年间，学者们梳理以往文献，逐渐又将尧陵的地理位置定在曹州。清朝官修的《大清一统志》称尧陵在曹州东北，佟企圣所撰《曹州志》更明确地说尧陵在曹州东北 60 里。康熙年间编撰的《古今图书集成》也明确指出尧陵在州（曹州）东北 50 里，并详细记录了尧陵的规模。《尚书大传》曰：“尧葬成阳。”《汉书·地理志》济阴郡成阳县下云：“有尧冢、灵台，《禹贡》雷泽在西北。”北魏《水经注》曰：“今成阳二里有尧陵，陵南一里有尧母庆都陵。”《汉书》中所说的尧陵，已经为今天的考古发现所证明：汉代成阳古城即在今菏泽市（古曹州）东北 50 里，另有尧妃中山夫人残缺碑件等出土。

《吕氏春秋》又载："尧葬穀林。"东汉学者高诱说："尧葬成阳，此云穀林，成阳山下有穀林。"魏晋学者黄莆在《帝王世纪》说："穀林即成阳。"穀林位于山东省菏泽市鄄城县城南富春乡谷林寺。

以上发现成阳故城的牡丹区胡集镇与《吕氏春秋》等记载的穀林，相距仅 10 公里左右，因此，可以把成阳尧陵与穀林尧墓视为一处。

尧　陵

【明】刘忠（1452—1523）

萋萋芳草帝尧陵，一度春风一度青。
圣德信同天广大，文章还发地精灵。
降神此日宁无蓰，古气多年尚有蓂。
多少英雄拥轩冕，当时羞读墓前铭。

【（明）邓鈘编次《濮州志》卷九，嘉靖六年刻本，第 4 页】

尧　陵

【明】张寰（1486—1581）

萧萧汉寝与唐陵，无复东风草木青。
千载唯尊尧帝墓，一抔犹护濮山灵。
圣王事业数行篆，椒酒春秋几叶蓂。
天为斯人标剑履，谷林今见发残铭。

【（明）邓鈘编次《濮州志》卷九，嘉靖六年刻本，第 5 页】

尧 陵

【明】陈忠翰（生卒年不详）

言赴谷林陌，巍然睹尧陵。
帝德本广运，万代仰仪刑。
勒石余断碑，芳草连荚蓂。
岁时秩祀典，古寺护山灵。
谁谓非蒲版，寥阔未可凭。

【（明）李先芳纂修《濮州志》卷五，万历九年刻本】

尧 陵

【明】李先芳（1510—1594）

谷林山寺古尧陵，片石依然尚可凭。
蓂草映阶春寂寂，茅茨蔽屋石层层。
双双匣龙挂高松树，孤塔僧然长夜灯。
明祀九原歌帝德，放勋千载佐中兴。

【（明）李先芳纂修《濮州志》卷五，万历九年刻本】

尧 陵

【清】胡惟一（生卒年不详）

玉历归玄德，鼎盛土一抔。
鬼神朝岳渎，云日抱松楸。
帝力山川在，唐风耕凿留。
何年隆巳典，俎豆到荒丘。

【（清）佟企圣纂修《曹州志》卷十八，康熙十三年刻本】

尧陵纪事

【清】柴孝廉（生卒年不详）

濮水汩汩河济通，湾环回折抱神宫。千年老树瘦蛟舞，穹碑手摩文迷朦。朱门洞开铸金钮，尧陵若斧嵬当中。隔邻枯僧扫残叶，阶前蓂草梳秋风。圣朝盛典隆明祀，丹诏钤玺飞花骢。质明殷荐将事肃，登铏纷罗银烛红。我来薄游际此会，拜罢慨想平秩功。会稽禹穴[1]勾漏矗，赤文绿字光熊熊。别路三千烟水阔，旧国旧都心怔忡。

【（清）高士英修、荣相鼎纂《濮州志》卷七，宣统元年刻本】

注释：①禹穴：亦称禹陵、大禹陵。在浙江绍兴市稽山门外。相传为夏禹的陵墓。

帝尧墓诗

【明】苏澹（嘉靖时期）

粤稽帝尧，道隆千古。精一执中，斯文鼻祖。垂拱揖让，询于瘝耕。则天懋治，荡荡难名。谷林之墟，曰惟陵寝。峩峩崇阜，以带以枕。抠衣兢惕，荐藻殷勤。郁葱掩霭，如日如云。接畛历山，重华欣仰。北面来朝，精神不爽。皇明豊祀，傦永万年。钦明弗昧，卧看桑田。

【（明）李先芳纂修《濮州志》卷五，万历九年刻本】

尧冢

【清】李佶（生卒年不详）

传是神尧冢，仰瞻敬畏生。
残碑荒草没，巨阜细沙明。
雷泽显名近，灵台入望平。
牧樵深帝德，犹似鼓歌声。

【（清）佟企圣纂修《曹州志》卷十八，康熙十三年刻本】

尧庙祀歌

【宋】鲜于侁（1018—1087）

车辚辚兮庙堧，鼓坎坎兮河下。竽琴兮并奏，洁时羞兮虔祀事。瑶华为馔兮，沆瀣为浆。象笾玉豆兮，金鼎煌煌。海珍野蔌兮，杂错而致诚。神之来兮，风雨萧萧。前驱千毕兮，上有招摇。羽林为卫兮，虹霓为旗。凤凰左右兮，扰伏蛟螭。神之降兮金舆，灵欣欣兮盼飨。德难名兮覆焘，千万年兮不忘。

【（明）李先芳纂修《濮州志》卷五，万历九年刻本】

尧 庙①

【宋】范仲淹（989—1052）

千古如天日，巍巍与善功。
禹终平洚水，舜亦致熏风。
江海生灵外，乾坤揖让中。
乡人不知此，箫鼓谢年丰。

【（明）李先芳纂修《濮州志》卷五，万历九年刻本】

注释：①见《曹州府志》记载，范仲淹因投亲于楚邱（今山东曹县），留有此诗。

二、殷朝旧踪

曹州故县曹县古称北亳，是中华民族古代文化发祥地之一。公元前1700年，商汤建立殷商王朝在此设都，成为商代早期的政治经济文化中心，被称为“华夏第一都”。现存的古遗址有汤王墓、伊尹庙、箕子墓等10多处，成为人们寻访殷商文化的主要地方之一。

谒汤陵

【清】贾乃筵（生卒年不详）

南巢放伐祛凶残，勇智由来锡自天。
知是征诛开变局，依然揖让拟当年。
花闲满地含时雨，异木横阶簇瑞烟。
多少汉碑唐碣在，谁崇祀典柱藏编。

【（清）陈嗣良撰《曹州府曹县志》卷十七，光绪十年刻本，续艺文志下】

夏日再谒汤陵时王居竹先到

【明】路可由（1507—1573）

长夏山陵草树凋，槐阴泼地绿如油。
谁能候客先斋宿，我欲题诗纪胜游。
歌舞太平忘帝力，支持老健亦风流。
怪来月下回车晚，鸡黍村家作意留。

【（清）朱琦撰、郭道生续修《兖州府曹县志》卷十六，康熙五十五年刻本，第44页】

汤 庙①

【明】李明（弘治年间）

五就徘徊自牧宫，白旄黄钺起真龙。
二三苞孽芟彝尽，西北云霓丕徯同。
祠外雨飞还雨歇，台前花落又花红。
至今似念征仇饷，香火翻同田舍翁。

【（清）朱琦撰、郭道生续修《兖州府曹县志》卷十六，康熙五十五年刻本，第36页】

注释：①遗址在今曹县阎店楼镇土山集。

九日谒汤陵

【清】李钝士（1855—1943）

曹城南去二十里，地属北亳垂诸史。厥土崇隆似山陵，古墓云是商天子。殷社虽屋德惟馨，岁时村翁肃禋祀。人逢九日去登高，吊古我亦离城市。天久不雨亢阳骄，缓辔徐行尘出轨。篱菊不荣勉树麦，立苗太疏那堪耔。行见负贩趁殷墟，陵前庙貌岿然峙。且喜在野礼未失，相从雍容肃拜跪。穹碑大文渊如笔，异木久为樵夫毁。斯时农民正望泽，愿乞桑林一杯水。洒遍九围不崇朝，俾我田禾尽薿薿。我心更有难明事，抗怀直欲问仲虺。当日初开征诛局，惭德虽有顺天耳。来世口实究有无，胡不誓言杜奸宄。世变虽逾三千年，先后岂不同道揆。雨楹梦奠亦殷人，春秋诛心多奥旨。乃知天所锡勇智，怀惭正以葆天理。一念国祚延六百，桐宫贤孙克顾諟。念此徘徊不能去，皓皓白日照阶戺。野老情意犹殷殷，出门相视已移晷。

【（清）李经野辑《曹南诗社唱和集》卷三，1918 年刻本，见《山东文献集成》第三辑第 44 册，第 579 页】

前　题

【清】陈愚轩（1849—1919）

汤陵三千年，癸丑重九日。同车招我游，秋日何酷热。是岁苦旱风，驱尘失故辙。到门无寺僧，孔生传衣钵。祭迟宰官来，礼惭野服亵。登高一暇瞩，故国感兴灭。济亳辨真冢，篆隶摩古碣。右庑祀左相，礼器尽瓯缺。宫圮莫守桐，牺去难馈葛。殷墟久麦秀，社柏几霜雪。席床聊坐谈，茗椀瘳病暍。西风凋旧林，东家演新说。一笑逢故交，相惊各白发。昔游皆华年，景松接云阙。今瞻故宫墙，丹青剥日月。沧海惊世变，山陵独危掘。朝鲜吊箕墓，首阳采夷蕨。今秋祭孔林，商乐奏长发。我居近寝庙，廿年睽堂室。忧旱望桑林，萧条晚香节。

秋容与流连，日昃不忍别。临歧嘱孔生，来苏在吊伐。口实休轻听，商颂炳麟笔。

【（清）李经野辑《曹南诗社唱和集》卷三，1918年刻本，见《山东文献集成》第三辑第44册，第579页】

殷圣忠祠①

【明】宋沧（1483—1533）

虎豹重阍大力推，忠言宁畏杀身媒。
胫当斩处尚何忍，心到剜时更不灰。
墓道姓名高似斗，祠堂风雨响如雷。
至今麦秀织织地，犹有英灵日往来。

【（清）章弘修《巨野县志》卷十四，康熙四十七年刻本，第16页】

注释：① 比干被纣王剖腹而死后，葬于今山东巨野城西南20里田桥镇比干庙家乡。为纪念这个为民请命、为国担忧、惨遭暴君戕害的千古良臣，当地百姓自动捐资建起殷圣比干祠。

殷圣忠祠

【明】马文健（约1532—1615）

斜阳勒马度平沙，殷圣祠堂听暮鸦。
铁石有心甘白刃，冠袍无语对闲花。
泸烟缥缈冲霄汉，庙貌辉煌衬晚霞。
谁植檐前松柏老，年年挂月透窗纱。

【（清）章弘修《巨野县志》卷十四，康熙四十七年刻本，第17页】

殷圣忠祠

【明】邝尧龄（万历年间）

庙貌端看气象森，忠贤遗像肃冠簪。
三仁共效安邦计，七窍能披报国心。
细草阶前铺翠色，黄鹂枝上弄清音。
村翁伏脑盘桓处，凄断高坡日暮徙。

【（清）章弘修《巨野县志》卷十四，康熙四十七年刻本，第 18 页】

殷圣祠

【明】田峤（万历年间）

比干祠傍北家村，异草无心古木髡。
尼父铜盘迷近远，龙逢金阙亘朝昏。
寸册欲吐非关剖，七窍纵观只自扪。
民社几更栢与栗，依然明水荐汤孙。

【（清）章弘修《巨野县志》卷十四，康熙四十七年刻本，第 21 页】

殷圣忠祠

【明】陶性（生卒年不详）

名祠烈烈系云端，曾奋孤忠铁石寒。
义重商宗惭首白，刀开七窍露忠丹。
由来义士杀身死，至今忠烈照青史。
更深灯火望中明，偃卧黄昏应抱耻。

【（清）章弘修《巨野县志》卷十四，康熙四十七年刻本，第 17 页】

亳城[1]怀古

【明】邹鲁（明中）

故垒荒城草树迷，吟鞭指点思依依。
仁形祝网开三面，敬不违天式九围。
宇宙循环多陷溺，古今悠远几云霓。
我来不尽登临意，空见疏杨黄鸟飞。

【（清）佟企圣撰《曹州志》卷十八，康熙十三年，第 18 页】

注释：①商汤建都于涂山（今土山）之阳，名亳。亳城又名景亳、蒙亳、北亳。

盘庚[1]村居有感

【明】王崇献（1470—1555）

盘庚何处是家园，壁上瑶琴尽日悬。
时较岁书占岳雨，闲持筇竹引畦泉。
浮生踪迹终尘土，过眼风花只醉眠。
青镜笑看双鹤鬓，海天云日不知年。

【（清）徐继孺撰《曹南文献录》卷三十三，诗钞三，1917 年刻本，第 12 页】

注释：①盘庚村，据曹县旧志载，盘庚村在曹县西南 10 里，商王盘庚曾居于此，位于今曹县南万楼村一带。

伊尹祠三首

【明】刘恺（生卒年不详）

一

三聘临门一欠伸，格天功业在君民。
谁云太甲当年暗，总已犹能听老臣。

二

汤相祠堂莘冢边，刘郎堤外水连天。
敢将一檄达河伯，莫遗蛟龙犯圣贤。

三

能教万乘住桐乡，君意臣心日月光。
有此君臣行此事，千年谁敢更承当。

【（清）佟企圣撰《曹州志》卷十八，康熙十三年，第 18 页】

伊尹祠[①]

【明】王崇献（1470—1555）

陈迹荒凉叹黍离，风尘空掩圣臣祠。
泥金剥落留遗像，鸟篆模糊认断碑。
吊伐义声真不泯，唐虞世道亦堪悲。
汤陵咫尺深山里，千古明良有所思。

【（清）徐继孺撰《曹南文献录》卷三十三，诗钞三，1917 年刻本，第 12 页】

注释：①伊尹祠，遗址位于今曹县大集乡殷庙村。见《皇览》载济阴郡己氏县西北 12 里有伊尹墓，墓前有伊尹祠。

伊尹祠次韵

【明】王崇俭（—1541—）

秋林落寒叶，下马阿衡祠。
遥相格天业，纵观元圣姿。
风云连异木，鬼物护穹碑。
岁月嗟迟暮，空山万古思。

【（清）徐继孺撰《曹南文献录》卷三十三，诗钞三，1917 年刻本，第 14 页】

过莘冢谒商相祠

【明】徐笃（万历年间）

古柏阴森昼景幽，阿衡祠庙枕荒丘。
高踪漫忆耕耘地，遗像犹存社稷忧。
五就择君皆至爱，四征徯后岂私谋。
谁期口实传来世，放伐纷纷卒未休。

【（清）徐继孺撰《曹南文献录》卷三十七，诗钞七，1917 年刻本，第 5 页】

伊尹古祠

【明】吴伯胤【明末】

元圣祠堂莘冢边，崔嵬结构自何年。
残碑遗像多今古，落日空山拜几筵。
三聘长怀出处略，两朝终赖保衡贤。
南巢口实桐宫事，万岁千秋志故然。

【（清）朱琦撰、郭道生续修《兖州府曹县志》卷十六，康熙五十五年刻本，第 53 页】

伊尹祠

【清】马国翰（1794—1857）

六百年天下，斯人独任之。
力肩尧舜道，心契禹皋知。
莘野今成县，阿衡旧有祠，
晚烟城北路，谁与觅残碑。

【（清）马国翰著《玉函山房诗钞》卷四，见《山东文献集成》第四辑第 30 册，第 449 页】

谒伊尹祠

【清】贾乃筵（生卒年不详）

古木萧森暮景寒，登堂展拜肃衣冠。
首开将相千秋易，再似君臣一德难。
庐墓桐宫君岂放，造攻牧室国同安。
祥桑更有回天力，两世勋名取次看。

【（清）陈嗣良撰《曹州府曹县志》卷十七，光绪十年刻本，续艺文志下】

伊尹墓怀古

【清】陈嗣良（生卒年不详）

至德法唐虞，千秋垂圣模。
商廷元宰辅，莘野旧耕夫。
君可三年放，臣惟一德馨。
要汤休置辩，此老必然无。

【（清）陈嗣良撰《曹州府曹县志》卷十七，光绪十年刻本，续艺文志下】

秋日谒伊尹祠

【清】孙似馨（生卒年不详）

白萍石案野尊香，亳社勋名未可忘。
几度秋风凭吊处，漫从榱桷溯空桑。

【（清）朱琦撰、郭道生续修《兖州府曹县志》卷十六，康熙五十五年刻本，第 67 页】

莱朱古墓[①]

【明】王崇献（1470—1555）

吊民一语释君颜，万古兴亡尚可攀。
道自西周原有统，冢经异世俨如山。
几番劫火残碑在，四顾平原野水间。
俯仰明良千载会，夕阳惟有鸟飞还。

【（清）佟企圣撰《曹州志》卷十八补遗诗，康熙十三年，第71页】

注释：①莱朱，名仲虺，商汤左相，莱朱之墓位于今山东菏泽市曹县郑庄镇境内。

伊莱遗庙次韵

【明】万爱民（生卒年不详）

协力掀天商业开，何知遗像对蒿莱。
岘山有泪犹堪堕，未可无诗向此裁。

【（清）朱琦撰、郭道生续修《兖州府曹县志》卷十六，康熙五十五年刻本，第65页】

伊莱遗庙

【清】蓝近伦（清初）

草昧殷邦是孰开，当年王佐说伊莱。
双祠并祀南山曲，荆棘凭谁一剪裁。

【（清）朱琦撰、郭道生续修《兖州府曹县志》卷十六，康熙五十五年刻本，第66页】

莱朱墓怀古

【清】陈嗣良（生卒年不详）

自从作诰释君惭，功业文章足计探。
不使阿衡专擅美，千秋祠墓享曹南。

【（清）陈嗣良撰《曹州府曹县志》卷十七，光绪十年刻本，续艺文志下】

莱朱祠

【清】谢耀庵（清末）

驱马曾经莱墓边，巍巍祠宇拜商贤。
九园缔造终涂地，双柏轮囷尚翳天。
虺诰一篇昭日月，汤陵十里接风烟。
更兼伊庙遥相望，一德明良祭祀虔。

【（清）李经野辑《曹南诗社唱和集》卷三，1918年刻本，见《山东文献集成》第三辑第44册，第572页】

九日谒莱朱祠

【清】陈愚轩（1849—1919）

汤陵正盘桓，要我莱朱墓。胜地材如林，老朽敢来去。三益皆我师，同行更谁怖。旱氛午后多，白沙埋前路。贤主齐侯门，耆英会温潞。庙貌轮换新，祭品牲醴具。言迟白驹客，来为裸将助。礼失整野冠，乐阙想汤頀。拜起游庭园，葱茏多嘉树。新松移徂徕，老柏饱霜露。垂柳亚槿篱，青青色如故。九日秋已深，萧萧西风度。众叶无凋零，疑是神所护。精社文会友，济阴旧题署。主人设宾筵，菊酒湑兼酤。觞政虺诰篇，薪传鲁论语。日新暴秋阳，建中乘殷辂。后学矜春华，尚质比秋素。见知称到今，秋赛感士庶。祈神助桑林，来苏沛甘澍。思古论未终，宾辞醉且饫。更劝文字饮，同赓题糕句。此地如桃源，残年春常驻。晚香尚迟迟，重约黄花圃。归途一回首，白杨红日暮。

【（清）李经野辑《曹南诗社唱和集》卷三，1918 年刻本，见《山东文献集成》第三辑第 44 册，第 579 页】

前　题

【清】李钝士（1855—1943）

平野犹存一抔土，沧然老柏动遐思。
家非箕子参疑信，德并阿衡是见知。
蘋藻庙庭可登荐，冠裳村社肃威仪。
汤陵拜罢还来此，古意幽情日暮时。

【（清）李经野辑《曹南诗社唱和集》卷三，1918 年刻本，见《山东文献集成》第三辑第 44 册，第 579 页】

元圣祠

【清】谢耀庵（清末）

楚丘西望气佳哉，元圣祠堂栋宇开。
乐道高风仰遗像，铭功残碣委荒苔。
千秋亳社臣心鉴，三载桐宫主德回。
翘首空桑何处是，临风展拜独徘徊。

【（清）李经野辑《曹南诗社唱和集》卷三，1918 年刻本，见《山东文献集成》第三辑第 44 册，第 572 页】

三、其他祠墓

曹州是古代先贤活动的主要区域，尧、舜、商汤之外，历代都有名垂青史的人物在这里生活，他们死后也葬在这里。当地人为了纪念他们，给他们修了陵墓，建了祠堂，让他们的流风遗韵泽被后世，供后人徘徊瞻仰。

宁武子墓①

【清】胡惟一（生卒年不详）

国难凭谁定，间关借汝身。
一盟留社稷，万死见君臣。
世变松楸古，名垂宇宙新。
却怜埋照后，无复肯愚人。

【（清）佟企圣撰《曹州志》卷十八，康熙十三年刻本，第 50 页】

注释：①宁武子墓，在菏泽县西北 20 里表忠集，有祠。《寰宇记》云：“在冤句县东十五里。”

宁武子墓祠

【清】李佶（生卒年不详）

不解成公妄，艰难捍以身。
世皆怜拙计，我自仰仁人。
大义留天地，愚忠动鬼神。
祠堂今尚在，千载夜台春。

【（清）佟企圣撰《曹州志》卷十八，康熙十三年刻本，第 54 页】

公子臧墓

【清】胡惟一（生卒年不详）

采药飘然去，高风又见君。
感时思蹈海，弃国等浮云。
天壤鸿鸣泐，沧桑马鬣闻。
左公如可问，应共尔为群。

【（清）佟企圣修《曹州志》卷十八，康熙十三年刻本，第 50 页】

观李九少府翥树宓子贱神祠碑

【唐】高适（700—765）

吾友吏兹邑，亦尝怀宓公。安知梦寐间，忽与精灵通。一见兴永叹，再来激深衷。宾从何逶迤，二十四老翁。于焉建层碑，突兀长林东。作者无愧色，行人感遗风。坐令高岸尽，独对秋山空。片石勿谓轻，斯言固难穷。龙盘色丝外，鹊顾偃波中。形胜驻群目，坚贞指苍穹。我非王仲宣，去矣徒发蒙。

【（清）彭定求撰《全唐诗》卷二百十二，中华书局 1960 年版，第 2209 页】

巡历至单父望宓巫二贤祠赋此以识敬仰

【明】徐源（？—1515）

名邦经单父，二令有遗慈。
庙古人多仰，琴清县自知。
城坛生海日，花柳暗河湄。
为报清时尹，三人有我师。

【（清）王镛撰《单县志》卷十，康熙五十六年刻本，第 24 页】

登春冈[1]

【明】蓝近任（1582—1632）

朔风吹我上崔嵬，羽客相邀茗一杯。
正讶袖中遗米石，忽从岩畔起冬雷。
千年侠气荒无主，百里洞天扃不开。
楚客原来多愁恨，游人四顾动悲哀。

【（清）朱琦撰、郭道生续修《兖州府曹县志》卷十六，康熙五十五年刻本，第51页】

注释：①春冈，即战国时楚国春申君黄歇之墓，遗址位于今曹县城西北18里春墓岗村。金大定年间在此建开元寺，又名春墓寺。

谒二贤祠

【明】阎尔梅（1603—1662）

琴星遗躅两千年，肸蠁音容绘俨然。
山外冥鸿留墨爪，泽中阳鲛服晶弦。
枯荷映带寒塘路，柮桧阴森霁雪天。
试考龙门循吏传，荒台金石有谁镌。

【（清）普尔泰撰《单县志》卷九，乾隆二十四年刻本，第33页】

二贤祠[1]

【清】陈履端（清初）

单父有良宰，两贤卓古今。
高台天地久，翠柏夏冬森。
人我非同任，逸劳岂异心。
戴星矢匪懈，未敢效鸣琴。

【（清）王镛撰《单县志》卷十，康熙五十六年刻本，第33页】

注释：①二贤祠：建于单父琴台之旁，供奉宓子贱、巫马施两位贤宰。

拜冉子祠

【清】李悦心（生卒年不详）

拂尘展拜冉公像，倚槛临风独怅然。
颜闵差堪相伯仲，山川应不舍仁贤。
其如古径迷荒草，遮莫寒鸦带暝烟。
敬简心传留万代，殷殷请事许谁先。

【（清）朱琦撰、郭道生续修《兖州府曹县志》卷十六，康熙五十五年刻本，第51页】

仲弓[①]祠

【清】胡惟一（生卒年不详）

五冉联翩起，谁探泗水源。德优南面庆，神妥上公尊。易姓怜秦祸，卜祠近孔门。圣朝崇道日，遮莫沛新恩。

【（清）佟企圣撰《曹州志》卷十八，康熙十三年刻本，第50页】

注释：①冉雍（前522—？），字仲弓。中国春秋末期鲁国陶（今山东菏泽市定陶区）人。少昊之裔，世居“菏泽之阳”，人称“犁牛氏”，受儒教祭祀。

仲弓祠

【清】王经袖（生卒年不详）

师弟各韦布，突尔许南面。
闻者心自骇，许者有确见。
大哉居敬言，典谟该已遍。
倘生唐虞时，岳牧定交荐。

【（清）凌寿柏著《菏泽县志》卷十八，光绪六年刻本，第75页】

冉子祠

【明】申佳允（1602—1644）

烟火寥寥瓜井村，秋风落日伯牛坟。岿然老树碑阴矗，岚影波光拂垅云。仰止斯人名不腐，科悬德行书悬谱。平原宾客气如虹，沙草榛芜何处土。半世车尘历落中，九京赢得郓侯封。一抔伏腊惊樵牧，灵雨春滋卉木秾。传浴温泉事恍忽，石青篆碧探残碣。闻风兴起古今情，何问衣冠何问骨。

【（明）申佳允《申忠愍诗集》卷二，见《钦定四库全书》集部】

冉堌三贤祠[①]

（明末清初）纪映钟（1609—1681）

十哲三贤著，孤村此发祥。
远庐仍族姓，奕代俨祠堂。
露重梨垂瓦，尘清碣满苍。
眷言游阙里，先过仲弓乡。

【（清）纪映钟撰《憨叟诗钞》卷三，见《清代诗文集汇编》第30册，第31页】

注释：①三贤祠在曹州旧城中，奉范蠡、魏冉、魏相三公。今已经湮没。

过冉堌谒冉祠

【清】张彦士（1614—1699）

萧萧古刹傍山村，野日荒芜独闭门。
千载德容留俎豆，万年俸祀并乾坤。
冕旒凝翠尊南面，香火浮烟接帝阍。
一介行人肃瞻仰，飞鸿踏雪去无痕。

【（清）徐继孺纂《曹南文献录》卷四十，诗钞十，1917年刻本，第5页】

谒冉子祠

【清】孙谔（乾隆年间）

下马瞻遗像，烁风动埜亭。
四科推首列，南面想仪型。
壤砌苍松古，颓垣乱草青。
时闻有过客，酌酒荐芳馨。

【（清）孙谔（孙一斋）撰《在寅诗集南游草》卷一，见《清代诗文集汇编》第 293 册，第 10 页】

冉伯牛墓

【清】李簧（乾隆年间）

鲁论岂复火秦庭，轶事无闻在汗青。
曾从宛丘兼上蔡，宁无请业一谈经。

【（清）李簧《梅楼诗存·齐鲁存旧集》，见《清代诗文集汇编》401 册，第 346 页】

冉伯牛墓

【清】熊士鹏（生卒年不详）

虎兕曾行野，弦歌共在陈。
牖间一执手，今日想斯人。
高塚傍洛水，不知洙泗春。
无由税尘鞅，采采涧中苹。

【（清）熊士鹏撰《鹄山小隐诗集》卷九，见《清代诗文集汇编》第 444 册，第 439 页】

冉伯牛墓

【清】殷兆镛（1806—1883）

歌残芣苢曲，此疾竟难瘳。自牖悲弥甚，于田义孰搜。赵过以伯牛名字为古人亦用牛耕之证。闵颜堪匹亚，陈蔡记从游。拂拭苍苔字，休教误白牛。碣系篆文，初出土时人误以为白牛塚云。

【（清）殷兆镛撰《齐庄中正堂》诗钞卷三，光绪刻本，见《清代诗文集汇编》第623册，第67页】

仲弓墓

【清】赵国琳（生卒年不详）

陈蔡从游第一流，抱河负岳俨丹丘。
山川谅在歆骍角，德行终能莫苋裘。
毕竟安居南面乐，几番俱免赤眉忧。
北邙将相无封树，草莽狐狸总是秋。

【（清）赵国琳修《定陶县志》卷八，顺治十二年刻本，第29页】

仲弓祠

【清】胡惟一（生卒年不详）

五冉联翩起，谁探泗水源。
德优南面庆，神妥上公尊。
易姓怜秦祸，卜祠近孔门。
圣朝崇道日，遮莫沛新恩。

【（清）佟企圣修《曹州志》卷十八，康熙十三年刻本，第50页】

澹台灭明祠

【清】李佶（生卒年不详）

澹台传旧祠，凭吊仰先民。
何故武城上，反祠汜水滨。
高风清世垢，古道瀞交尘。
叹息遗踪杳，公庭桃李匀。

【（清）佟企圣撰《曹州志》卷十八，康熙十三年刻本，第 54 页】

子夏故里

【清】胡惟一（生卒年不详）

石室荒烟断，井间仍在兹。
衣冠存后裔，俎豆见新祠。
东鲁弹琴日，西河拥彗时。
寥寥蓬户里，歌咏动人思。

【（清）佟企圣撰《曹州志》卷十八，康熙十三年刻本，第 51 页】

陈丞相祠①

【清】靳学轼（生卒年不详）

智士说谋犹，谋犹只是击筌篌。学士语经济，经济那见涉川利。独瞻曲逆丞相平，谋犹经济屡惊人。少年宰社挟大志，惟有无知知最真。黄老之书既饱餍，丈夫不徒学书剑。去项安刘奇计伸，交结绛侯还深念。眼底胸中智未休，不须左袒早杼筹。君不见产禄之患时多故，不是君谋那为刘？居然钟鼎荣名炫，明哲保身始终善。至今库上人争羡，高山使我情眷眷。

【（清）储元升纂修《东明县志》卷八，乾隆二十一年版，第 60 页】

注释：①陈丞相祠：即汉丞相陈平的祠堂。陈平为阳武户牖乡人，《史记·集解》云："户牖，今为东昏县，属陈留。"东昏县即今天东平县，东明古有陈丞相祠。

陈丞相祠

【清】宋之范（生卒年不详）

中郎库上树丰碑，曲逆当年大节垂。
宰社已如三老愿，交欢惟有陆生知。
委蛇略见操舟日，智术全施劫郦时。
独享荣名钟鼎在，保身明哲是吾师。

【（清）储元升纂修《东明县志》卷八，乾隆二十一年版，第 60 页】

单雄信墓

【明】杨一清（1454—1530）

飘泊残魂土一丘，断碑千古共松楸。
寒鸟啼落陵前月，疑诉当年汗马愁。

【（清）金世德修、杨日升纂《东明县志》卷八，康熙十一年刻本，第 48 页】

单雄信墓

【清】李宾起（生卒年不详）

闻说将军墓，偶来官舍傍。
一丘埋绿草，小屋对高墙。
墓主仍题郑，英魂不系唐。
前人空有咏，此意竟茫茫。

【（清）储元升纂修《东明县志》卷八，乾隆二十一年版，第 59 页】

题单将军墓

【明】马宗焕（生卒年不详）

迢递春光暮霭横，凄凉古墓接荒城。

功成秦魏今安在，世历隋唐代几更？

慷慨何人能嗣子，英雄此日尚留名。

我来凭吊弥增感，风涌黄河作怒声。

【（清）周保琛修、李曾裕纂《东明县续志》卷四，宣统三年刻本，第 15 页】

任公屏盗碑

【清】崔凌霄（生卒年不详）

汉碑沉浩劫，三绝迹长存。

神鬼应呵护，岿然镇北门。

【（清）徐继孺纂《曹南文献录》卷五十一，国朝诗钞二十一，1917 年刻本，第 16 页】

宋康王庙①

【清】宋之范（生卒年不详）

六宫二帝尽蒙尘，剩有康藩远避秦。

乌白幸教丹返蓟，狐狸从此贼称臣。

君王丧仆泥成马，丞相偕妻铁铸人。

一德格天万古恨，杭州直似汴州春。

【（清）储元升纂修《东明县志》卷八，乾隆二十一年版，第 59 页】

注释：①康王庙：康王曾质于金，东明有康王太和康王庙。

秦襄毅公[1]墓

【清】王夺标（生卒年不详）

秋风槲叶落纷纷，博得芳名古史闻。
坟上多生指佞草，陇头常起拱京云。
几株老树惟存节，半座残碑尚有文。
欲问当年迁逐事，旧时年谱未曾焚。

【(清)徐继孺撰《曹南文献录》卷三十九，诗钞九，1917年刻本，第16页】

注释：①秦襄毅公：即秦纮，明代单县人，官至户部尚书，死后赠少保，谥襄毅。

断碣仙吟

【清】于振翀（清初）

跨鹤何年下大荒，傍台遗迹吕仙堂。
草侵丹井泉清泚，苔蚀残碑字渺茫。
太史乘轩搜轶事，野人驻马扪斜阳。
须知圣道直于发，不比长生费审量。

【（清）普尔泰撰《单县志》卷九，乾隆二十四年刻本，第41页】

乡贤祠拜秦襄毅公作歌

【清】李簣（乾隆年间）

君不见，汉将军马伏波，铜柱冲天标汉界，分茅岭下云荡摩。从此一千二百余岁，生我少保单之阿。明至中叶乱纲纪，公之际会独喜起。上有仁孝恭俭一代之明君，下有徐刘李谢四相之同群。青蝇飞入御床下，化为臣妾空纷纭。铜柱南北指旌旄，黎猺诸盗纷腾逃。南蛮平，西夷寇，三边偶解大经略，万里长垣思勋旧。呜呼！巨阉结习如蛇结，又如空城之火无人灭。抗疏昔曾扑向迩，燎为回风避茅蕝。公实淡泊帝久识，所以黄绢执来三叹息。

乡人嗟悼过东间，遗像阴苔少颜色。岂知古乡先生祀于社，社翁默佑人不侧，况倚胶庠同血食。

【（清）李簧《梅楼诗存·退园集》，见《清代诗文集汇编》第401册，第305页】

古单父旧城访太白先生南楼故迹已失

【清】李簧（乾隆年间）

幼闻南楼高百尺，欣然欲往见其迹。后来驱车访故国，父老遥指开山北。青畴白水堪欹歔，蜀社王孙此中居。我闻少府扫花径，君闭南楼看道书。

今夕大醉眠旧井，海暾已移扶桑影。夜阑汉水寂无声[①]，八九个星光炯炯。向东一笑赤城开，忽有人兮过海来。不帆不毂不羽骑，万里飓风亦悠哉。髯头童携酒南烛，三三五五聚仙箓。白云一开旋复合，满目荒原春草绿。杜拾遗，高蜀州，昔与先生同其游。半月台有三人躅，赋诗高谳诚风流。当时薄尉亦名士，应速二客登此楼。我过琴台已无侣，欲觅此迹浮云愁。南楼一倾一千年，焉得依山横数椽。四面洞开涞水曲，悠悠来叶相追攀。

【（清）李簧《梅楼诗存·退园集》，见《清代诗文集汇编》第401册，第302页】

注释：①汉水即汉河，在单县城东。

南楼歌

【清】谢衮（清中期）

昆仑河走蛟龙跨，波撼乾坤荡中夏。居士楼倚单父城，遗构顿尽洪涛泻。青莲才华横九州，不待铜驼骑土牛。灶熔丹砂神人至，剑系白鹇鬼魅愁。野草萋萋翻珠露，雕栏画槛知何处。欲自樵牧寻居址，夕阳一片云绕树。长啸四顾怀落落，青鸟不至音尘阙。美人如花何时来，风帘空卷南楼月。

【（清）普尔泰撰《单县志》卷九，乾隆二十四年刻本，第55页】

四、春秋会盟台

随着周王室的控制力日渐减弱，为了保全自己，或者称霸诸侯，一些诸侯国常常在一起通过一定的形式（如歃血等）联合起来，这就是诸侯之间的会盟。会盟是古代诸侯间会面和结盟的仪式，进入春秋时代，这种仪式几乎天天上演。根据《左传》记载，春秋时的会盟数量不少于200次，有人最新统计为408次。春秋时期的会盟大多发生在中原一带，因为这一带诸侯林立，政治、外交和军事斗争波诡云谲。这里是各个小国合合分分的舞台，也是大国诸侯争秀肌肉的战场。春秋时期，曹州一带主要属于曹、卫、宋、鲁等国家，它们的周围就是先后称霸的齐、晋、楚、秦等诸侯大国，因此，这里是会盟最为频繁的地方，留下了很多会盟遗迹。

登会台诗①

【元】张之翰（生卒年不详）

濮郡西南原，块土如伏龟。传言会于鄄，有台此其基。忆初平宋乱，顺命请周师。时惟桓公业，赴以单伯辞。区区勤王心，烈烈定霸威。若将仁义论，宜为孔孟推。既云正不谲，又曰假不归。霸岂圣不与，王本圣所期。后之诸侯者，能此九合谁？我行台下道，吊古一上之。壮图入周览，秋风动歔欷。公来台何荣，公去台何衰？据鞍一诗成，苍烟渺荒陂。

【（元）张之翰《西岩集》卷一】

注释：①会台位于鄄城县旧城镇葵堌堆村西。该遗址东西长113米、南北宽56米，总面积6228平方米。文化内涵丰富，包括龙山、商、周、汉4个时期的文化遗物。春秋时期，诸侯多次在此台上会盟，故称会盟台，简称会台。

会台即景五首

【明】李先芳（1510—1594）

一

板扉昼不关，林风起檜树。
委巷不容车，山僧自来去。

二

鄄侯不可见，此地昔为家。
读书台下草，春到自开花。

三

当年会盟地，牛饮三千人。
涓涓泉下水，曾为洗朱轮。

四

曲岭抱仙源，巍如翔凤起。
上有梧桐树，枝叶自连理。

五

会丘古塔院，新开净业龛。
蒲团供坐卧，花下读《楞严》。

【（清）徐继孺辑《曹南文献录》卷三十五，1917 年刻本】

会台题壁

【明】李先芳（1510—1594）

此日长沮学耦耕，当年严助厌承明。
空斋一枕华胥梦，细雨芭蕉秋夜声。

【（清）徐继孺辑《曹南文献录》卷三十五，1917 年刻本】

题会台

【明】张登高（嘉靖年间）

主人本性烟霞居，持节归来新筑庐。
远树连云排画嶂，青山流影照芙蓉。
歌声时送林间鸟，驷马频停花下车。
不是使君甘寂寞，从来簪弁乐情疎。

【（明）李先芳纂修《濮州志》卷五，万历九年刻本】

题会台

【明】侯一元（1512—1586）

濮上好山川，区中偶胜缘。池深难辨劫，台古不知年。迹擅东州胜，名从左氏传。龟趺无伏地，鳌背欲支天。海近云长积，山空月可怜。鸟啼春寂寂，人去草芊芊。夫子阚东杰，曾开负郭田。高名驱北海，逸兴拟青莲。探撷芝三秀，经营物数椽。凭高时展眺，怀古思悠然。长昼依林息，芳春藉草眠。锦囊时得句，金匮日抽玄。却意为台日，遐思历代前。宁惟萃文物，鲁此斗戈鋋。事往名空在，年深磷不燃。周秦如传舍，汉晋等浮烟。子建才何盛，书台迹尚鲜。感心成旷世，抚事若开先。一入金闺籍，长陪玉署仙。江湖情自还，霄汉梦常悬。几赋思归曲，时题桂树篇。锦旋远建节，珍席且乘便。兰茝承幽佩，棠梨作钓舷。凫翻仙吏舄，鱼趁子牙弦。杞国忧仍壮，莼羹嗜或偏。愿持五色石，长驭六龙鞭。阁峻凌烟上，堂开绿野边。功成应有日，未许慕林泉。

【（明）李先芳纂修《濮州志》卷五，万历九年刻本】

题会台

【明】文彭（1498—1573）

齐鲁多奇迹，鄄城会有台。
当年空战伐，此日已蒿莱。
子建不可作，齐桓安在哉？
悠然会心处，选胜草堂开。

【（明）文彭《文氏五家集》卷八】

题会台

【明】陈芹（弘治年间）

高台屼嵂摩青空，傍匝古木生天风。烟中楼阁玲珑起，应有仙驾回苍龙。昔闻齐桓谲智倾列国，会盟台上吐气为长虹。又闻思王才藻争七步，读书台下文锦侔天工。千年蠹简今灭息，貔貅百万亦无迹。惟余修薄带清渠，黄昏野雀何啾唧。李侯意气驱今古，心窍藏文瞻藏武。早年豹隐此台侧，隐有声名动齐鲁。近游天门职玉符，退食登堂形影孤。唯以平生直气寡所合，问奇门外往往来文儒。夜梦登台抚碧松，朝瞻丹阙心忡忡。放情不辞举一斗，屈志宁肯为三公？饮君美酒为君劝，诵君高辞为君羡。待君麟阁成名归有时，寄语会台老猿勿啼鹤勿怨。

【（明）李先芳纂修《濮州志》卷五，万历九年刻本】

题会台

【明】高岱（生卒年不详）

胜地开东郡，高堂控濮阳。逶迤连大麓，盘薄带崇冈。盛事追前古，芳名重此乡。传车陈玉帛，帐殿集冠裳。自熄辟雄迹，仍为百战场。霸图流水尽，遗恨野云长。人世回沧海，山灵引凤凰。昌期逢圣代，景运属贤良。竹树开新墅，林皋辟野堂。村疆分井里，屯戍化耕桑。吊古舒怀壮，探奇发兴狂。品题多丽藻，丘壑有辉光。

【（明）李先芳纂修《濮州志》卷五，万历九年刻本】

题会台

【明】黎民表（1515—1581）

高台何岿嵦，旷望出姚墟。栋宇千秋后，烽尘百战余。桑田移组练，耕地得储胥。未薄为园计，因成揽桂居。心冥随涧谷，道在或樵渔。躧履登金马，清班上玉除。几闻猿鹤语，屡把凤凰书。班草还同酌，徐行每当车。牛山非达者，鲁叟未归欤。竹简搜天禄，芝泥待石閰。文章名可老，青紫术宁疏。采药吾将去，罗溪有旧庐。

【（清）高士英修、荣相鼎纂《濮州志》卷七，宣统元年刻本】

题李符卿会台①

【明】龚秉德（嘉靖年间）

齐桓当日会群才，千载英风壮此台。霸业已随流水尽，雄图空逐野棠摧。平原漠漠连苍霭，幽壑阴阴锁绿苔。胜迹岂应沦草泽，遗墟未必混尘埃。山灵定有人豪出，天运合逢地主开。乔木侵云招鹤侣，曲池引水种鱼胎。梵钟时向林间度，峰月遥从树杪来。歃血同盟今已矣，倚酣长啸亦悠哉。徘徊刹宇双乌下，浩荡乾坤一雁哀。入夜星河常拱护，凌晨烟火自萦回。振衣迥立青冥上，抚景平临碧涧隈。不有高贤辟丽景，谁能僻地见蓬莱。

【（清）徐继孺 辑《曹南文献录》卷三十四，1917 年刻本】

注释：①李符卿，即李先芳（1510—1594），字伯承，号北山，祖籍湖北监利，其祖迁居濮州（今鄄城）。嘉靖二十六进士，曾任新喻知县、户部主事、尚宝司丞等，参与编修《濮州志》，著有《东岱山房稿》等。

题李符卿会台

【明】苏濂（嘉靖年间）

会丘台高高几许，平原突兀如岛屿。为言板筑自何年，云是诸侯会盟处。忆昔春秋吾道穷，射王问鼎多奸雄。大雅不作王纲绝，歃血相要霸业隆。盟主一言谁不听，齐桓晋文最强胜。玉帛不趋天子庭，赏诛尽是诸侯令。庄公十四十五年，于鄄之会何拳拳。千群虎旅屯青野，万队霓旌拂紫烟。豪华销歇那可道，荒台落落时啼鸟。夜月疑同剑佩音，春风自绿郊原草。李君博雅早承恩，符玺职司金马门。剪桐非为颁周典，学稼焉能向鲁原。买田新傍台之曲，夭桃秾李花如簇。何时载酒命巾车，与君吊古还信宿。

【（清）徐继孺辑《曹南文献录》卷三十四，民国六年徐继孺刻本】

同李鸿胪宿会台山房

【明】李同芳（嘉靖年间）

松竹郁青青，交加荫茅屋。
之子有好怀，就我花间宿。
浊醪出远河，幽人卧空谷。
明月照高林，停杯嗅寒菊。

【（清）高士英修、荣相鼎纂《濮州志》卷七，宣统元年刻本】

五、单父琴台

春秋时期，宓子贱任单父宰，他选贤任能，实行仁德教育，常身不下堂，长啸鸣琴，三年之内将单父治理得一境晏然。从此，故“鸣琴而治”成为千古佳话。宓子贱“鸣琴治单”的事迹千古流传，成为实践儒家政治理想的一曲绝唱。为纪念宓子贱的这段流风遗韵，唐代陶沔任单父县尉时，在宓子贱昔日鸣琴之处筑起琴台，以纪念这位古代先贤。此后，历代文人骚客莅临单父时，都曾前往吊唁，并赋诗抒怀，李白、杜甫、高适等均在此留有悼念宓子贱的诗歌名篇。因此台前方后圆，呈半月形，又名半月台，作为一方风景名胜，存留至今。

登单父陶少府半月台[①]

【唐】李白（701—762）

陶公有逸兴，不与常人俱。筑台像半月，迴向高城隅。置酒望白云，商飙起寒梧。秋山入远海，桑柘罗平芜。水色绿且明，令人思镜湖。终当过江去，爱此暂踟蹰。

【（清）彭定求编《全唐诗》卷一百八十，中华书局1960年版，第1833页】

注释：①半月台：即单父琴台。

宓公琴台诗三首

【唐】高适（700—765）

甲申岁[①]，适登子贱琴台，赋诗三首。首章怀宓公之德，千祀不朽。次章美太守李公，能嗣子贱之政，再造琴台。末章多邑宰崔公，能继子贱之理。

一

宓子昔为政，鸣琴登此台。
琴和人亦闲，千载称其才。
临眺忽凄怆，人琴安在哉？
悠悠此天壤，唯有颂声来。

二

邦伯感遗事，慨然建琴堂。
乃知静者心，千载犹相望。

入室想其人，出门何茫茫！
惟见白云合，东邻邹鲁乡。

三

皤皤邑中老，自夸邑中理。
何必升君堂，然后知君美。
开门无犬吠，早卧常晏起。
昔人不忍欺，今我还复尔。

【（清）彭定求撰《全唐诗》卷二百十二，中华书局1960年版，第2208页】

注释：①甲申岁：天宝三年（744）

同群公秋登琴台

【唐】高适（700—765）

古迹使人感，琴台空寂寥。静然顾遗尘，千载如昨朝。临眺自兹始，群贤久相邀。德与形神高，孰知天地遥。四时何倏忽，六月鸣秋蜩。万象归白帝，平川横赤霄。犹是对夏伏，几时有凉飙？燕雀满檐楹，鸿鹄抟扶摇。物性各自得，我心在渔樵。兀然还复醉，尚握樽中瓢。

【（清）彭定求编《全唐诗》卷二百十二，中华书局1960年版，第2205页】

昔　游

【唐】杜甫（712—770）

昔者与高李，晚登单父台①。寒芜际碣石，万里风云来。桑柘叶如雨，飞藿去徘徊。清霜大泽冻，禽兽有余哀。是时仓廪实，洞达寰区开。猛士思灭胡，将帅望三台。君王无所惜，驾驭英雄材。幽燕盛用武，供给亦劳哉！吴门转粟帛，泛海凌蓬莱。肉食三十万，猎射起黄埃。隔河忆长眺，青岁已摧颓。不及少年日，无复古人怀。赋诗独流涕，乱世想贤才。有能市骏骨，莫恨少龙媒。商山议得失，蜀主脱嫌猜。吕尚封国邑，傅说已盐梅。景晏楚山深，水鹤去低回。庞公任本性，携子卧苍苔。

【(清)彭定求编《全唐诗》卷二百二十二，中华书局1960年版，第2357页】

注释：①单父台：即单父琴台。详见前琴台注。

书琴台

【宋】赵抃（1008—1084）

制动必原静，治人先正心。

风乎昼坛上，退食鸣瑶琴。

【（宋）赵抃著《清献集》卷三，见《钦定四库全书》集部，御定佩文斋咏物诗选卷一百九十三，详校李封、徐以坤覆勘】

秋过琴台怀古

【宋】张方平（1007—1091）

周道积衰礼义坏，夫子咏歌沂泗滨。宓君不齐宰单父，独推深诚仁此民。弹琴燕坐澹无事，人不忍欺风化淳。流光逝水二千年，我税征鞍来盘桓。满屋清风气象古，绕台宿楚霜华寒。缅怀德音竟谁嗣，挥酒洒空独长叹。安得长官尽恺悌，编氓父子聊相欢。

【（宋）张方平著《乐全集》卷四，四库全书集部别集类，详校龙廷槐、何思钧复勘）】

琴　台

【元】王博文（1223—1288）

我顷承恩命，驿骑趋尘埃。下马未及歇，径上鸣琴台。周览梁宋郊，荡荡川原开。桑麻蔚无际，衣被遍九垓。地富人又伙，守宰当抡才。翠琰壁间诗，惊是陈节斋。赞美二尹贤，宽明不苛猜。前杨与后马，名可龚黄排。我知节斋意，将以激后来。因知此二公，杞梓廊庙材。十年俱峨弁，鹗立白玉阶。不见今数公，前政不久乖。真契尹铎语，茧丝保障哉！我亦常典郡，吏怨民不怀。远不宓、巫见，进不高、李陪。怀贤成愧叹，日暮空徘徊。

【（清）徐继孺撰《曹南文献录》卷五十四，诗钞二十四，1917年刻本，第5页】

单父琴台

【元】王恽（1227—1304）

武侯治蜀勿轻赦，宓子弹琴不下堂。
风俗变移难复古，后人为政贵论量。

【（元）王恽著《秋涧集》卷三十一，见《钦定四库全书》集部，详校沈咸熙、孙球复勘】

琴台书事四首

【元】陈祐（1222—1277）

一

麦云冉冉间禾麻，桑柘烟深去路斜。
无象太平元有象，缫车遥响是田家。

二

四郊牟麦接云平，绿野人家晓又耕。
怪得公堂民讼简，闾阎原有读书声。

三

前杨后马字民心，只与先贤间古今。
巫宓英灵如有在，九原应喜得知音。

四

鸣琴闲暇戴星忙，秋菊春兰各自芳。

珍重邑人怀旧德，殷勤为筑二公堂。

【（清）王镛撰《单县志》卷十，康熙五十六年刻本，第 16 页】

登鸣琴堂故基

【元】胡祇遹（1227—1295）

吏以身化民，民自乐循理。善诱无恶言，风俗日淳美。春风和气中，周旋乐与礼。不待声与色，弦歌而已矣。宜乎圣师言，许与称君子。我惭领郡符，学道不修己。区区终日间，喋喋费唇齿。民有不若德，未免以鞭捶。一时虽面革，中心顽复尔。循吏未可攀，圣域安敢跂。再拜登兹堂，沾衣汗如洗。

【《全元诗》第 7 册，第 21 页】

登琴台

【元】陈奉议（生卒年不详）

至元辛卯

子贱[①]静以治，巫马[②]勤乃平。

贤哉杨与马[③]，异迹同忠贞。

节斋诗劝善，西溪文感情。

愧我忝外宪，才德俱无成。

【（清）项葆桢撰《单县志》卷十五，1929 年刻本，第 7 页】

注释：①子贱：宓子贱。

②巫马：巫马施。

③杨与马：指单州知州杨仁风、马绍。

琴台书事

【明】潘埙（1476—1562）

河走翻危堞，台高俯碧湍。
蝎来由己溺，醒处几人欢。
鱼鳖怜天阔，蛟龙泣夜寒。
二贤吟美罢，老泪向谁弹。

【（清）王镛撰《单县志》卷十，康熙五十六年刻本，第 19 页】

行部单父登琴台有感用台壁间韵

【明】石亭（明中期）

拥车盖，张旗旌，使君东行复西征。送者轮蹄未出境，黄尘已见前途迎。问君驰驱为何事，答云本是催租吏。年年岁岁不曾休，按县临州时一至。三边四路索军储，一月之间走十书。满路悲号见流莩，平原尽没无安居。登覆隍，谒祠宇，宓马千秋两木主。壁中尚多前代碑，惟道弹琴宰单父。当日弹琴不下堂，今日四境多流亡。停车下泣向民语，忍使县吏还征粮。

【（清）王镛撰《单县志》卷十，康熙五十六年刻本，第 21 页】

秋日登单父琴台

【明】钱达道（万历年间）

振衣一望思悠悠，坐入清徽想宓侯。
落木萧森收万籁，荒台飘渺起千秋。
初疑琴鼓风追郢，忽讶箫吹月引缑。
却恨钟牙成异代，高山寂寞水空流。

【（清）王镛撰《单县志》卷十，康熙五十六年刻本，第 21 页】

秋日登琴台一律

【明】李开芳（生卒年不详）

倚杖登临久稽迟，丹萸黄菊逞秋姿。
台高树老天声吼，人静亭空日脚移。
一水帆樯通野馆，几家井亩绕荒篱。
昔贤风政已千古，独坐悠悠有所思。

【（清）王镛撰《单县志》卷十，康熙五十六年刻本，第 33 页】

九日同社友登琴台寻幽巢由庵具餐僧楼与李开芳分韵

【明】刘大亨【明末】

联步琴台倚画栏，祇林宛转共盘餐。
异乡偶契寻幽胜，此日开觞礼数宽。
万顷水田飞蓼急，一声霜雁落枫寒。
登楼看菊茱萸会，梦得无诗御李难。

【（清）王镛撰《单县志》卷十，康熙五十六年刻本，第 33 页】

友人偕登琴台各赋四时佳致分得春景

【明】何世澄（约 1641—？）

陟望独崔嵬，新年淑气催。
条风流雅韵，濡露净纤埃。
花向河阳满，蘋依沼沚开。
徘徊瞻庙貌，此地古琴台。

【（清）王镛撰《单县志》卷十，康熙五十六年刻本，第 36 页】

前题分得夏景

【明】顾璿【明末】

长日兴远多，孤踪倚树峨。
居高宜眺望。避暑乐婆娑，
半月闻陶筑，南风溯舜歌。
城中慵褦襶，傍晚弄池荷。

【（清）王镛撰《单县志》卷十，康熙五十六年刻本，第 36 页】

前题分得秋景

【明】陆法【明末】

高台秋色临，吊古复论今。
治绩传巫马，澄怀想宓琴。
露零桐有韵，月映水无心。
岂效还乡客，莼鲈思莫禁。

【（清）王镛撰《单县志》卷十，康熙五十六年刻本，第 36 页】

前题分得冬景

【明】陆士麟【明末】

崇垣降肃霜，祠榜耀朝阳。
朔吹飘盈野，南薰恍在堂。
耳闻公税早，眼见岁华长。
尚友空霜鬓，希贤念未忘。

【（清）王镛撰《单县志》卷十，康熙五十六年刻本，第 36 页】

春日登琴台

【清】徐化民（生卒年不详）

横堤一境抱城开，琴散星明野绿回。
为牧苍生吾学治，乃瞻贤宰此登台。
酒杯欲洒荒阶草，诗兴还凌古殿梅。
暖日条风春布谷，犁呼傍晚数声催。

【（清）王镛撰《单县志》卷十，康熙五十六年刻本，第 31 页】

登琴台

【清】王夺标（生卒年不详）

宓子鸣弦地，至今称琴台。与彼戴星者，千秋共徘徊。天高昼永清风落，水远夜深明月来。大醉狂呼蹒跚足，凌虚缥渺壮怀开。于今阅历几沧桑，突兀犹是旧高岗。白杨落日寒鸦集，三五秃松照夕阳。时有高轩来驻节，瞻揖先贤拭残碣。清溪仙子迹犹存，为赴紫诏三章岂浪说。蓦见东壁光怪千丈缭绕半明灭，六丁提斧不敢掣。云是谪仙题句，青莲吐其舌。摩挲古碑读不了，忽从林外闻啼鸟。滔滔汉河向东流，不知古今流去水多少。但见野老蟠足敲石枰，闲话桑麻听啭莺。烛天鲲雾匝地起，百年碌碌笑浮生。呜呼！此台足千古，疑是昆仑飞空坠半股，松涛鹤唳皆琴谱。

【（清）普尔泰撰《单县志》卷九，乾隆二十四年刻本，第 34 页】

同张仁昭陈雪石赋琴台诗

【清】王夺标（生卒年不详）

一

二贤祠上望湖西，水色天光树影迷。
劳逸琴星原自异，古今治理岂能齐。

同人此日称良会，对酒何年续旧题。
最是牢骚凭吊客，城隅惆怅夕阳低。

二

有吟那复辨东西，此际登临路转迷。
野旷云联荒水接，台高日傍古松齐。
官轻不减陶潜情，民困何来郑侠题。
忽忆灵均申九辩，苍茫南浦远峰低。

三

情深俯仰吊名贤，台上青松台下泉。
风雨石床沉篆迹，春秋炉火炷香烟。
自从郡县开阡陌，谁向鱼龙辨井田。
惟有文章传畏垒，去思千载系诗篇。

四

胜境凭临忆昔贤，须眉仿佛照寒泉。
桑蚕空老桃花雨，壁马谁沉瓠子烟。
半月名传单父里，三山隐控汶阳田。
登高自许骚人赋，漫拟周京禾黍篇。

【（清）普尔泰撰《单县志》卷九，乾隆二十四年刻本，第 34 页】

登单父琴台

【清】屈复（1668—？）

人间有乐土，兀然一琴台。花香流石气，松风洒青苔。当风挹其香，东山空崔巍。百里虽云小，功成劫不灰。岂必登台鼎，而舒济世才。泽中足鸿雁，环中足蒿莱。习习留余韵，鸣者安在哉。

【（清）屈复撰《弱水集》卷一，第 23 页，见《清代诗文集汇编》第 223 册，第 15 页】

琴 台

【清】嵇曾筠（1670—1738）

栖霞山色真佳哉，马头空翠横飞来。我欲凭虚展清眺，卸鞍特为登层台。宓侯已往不可遇，寂寞犹存鼓琴处。恍闻空外有遗音，谡谡松风自来去。缅怀作宰单父年，金徽手抚心悠然。能以弦歌宣雅化，子游子贱同其贤。古人为政有如此，太和布入水丝里。乃知弹者不以指，更知听者不以耳。导情悦性声洋洋，曲终尽日不下堂。一邑因之称大治，早看兆姓游羲皇。星移日换几千载，民俗敦庞犹未改。援琴我亦播声诗，奏向当今诸茂宰。

【（清）嵇曾筠撰《师善堂诗集》卷一，见《清代诗文集汇编》第226册，第220页】

琴 台

【清】沈德潜（1673—1769）

月出断崖口，人寐山苍然。
独坐磐石顶，调琴忆当年。
寒松响萧飒，涧水流潺湲。
仿佛哀弦声，栖鸟惊不眠。

【（清）沈德潜撰《沈归愚诗钞》卷四，见《清代诗文集汇编》第234册，第72页】

南郭夜泊

【清】刘毅（康熙年间）

琴台绿水侧，历落茅茨家。
柳岸轻烟绕，城楼残月斜。
新秋初过雨，古道漫平沙。
断壁无人问，闲停一钓槎。

【（清）普尔泰撰《单县志》卷九，乾隆二十四年刻本，第39页】

登琴台感怀雍正五年作

【清】王彬（生卒年不详）

十年键户涤尘俗，书剑无成就微禄。琴台频到不暇登，乘隙才登转嵴踢。古人弹琴百姓安，古人戴星一路福。我无不齐之德，坐高堂，挥五弦，返乎虞夏之浑浑。噩噩穆穆徒然夕，捧檄朝盘毂马走，牛奔汗颜泥足劳。倍子施视闾阎之，啼饥号寒何能淑。嗟乎！二贤往矣不可复，怅望青徐纵远目。黄流浩浩岱云高，陇麦青青堤柳绿。绕台谡谡起松风，仿佛来弹山水曲。

【（清）项葆桢撰《单县志》卷十五，1929 年刻本，第 16 页】

半月台歌

【清】刘藻（1701—1766）

高台矗削荒城隅，白云在天真可呼。闲郊野水气象古，支离乔木苍烟孤。少府初仿半月样，逸兴不与常人俱。宓子清徽差可继，琴韵恍惚唱喁于。青莲才子凌云笔，诗成风雨生寒梧。忆昔招邀过单父，杂坐簿尉皆吾徒。孟渚罢猎归置酒，峨眉左右锵笙竽。栖霞山色落杯底，晏堌云影低平芜。当年复有高常侍，琴台感咏勤嗟吁。此地得此可不朽，千秋遗爱风顽愚。落日苍茫众鸟下，霜皋寒绿生眉须。此际登临无限意，摩挲断碣重踟蹰。

【（清）项葆桢撰《单县志》卷十五，1929 年刻本，第 20 页】

九日登琴台次唐人高适韵三首

【清】杨士凝（生卒年不详）

一

登高出南郭，怀古上琴台。
竟屈老夫子，仅展百里才。

祠屋瞰平岗，望远心悠哉。
木末过飞鸿，云表清风来。

二

伊人抱何长，俨坐先贤堂。
弹琴乃余技，可羡不可望。
二十四君子，姓氏空茫茫。
慨彼江天翁，独立治此乡。

三

得暇坚亦功，失绪丝难理。
心劳身未逸，辜此风物美。
劝农往秋田，村犬卧不起。
知我非闲游，登眺徒为尔。

【（清）普尔泰撰《单县志》卷九，乾隆二十四年刻本，第 33 页】

初夏游琴台

【清】朱嵇（1714—1786）

步出城南隅，黄鸟鸣初夏。青青古琴台，花木秀而野。泉水不盈尺，远烟村树挂。吾邑少山水，此境颇潇洒。好风有时会，松柏参大厦。彼亦栋梁材，暂屈檐阜下。夜露鳞甲生，时雨明珠泻。缅彼古贤琴，千秋识音寡。

【（清）普尔泰撰《单县志》卷九，乾隆二十四年刻本，第 46 页】

琴 台

【清】李崙（生卒年不详）

单父鸣琴地，到今有琴台。前贤留胜迹，千古峙城隈。嵯峨压大堤，涞水为潆洄。古碑参天黛，宫阙何巍哉。升堂肃冠冕，下阶闻謦欬。轻风发微响，依稀余韵哀。逡巡搜遗文，斑驳埋苍台。堂壁见新题，知是杨侯裁。读之增怅叹，无语独徘徊。

【（清）项葆桢撰《单县志》卷十六，1929 年刻本，第 2 页】

琴　台

【清】李世泰（1736—？）

高台俯城闉，长堤屈盘护。松柏环古祠，檐牙啄烟雾。肃拜瞻遗像，两贤规格具。化成分逸劳，世还起叹慕。庭阶足秋响，坐待星躔度。苔痕蚀断碣，扪摸昔人句。出门恣眺览，野水澹凝素。

【（清）普尔泰撰《单县志》卷九，乾隆二十四年刻本，第 57 页】

晚秋琴台独眺有感

【清】高鹏南（清初）

宓子台高接大荒，肃风摇落入云凉。
敛光草树残秋色，倒影楼台积水乡。
九曲黄河连巷陌，千群白雁集林塘。
无多茅屋晨烟寂，经乱那堪雨后霜。

【（清）王镛撰《单县志》卷十，康熙五十六年刻本，第 33 页】

次杨晓园秋日登琴台韵

【清】袁养（清初）

风雨苍茫老桧余，寒光一派辋川图。
千秋祀典星琴并，绝代诗名李杜俱。
白马西沉谁误汉，黄河东走势吞吴。
乡思欲问霜空雁，书寄长安事有无。

【（清）普尔泰撰《单县志》卷九，乾隆二十四年刻本，第 28 页】

登琴台

【清】王洞（清初）

台以先贤重，登临心目爽。洙泗风雨接，蔀屋千家仰。我侯弦歌罢，解愠遂有两。父老怀旧德，伏腊勤祭享。入门肃清高，殿宇见轩敞。升堂严再拜，四壁拂尘网。达夫及太白，此地曾游赏。浩气吐宏辞，慧心结深想。有景道难及，后人犹相仿。静坐听松风，遗韵写幽响。遥拟君子操，脉脉神欲往。

【（清）项葆桢撰《单县志》卷十五，1929 年刻本，第 19 页】

八月十三日偕同人游琴台

【清】王洞（清初）

郭外探奇何处好，先贤台上豁双眸。
天高野旷连千树，水静河明点数鸥。
四面暝烟来远浦，半轮素月近中秋。
登临莫漫怀今古，涞水潺湲日夜流。

【（清）普尔泰撰《单县志》卷九，乾隆二十四年刻本，第 39 页】

清明邀张艾东学博琴台雅集

【清】于振翀（清初）

艾东先生官独冷，我客琴台味相等。芳辰插柳漫招寻，快聆雄谈发深醒。台上推窗纵远观，万绿畇畇麦陇宽。草色粘天荡鸥浦，浪花堆云上渔竿。轻暖风前换单袷，南城士女竞杂遝。望中累累土堆堆，纸灰空散随风叶。春阴一刻本非轻，天与不取成痴情。攒眉百虑红颜改，掀须一笑黄河清。劝君徙倚漫归去，咫尺孟园博幽趣。乳燕衔泥带落花，驯鱼出水唼飞絮。乘兴同来兴尽归，长堤却立话依依。西眺云山日吞吐，喷薄明霞贴水飞。

【（清）徐继孺撰《曹南文献录》卷四十二，诗钞十二，1917 年刻本，第 4 页】

半月台

【清】于振翀（清初）

高台像月偃城边，中设幢幡礼二贤。
琴入松风遗响在，星随云阵夜光悬。
坛虚不受葳蕤草，浦静唯黏潭淹天。
筑土当年深有意，半规留待后人圆。

【（清）普尔泰撰《单县志》卷九，乾隆二十四年刻本，第 41 页】

游琴台奉和郡司马王君韵

【清】孙际宁（清初）

其一

春郊残月落城西，宓子琴台烟树迷。
劳逸共传敷政异，后先一致著声齐。
升堂俎豆严瞻肃，俯槛碑铭盛咏题。
雅化千秋流泽远，风和清籁碧云低。

【（清）王镛撰《单县志》卷十，康熙五十六年刻本，第 37 页】

其二

祠宇春秋并二贤，层台远翠绕流泉。
金堤夭矫横晴日，粉堞参差锁暮烟。
问俗何妨寻故老，采风正好入平田。
人文宗国由来盛，拂拭残碑读旧篇。

【（清）王镛撰《单县志》卷十，康熙五十六年刻本，第 37 页】

承明府王君[①]修志之役重登琴台歌

【清】秦寅（清初）

曩余登台二十年，台荒祠冷草芊芊。今余重来拜祠下，堂构巍焕照几筵。盛衰兴废时时有，惟兹流风为不朽。鸣琴戴星人千古，斯民直道犹在口。试问天下司牧翁，遗爱孰能如二公。一官羁旅在传舍，转瞬姓氏若飘蓬。卖刀买犊五袴歌，龚黄召杜原无多。安得帝简循良吏，抚字心勤拙催科。房山王君来单父，爱民如子沛甘雨。四野安乐静无哗，风清俗美治堪谱。退食阅志昭劝惩，抱残守缺难久征。谫陋如余不遐弃，折简相招共订增。风雨明晦连朝夕，玉霄霏霏吐肝膈。平易近人无谬巧，化理今不数召伯。琴台二公应相笑，拍手把臂称同调。遥想千秋百世后，二贤并坐群瞻眺。

【（清）王镛撰《单县志》卷十，康熙五十六年刻本，第 38 页】

注释：①明府，县令。王君，王镛。时单父县令王镛重修县志。

琴 台

【清】张体乾（乾隆年间）

乙巳雨止，微阴。自望鲁起行回至赵集中饭，复至单县看琴台迹内祀宓巫二贤像。又有吕仙诗四首，相传曾度里人白四郎仙去。是日得诗二首。

鸣琴人已去，望古一登台。留此千秋迹，无惭百里才。丛祠喧鸟雀，古砌绣莓苔。绿水余音在，临流几溯洄。

【（清）张体乾撰《东游纪略》卷下，第 7 页，见《清代诗文集汇编》第 294 册，第 693 页】

又和壁间韵

【清】张体乾（乾隆年间）

绿霭层台茂树荫，名贤曾此抚瑶琴。
遥思断续琤琮意，定是和平静穆音。
明月清风传自古，高山流水得于今。
曲终人去冰弦冷，缥渺孤云绕碧岑。

【（清）张体乾撰《东游纪略》卷下，第 7 页，见《清代诗文集汇编》第 294 册，第 693 页】

琴台修禊

【清】张赓谟（乾隆年间）

读罢道书修禊事，高山流水听鸣泉。
谁凭酾酒怀先尹，我欲吟诗问谪仙。
十里春光生径草，一潭花影入鱼烟。
无穷俯仰成今古，日对松阴祠宇前。

【（清）项葆桢撰《单县志》卷十五，1929 年刻本，第 27 页】

春晴携酒游琴台

【清】张赓烈（乾隆年间）

昨夜神龙送雨来，今朝绮陌绝尘埃。
欲观青帝三春景，因上陶公半月台。
牧竖牛随桃李放，居人门傍水云开。
沙瓶携到新醅酒，坐看渔舫酌几回。

【（清）项葆桢撰《单县志》卷十六，1929 年刻本，第 3 页】

游琴台示上人

【清】张惟祺（乾隆年间）

两贤已天际，风流遗此台。

但见烟霞色，曾闻李杜来。

琴声动高树，明月照青苔。

我欲问禅客，古人安在哉。

【（清）项葆桢撰《单县志》卷十六，1929 年刻本，第 3 页】

半月台歌

【清】谢衮（清中期）

单父筑台陶少府，形模半月蟾蜍吐。脊背穹窿入烟霞，一湾遥借藤萝补。当年高李同吟哦，毫端淡宕穷遒古。台中乔木矫如龙，台前流水光冲瀜。俯探明月拾参井，万潭分印开鸿蒙。月圆千古台半卧，何人徙倚岩前松。

【（清）普尔泰撰《单县志》卷九，乾隆二十四年刻本，第 54 页】

登单父台怀古

【清】谢衮（清中期）

嘉月临长瀛，和风鸣旭日。步出南城门，芳时恣眺玩。言登单父台，景悉事可按。涞湖漾波纹，路曲东南判。逍遥穿花坞，蹬碟出柳岸。南堤古城闉，沧桑缘河患。雉堞颓无存，感慨伤记传。抖擞陟其巅，高崇临前面。庙貌宫墙肃，丹雘启烂熳。傍砌芝草生，临池菊花灿。甬道吼松风，连云瞻巍殿。冕旒钦二贤，逸劳功相炫。星稀琴不鸣，遗构方璀璨。檐牙噪乌鹊，香烟飘缕线。古壁劳扪摸，苔侵碑碣断。高李歌咏闲，杜陵风云擅。褦襶生不辰，斯人不可见。莫非鸿鹄侣，失意集下县。鲛龙违波涛，空思激雷电。蝉鸣高树巅，烟飞闲庭院。台角小新亭，明敞喜初建。怀古渔唱清，天际锦霞绚。

【（清）普尔泰撰《单县志》卷九，乾隆二十四年刻本，第 54 页】

琴台怀古

【清】谢田（清中期）

崇丘树影见参差，宓子宗风百世垂。

解愠犹传虞氏谱，鸣弦近与武城期。

郊原处处收新谷，俎豆年年拜古祠。

贤宰由来推单父，一声天籁可相宜。

【（清）普尔泰撰《单县志》卷九，乾隆二十四年刻本，第 56 页】

琴台月夜小酌

【清】马廷曾（清中期）

淅沥空阶绕树寒，何人长啸倚栏杆。

年年惟有今宵月，多在琴台醉里看。

【（清）普尔泰撰《单县志》卷九，乾隆二十四年刻本，第 58 页】

琴台怀古四首

【清】叶道治（生卒年不详）

台在单之南郭，相传先贤宓子鸣琴处，即少陵诗所谓“昔者与高李，同登单父台”者也。单系鲁邑，称多君子之邦。宓子得父事、兄事、友事者十九人，又有师事者五人，教所以治之之术，以故鸣琴不下堂而邑已理。单之人仰遗泽而建斯台，唐时就台而建二贤祠，俎豆千秋与台永永无极。彼栖霞梁苑为汉梁孝王携宾客宴游之所，昔贤题咏甚伙，今询其故址则已飑宫而鼠穴矣。春秋距今二千四百余年，陵谷变迁，而斯台巍然犹峙，如有风云之拥护，盖甘棠遗爱之感人者深尔。余登眺其上，乐郊原之宁谧，睹城阙之崇墉，俯瞰澄波湛然，松柏森然。辄从山水清音想见先贤高致，不禁穆然于一弹再鼓间也。谨赋小诗，以志景仰。

一

虞帝挥五弦，寄托何渊深。宓子治单邑，遥承解阜心。琴台比甘棠，称说轰古今。池水永澄澈，佳木殊阴森。象外会所适，豁然开尘襟。

二

松柏落清流，风来滴空翠。即台以建祠，廊宇深以邃。陋彼栖霞山，梁苑竟安在。肃衣拜两贤，祠怀此焉寄。鸣琴与戴星，斯台亘千季。

三

武城有灭明，出处何矫矫。不如鲁多贤，得人固宜少。单父诸老翁，飘然出尘表。胡为琴治后，一往竟渺渺。宓子师事之，授受岂草草。氏族与里居，不明相搜讨。宓子亦宰斯，追随苦不早。溯昔鲁琴堂，令人拟蓬岛。

四

杏坛两高弟，治单皆爱民。戴星者任力，抚琴者任人。治法虽不同，治效靡不均。至今颂宓子，口颊犹津津。曩余仰高躅，未由荐藻蘋。调任来是邦，竦然步后尘。譬若东家施，难效西家颦。所幸君子多，可与君子亲。旦暮遇五老，庶几慰心轮。高山流水间，或可怡吾神。

【（清）项葆桢撰《单县志》卷十六，1929 年刻本，第 2 页】

琴台感旧二首（并序）

【清】李簀（乾隆年间）

岁丁丑，予携二三友朋主，台上大壮以稚子侍旁。有僧数椽。僧日诵其心经，而晨昏乃为宓巫两贤人备扫除异矣。开囱牖见长桥入郭，行人倒影，女墙参差，在潴光明灭中。此外远树萦堤，菰蒲交错，发生之速，与时俱变。或曰觏此可以进德，或曰与世无忤可以远患。盖是时所玩无故，有列冲虚游息之乐，而无修短随化兰渚死生之感。越二年，予自泺上携大壮归，而吾友一亡。又二年，僧亦圆寂。仆尝唁友及僧并遗书于友曰："若我辈它年相继，徂谢。"恐此子登台枨触故物不忍见也。宁知逾岁儿遽埋骨灯前，相对祇两僧雏耶？今辕黄犊出郭门，见台次亭庑，依稀草木仍发，春晖来去，邈若隔世。人往物存，我何以堪？所谓五蕴皆空，心无罣碍者岂信然耶？

一

鲁之下邑已春秋，此日高台祀雨候。
终古琴亡宁寄曲，谁人星在复当头？
龟蒙雨气来城上，洙水寒潮望海流。
二十四君子何处，我生既晚每增愁。

二

且喜陶公迹尚存[①]，旧时半月出黄昏。
何当墓木仍横剑[②]，未许茶毗也照门[③]。
小谢青山待埋骨[④]，毗陵碧水早伤魂[⑤]。
只余台上汍澜泪，春草茫茫寄九原。

【（清）李簧《梅楼诗存·退园集》，见《清代诗文集汇编》第 401 册，第 356 页】

注释：①琴台即陶沔所筑半月台也。②亡友。③故僧。④自谓。⑤亡子。

琴台二贤祠二首

【清】李簧（乾隆年间）

一

抱琴求宓侯，遂失寄托意。登台未安弦，踌躅原不易。未识春秋时，所先宜何事。 自言忧官政，琴调神已瘁[①]。以此宰天下，当亦远可致。二十四君子，于谁识姓字。高人并逃名，又非泉石避。茫茫千万年，大风不可继。堪可父事人，多于薛萝寄。

二

大星疏欲堕，小星耿亦稀。巫侯已下堂，出听饥乌啼。春来劝农农父喜，未明早咤乌犍起。东皋东望海霞生，高骨马嘶天地紫。大星出黄流，小星聚涞沟。巫侯方归去，策马歼山头。暮色苍苍满城郭，大星小星皆错落。昔年访政有夜渔，此夕视民无隔膜。呜呼！巫侯之星今尚明，宓侯之琴已无声。

【（清）李簧《梅楼诗存·齐鲁存旧集》，见《清代诗文集汇编》第401册，第288页】

注释：①有若子问宓子曰："子何瘦？"宓子曰："忧官政也。"

登琴台

【清】刘大绅（1747—1828）

高台矗矗齐浮云，森森古柏神鸦群。千载之上两夫子，琴声落落星纷纷。单父于鲁弹丸小，竟使大贤奏殊勋。何不左右弼周室，宰天下者徒劳勤。乃知长才不世用，与子一官聊云云。遗祠倾仄断碣仆，更有谁与瓣香焚。泸水清清焕山碧，吾乡后起杨使君。夜挽强弩射寇盗，昼握弱管论诗文。关西夫子家学远，弓旌束帛丘园贲。一时从游尽英彦，春弦夏诵声相闻。愧我沉疴学农圃，登堂再拜空区分。翘首迢遥望阙里，数仞宫墙共斜曛。

【（清）项葆桢撰《单县志》卷十六，1929年刻本，第4页】

琴台与单父诸生论文六首

【清】刘大绅（1747—1828）

一

丛祠草木接城阴，入室如闻大雅音。
何事风流成绝调，更无人鼓七弦琴。

二

歌舞喧阗夜未休，明星耿耿照高楼。
当年谁劝中宵驾，民自欢娱宰自愁。

三

杜陵摇落有余哀，高李同登单父台。
莫怪诗人空对酒，唐家将相有奇才。

四

俎豆衣冠得典型，师儒雅化日蒸蒸。
平日不喜扶风客，女乐前头授礼经。

五

韩子雷同苦自羞，扬雄仰屋待千秋。
文章岂为科名计，莫学人间第二流。

六

五色光芒大笔椽，今人何似古人贤。
瑶琴一曲松风过，起看奎娄夜烛天。

【（清）项葆桢撰《单县志》卷十六，1929 年刻本，第 4 页】

半月台

【清】王衍惇（生卒年不详）

单父鸣琴治，宗邦大雅才。孔门多达者，君子若人哉。逸响难为继，芳踪幸未颓。千年留盛迹，半月矗崇台。曩者谁经始，陶公实庀材。筑基环郭外，移石傍城隈。规矩凭心运，方圆任意裁。阴阳区向背，殿阁郁崔嵬。宛尔云霄上，居然象纬该。天文参朒朓，地势写昭回。割取琼楼迥，平分玉宇来。花连新桂发，树倚老蟾栽。望古空寥落，临风几溯洄。欲寻工部履，难问谪仙杯。青冢寒烟起，栖霞暮景催。惟余清切影，流素上莓台。

【（清）徐继孺撰《曹南文献录》卷四十五，诗钞十五，1917 年刻本，第 18 页】

登琴台小酌即事

【清】王建元（生卒年不详）

小立松关外，俟奴解叩门。
云寒侵鸟梦，花瘦隐苔痕。
良夜风千树，清阴酒一樽。
残碑犹可读，醉后好相扪。

【（清）项葆桢撰《单县志》卷十六，1929 年刻本，第 5 页】

琴　台

【清】李牧咸（生卒年不详）

高台遗迹已千秋，一夕登临记盛游。
到此琴声犹在耳，何时星象不当头。
霞逢色抱尼山秀，涞浦源分泗水流。
满壁前贤题咏迹，拂尘闲读意悠悠。

【（清）徐继孺撰《曹南文献录》卷四十八，诗钞十八，1917 年刻本，第 4 页】

琴台即事用高常侍[①]韵三首

【清】张梦兰（生卒年不详）

一

上下二千载，几人登琴台。
奈何师儒责，推挽及不才。

因缘结文字，心期亦快哉。
初晴好院宇，泠泠松风来。

二

落落素心友，造门许登堂。
狂奴有故态，两情喜相望。
酒酣天色改，云暮垂苍茫。
终有移家计，此乡即故乡。

三

古人亦有言，清心抒妙理。
一唱再三叹，味从回时美。
有时露峥嵘，山云触石起。
卑卑无高论，腼颜聊复尔。

【（清）项葆桢撰《单县志》卷十六，1929 年刻本，第 9 页】

注释：①高常侍，唐代诗人高适，曾任散骑常侍，人称高常侍。此诗用高适《宓公琴台诗三首》韵。

琴台

【清】李卿谷（生卒年不详）

芦陂烟水绕琴台，古调沉沦想吏才。
剩有鸣蝉千万树，好风如送乱弦来。

【（清）李卿谷著《西园诗钞》卷三，第 9 页，见《清代诗文集汇编》第 594 册，第 210 页】

琴台怀古

【清】时式敷（？—1817）

宓子治单父，邈然古性情。弹琴不下堂，境内和且平。后人感遗爱，筑台寄风清。蔚绕绿云秀，高倚春烟晴。至今千载下，如闻攫醳声。不见弹琴人，栖霞岚气横。因念戴星者，花时课农耕。劳逸虽殊科，化并先民程。对此怀德音，浩歌松飙生。

【（清）项葆桢撰《单县志》卷十六，1929年刻本，第9页】

单父台

【清】洪良品（同治年间）

斜阳老鹊哀，济水日潆洄。
宓子昔为宰，弹琴于此台，
荒城带乔木。古井覆寒苔，
一曲挥弦理，遗征安在哉。

【（清）洪良品著《龙冈山人诗钞》卷十二，见《清代诗文集汇编》第706册，第377页】

琴台怀古

【清】李经野（1855—1943）

昔贤只闻鸣琴治，后人为筑鸣琴台。半月陶尉赖不朽，于时高李游壮哉。老柏千年欲参天，森立百尺穹碑开。金石刻画嵌古壁，琼琚玉佩争奇瑰。我朝著作有金郭，高文杰构肆雄才。两贤同祠寄景仰，神风有时飒然来。忆昔梁苑三百里，宫殿连云何崔嵬。而今管弦歌舞地，举目茫茫成蒿莱。我来单父寻胜迹，涞水流断栖霞摧。登台瞻拜恨生晚，临风望古极徘徊。绕舍涟漪旧长荷，院里梅花是新栽。纵然物换星河移，一曲孰阜吾民财。劳者非忧逸非乐，惟有苍赤关其怀。但使斯民乐斯士，泗水渊源许溯洄。登望烟火犹万家，朝暾冉冉上城隈。

【（清）项葆桢撰《单县志》卷十六，1929年刻本，第17页】

琴台古柏歌答朱子猷学长

【清】余谊密（生卒年不详）

奚奴掷鲤如掷梭，银刀剖出古柏歌。读罢君歌我歌起，小巫大巫君勿诃。枯肠搜索才力薄，羌无故实奈柏何。盘根错节千年物，凭谁手植琴山阿。有如长身古君子，龙钟态度老婆娑。一人矗立一人侍，偃仰其傍数人矬。又如樵叟半肩耸，离披戴笠兼荷蓑。更如壮士临大敌，杈丫支体挥金戈。别如远山横眉黛，交枝互叶堆青螺。面皮皴皱几溜雨，童脱两鬓雕朱酡。奇形异貌各天授，修节巨干无娇婀。画工如山难摹写，诗人有口空悬河。翻风白日荡虚碧，历时不改劫不磨。南华山木不材弃，兹材槃槃中斧柯。班输胡为未挂眼，异物倘有鬼神呵。意昨岱宗临绝顶，中经柏洞陟层坡。秦汉遗根尚古茂，惝恍崖磵费摩挲。危石訇崩青铜挺，俨与此柏同巍峨。陶公筑台像半月，颜曰琴台宁有他。鸣琴贤宰不复作，立功立德无偏颇。戴星治理才济用，躬任其劳民勿苛。鲁南不可柳下可，陋儒寡识高低哦。柏兮柏兮出何代，文献散佚鲜搜罗。志载碑纪奚从略，宋元之际理则那。吁嗟乎，孔明庙前有老柏，少陵苦咏涕滂沱。况乃尼山两弟子，后人爱护岂殊科。遗像峥嵘柏前拱，蜗涎苔迹篆蝌蚪。百世闻风足兴起，与柏比节畴能过。张君连君抱忠骨，精灵耿耿苍穹摩。振励古今几豪杰，森荫蔚起菁菁莪。岂惟落子共鸾食，香叶连年椒酒和。树根读书忘岁月，逢逢鼓奏招灵鼍。谈经函丈说天演，群流奔起扬洪波。时移事异关风会，抚柏长叹惜蹉跎。莫谓元栋委东土，会有风雷起秋禾。茫茫遭遇纵难定，本根勿怀获已多。不论汝材论汝寿，倚天剑舞长篇哦。

【（清）项葆桢撰《单县志》卷十六，1929年刻本，第18页】

移居琴台有感

【清】刘台所（清末）

又向琴山访旧游，当年状纸付东流。
爨桐自分成焦尾，名榜凭谁居上头。
夜静月华浸碧水，天空云影淡新秋。
一樽醉卧苔三径，身作虚舟任去留。

【（清）项葆桢撰《单县志》卷十六，1929 年刻本，第 18 页】

壬子八月偕悔斋莱臣再至琴台三首

【清】李钝士（1855—1943）

一

旧路闻弦诵，行行到古台。
星辉移往哲，琴乡闷余哀。
树老蝉何在？堂空客又来。
逸劳同治理，欲去几徘徊。

二

佻达者谁子，龙钟旧役存。
荒祠怯入谒，古道罕知尊。
霞岭横秋气，涞河带远村。
登临多难日，往事不堪论。

三

不尽沧桑感，高台八月秋。
此身曾万里，垂老得重游。
肃肃冠裳地，萧萧卢荻洲。
漫同挥老泪，尚与一登楼。

【（清）李经野辑《曹南诗社唱和集》卷二，1918 年刻本，见《山东文献集成》第三辑第 44 册，第 556 页】

再至琴台步莘夫先生韵三首

【清】常健堂（清末）

一

万古英灵气，岿然留此台。
抗怀思往事，吊古发清哀。
劳逸传先进，规随望后来。
两贤芳躅在，想象转低徊。

二

宓巫遗爱远，庙貌至今存。
道在寸心折，台高抔土尊。
夕阳平野树，秋水近城村。
多少兴亡事，含情不忍论。

三

登台闲纵目，天气欲中秋。
横舍失先矩，荒祠感旧游。
草侵寒菊径，水落短芦洲。
偶忆山阳赋，凭高独倚楼。

【（清）李经野辑《曹南诗社唱和集》卷二，1918年刻本，见《山东文献集成》第三辑第44册，第562页】

附：鸣琴书院

鸣琴书院落成集士会文遇雨口占

【清】金天定（生卒年不详）

琴有遗徽邑有台，重新精舍育英才。
只惭俗吏知音浅，敢负时髦问字来。
甘雨共言流宓化，薰风还欲阜虞财。
希贤愿事多君子，夙夜忧民郁未开。

【（清）王镛撰《单县志》卷十，康熙五十六年刻本，第37页】

无　题[1]

【清】王霭（清初）

余偶以公止于单，值鸣琴书院重构一新，大尹金叔固见招，即趋瞻仰并读壁间诸作因赋二律。

一

古台杰出峙前溪，璀璨嵯峨一望迷。
雅化昔年名地远，芳声今日古人齐。
看秀句夸前辈，深愧已吟续后题。
弦管主人情缱绻，归来万树夕阳低。

二

百里流声两大贤，并传台畔有仙泉。
半湾雉堞悬西壁，四走茅檐吐暮烟。
槛外横陈堤作枕，桥前密树柳围田。
方塘花木供时玩，醉读残碑又几篇。

【（清）王镛撰《单县志》卷十，康熙五十六年刻本，第35页】

注释：①该诗原无题目，“无题”为编者所加。

和原韵

【清】周肇汝（生卒年不详）

胜地岧峣梁岫西，苍然平楚望中迷。
堤前柳色随溪密，槛外花阴傍午齐。
倒影碑黄传旧咏，穿云笔绿著新题。
相留把酒归来晚，月照晴空万象低。

【（清）项葆桢撰《单县志》卷十五，1929 年刻本，第 12 页】

鸣琴书院大尹金君集士会文遇雨奉和原韵

【清】周肇汝（生卒年不详）

烟云何事傍琴台，应试腾蛟有隽才。
庙貌重新贤宰至，弦歌复起雅音回。
珠玑竞向文河落，宝玉争投学海来。
知是秋闱先兆好，禹门预报一声雷。

【（清）王镛撰《单县志》卷十，康熙五十六年刻本，第 38 页】

鸣琴书院课士奉柬双玉

【清】王朝干（清中后期）

鸣琴课士有鸿才，秀挹群英博望开。
预卜青莲登桂府，重吟红杏续兰台。
神凝秋水凭栏立，高并幵山入座来。
寄语新阴好桃李，春风珍重向阳栽。

【（清）项葆桢撰《单县志》卷十六，1929 年刻本，第 8 页】

鸣琴书院大尹金君集士会文遇雨奉和原韵

【清】孙际宁（清初）

追随选胜集琴台，济济争看绣虎才。
雨润一庭凝□思，风清四座绝纤埃。
声华竞羡文章重，卓荦应知本业推。
明府帅今弘雅化，圣朝棫朴有邹枚。

【（清）王镛撰《单县志》卷十，康熙五十六年刻本，第 38 页】

金邑侯重修琴台扩二贤祠为鸣琴书院恭赋二律

【清】翁文炜（清初）

一

宓子此鸣琴，流传炳古今。
弦歌新庙貌，耕凿旧棠阴。
百里贤人地，千秋君子心。
松风出清响，恍若度徽音。

二

善学鸣琴者，无如是戴星。
政成花满县，讼息草生庭。
劳逸随时用，污隆与世经。
河迁台不改，永赖二贤灵。

【（清）王镛撰《单县志》卷十，康熙五十六年刻本，第 36 页】

鸣琴书院画并题四首

【清】松年（1837—1906）
光绪十九年五月

一

杜老诗称顾虎头，渭川千亩拟王侯。
画名岂与循名比，终属闲云野鹤俦。

二

残墨涂鸦别有门，幸居无佛自称尊。
湖州一派彭城继，鸿雁无心印爪痕。

三

苍岩怪石水潺潺，采药锄芝好驻颜。
抱我幽香侣松竹，无怀岁月自宽闲。

四

滋兰树蕙寓高深，一部离骚谁赏音。
画意诗情闲拟古，也同香草楚臣心。

【（清）项葆桢撰《单县志》卷十六，1929年刻本，第17页】

六、其他台榭

古代曹州有很多知名与不知名的台榭，它们记载了留存在历史中的很多琐屑的记忆，让后人无限遐想。这其中有东明的秦台、定陶的梁王台、鄄城的陈王台和单县的天台，最神秘者莫过于单县的天台。天台位于单父护城河堤东南角。据项葆桢撰民国本《单县志》载：天台……不知始于何时，上有天台庙，正殿为通明天宫，阶崇九级，堂广九筵，初修于清康熙五十五年。前为升仙桥，再前有苗圃三十亩。西为望月楼、听琴室。

秦台感怀[①]

【明】杨一清（1454—1530）

百尺屠台计亦深，向来遗迹竟消沉。
东风不管烟云变，时拂垂杨纵鸟吟。

【(清)金世德修、杨日升纂《东明县志》卷八，康熙十一年刻本，第47页】

注释：①见《东明县志》载："秦始皇二十八年，帝东游至户牖乡，昏霾四塞，不能进，因名其地为东昏，筑台压之，名曰秦台。"遗址在今东明县西南。

秦台感怀

【明】李东阳（1447—1516）

祖龙东去欲乘云，云雾微茫昼不分。
漫有神鞭驱海陆，尚余官柳弄朝曛。
柔条不禁行人折，好曲空令异代闻。
见说高台晴更好，一天花絮舞缤纷。

【（清）金世德修、杨日升纂《东明县志》卷八，康熙十一年刻本，第48页】

吕后妆台

【清】胡惟一（生卒年不详）

汉家金阙迥，此地有妆台。
莫是龙飞处，曾陪凤辇来。
镜开天畔月，春点额边梅。
却怪专房宠，长留永巷哀。

【（清）佟企圣撰《曹州志》卷十八，康熙十三年，第51页】

梁王台[①]

【宋】石延年（994—1041）

梁王力战辅炎刘，百二山河一旦收。
千古高台遗旧恨，功成何不效留侯。

【（清）赵国琳修《定陶县志》卷八，顺治十二年刻本，第 21 页】

注释：①梁王台在定陶城东北五里，汉时梁王彭越所筑。台上今为东岳行祠。

梁王台

【明】乔迁（1483—1565）

汉祖成皋迹似萍，君侯敌忾欲捐生。
后期颇负戎兵寄，长舌能渝带砺盟。
百战勋劳等土芥，千年坛榭自峥嵘。
东城临眺成终古，草树烟云一怆情。

【（清）赵国琳修《定陶县志》卷八，顺治十二年刻本，第 23 页】

梁王台

【明】沈明臣（1518—1596）

日落梁王台，台空映江水。
江水流不流，只在钟声里。

【《御选明诗》卷九十八，见《钦定四库全书》集部，总集类】

登梁王台

【明】黎邦琰（？—1588）

孤台寂寞隐荒原，指点丹梯迹尚存。
羽翰何由生白日，轩车随处且清尊。
莺花飘渺春前色，禾黍高低雨后春。
跃马风尘成底事，不妨长啸学苏门。

【（清）佟企圣修《曹州志》卷十八，康熙十三年刻本，第23页】

杂兴（其九）

【明】李攀龙（1514—1570）

逍遥临蓬池，言陟梁王台。
还顾望大河，洪波渺悠哉。
大雪蔽中原，北风千里来。
驰驱名利途，无骏不驽骀。
精卫自微鸟，东海生尘埃。

【（明）李攀龙撰《沧溟集》卷三，见《钦定四库全书》集部）】

梁王台

【清】张谦（生卒年不详）

梁王高台汜水涯，天晴日暖望平沙。风来隐隐闻钲鼓，雨过凄凄听暮鸦。君不见当年弟子酣龙战，中原白骨如霜霰；又不见楚魏燕赵各旌，四海逐鹿终归汉。丈夫烈烈有勋名，举足而西向帝京。手披长鲸卫天子，肘悬斗印王陶城。陶城之土尽平原，为起高台望远天。名遂功成身未已，杯底嫌疑弓影悬。弓影悬兮名振主，功高身死等鸿毛。留得梁王惟寸土，乡人指点话英豪。

【（清）雷宏宇修《定陶县志》卷十一，乾隆十八年刻本，第331页】

梁王台

【清】赵国琳（顺治年间）

问俗驱车历远村，偶询往事忽惊魂。
几株衰柳围梁壁，一片秋云薄汉恩。
何似留侯遗世界，谁知范蠡另乾坤。
遍求子姓无噍类，雨卧荆榛犬吠门。

【（清）赵国琳修《定陶县志》卷八，顺治十二年刻本，第 30 页】

过梁王城

【清】马允谦（生卒年不详）

废堞无处寻，城今尚号梁。
志原扶汉帝，功不逊齐王。
遗恨同文种，知机愧子房。
英风殊渺矣，胜迹亦流芳。

【（清）徐继孺纂《曹南文献录》卷四十九，诗钞十九，1917 年刻本，第 19 页】

登愁台二首

（三国）曹植（192—232）

一

高台多悲风，朝日照北林。之子在万里，江湖迥且深。方舟安可极？离思故难任。孤雁飞南游，过庭长哀吟。翘思慕远人，愿欲托遗音。形影忽不见，翩翩伤我心。

二

转蓬离本根，飘摇随长风。何意回飚举，吹我入云中。高高上无极，天路安可穷。顾此客游子，捐躯远从戎。毛褐不掩形，薇藿常不充。去去莫复道，沉忧令人老。

【（清）徐继孺 辑《曹南文献录》卷五十三，1917 年刻本】

陈 台①

【明】刘忠（1452—1523）

铜雀繁华已劫灰，尚留子建读书台。
银缸清焰臧牛斗，玉唾遗香寄草莱。
不是五车资苦学，安能七步擅奇才。
凄凉野景无人管，春雨年年长绿苔。

【（明）邓韨编次，《濮州志》卷九，嘉靖六年刻本，第 4 页】

注释：①陈台：在今山东省鄄城县北旧城。曹植为鄄城王时，在此高台读书赋诗，世称曹植读书台。曹植后被封为陈王，故又称陈台。

陈 台

【明】张寰（1486—1581）

邺中巍构已成灰，此地空余百尺台。
父子襟期殊衮钺，宾僚文物等蒿莱。
国亡莫问三分鼎，天授真怜七步才。
东望鱼山共惆怅，不禁斜日照苍苔。

【（明）邓韨编次，《濮州志》卷九，嘉靖六年刻本，第 5 页】

陈 台

【明】陈忠翰（生卒年不详）

子建在建安，何独七步文。

敏矣而好学，育中罗典坟。
朅来登此台，尹吾若可闻。
三国胥沦没，八斗竟莫论。
所以志士苦，文章丽青云。

【（明）李先芳纂修《濮州志》卷五，万历九年刻本】

陈　台

【清】邵世纪（生卒年不详）

才高八斗不谋身，煮豆空劳七步陈。
遥望蘅皋堪秣马，岂宜常会洛川神。

【（清）徐继孺辑《曹南文献录》卷五十三，1917 年刻本】

陈　台

【清】邵世纪（生卒年不详）

才高八斗不谋身，煮豆空劳七步陈。
遥望蘅皋堪秣马，岂宜常会洛川神。

【（清）高士英修、荣相鼎纂《濮州志》卷七，宣统元年刻本】

子建读书台

【明】李先芳（1510—1594）

城角岿然土一堆，当年子建读书来。
三分鼎沸无遗址，七步歌残有旧台。
萋菲何妨宗社忌，伊吾不尽水云哀。
佳城只在鱼山下，千古招魂寄草莱。

【（明）李先芳纂修《濮州志》卷五，万历九年刻本】

濮上歌·陈台

【明】杨千庭（生卒年不详）

我闻曹子建，曾此鄄城侯。
八斗空雄藻，千年只废丘。
岩花还自发，山月为谁丘。
把袂陈台下，何人似应刘。

【（明）李先芳纂修《濮州志》卷五，万历九年刻本】

陈台吊曹子建

【清】柴孝廉（—1755—）

鄄城旧事最风流，台上书声忆故侯。
五字赠行云断岭，七哀写怨月当楼。
夜深魂魄犹登此，春到蘼芜作佩不。
铜爵香销繐帐歇，千年抔土为君留。

【（清）高士英修、荣相鼎纂《濮州志》卷七，宣统元年刻本】

咏陈台书院

【明】桑溥（生卒年不详）

胜会当时重鄄中，遗台今日见新宫。
势同叔段容无地，文继西京更有功。
书带参差生瑞草，牙签零乱散秋风。
椒浆特为怀贤设，鹤驾尤应得再逢。

【（明）邓韍编次《濮州志》卷九，嘉靖六年刻本，第8页】

陈王台送别黎瑶石秘书还岭南

【明】苏本（嘉靖时期）

黎君解组赋归来，白发孤征亦壮哉。
海岱倍增山水价，幽燕犹望庙堂才。
暂停万里鸥夷棹，共眺千年子建台。
家在罗浮无雁到，因风好寄岭头梅。

【（明）李先芳纂修《濮州志》卷五，万历九年刻本】

阏伯台[①]晚眺怀悔斋夫子二首

【清】陈葆生（清末）

一

登台独眺一悲歌，对此茫茫感慨多。
哀乐中年伤谢傅，功名末路痛廉颇。
遥天风急摧黄叶，古寺云深锁碧萝。
极目平林夕照晚，盘空雕鹗下陂陀。

二

偶来大野豁吟眸，远树遥村一望收。
芒砀东南余劲气，幽并西北起边愁。
半篙烟水谁移棹，万里风云独倚楼。
翘首程门歌啸处，应多妙语逼清秋。

【（清）李经野辑《曹南诗社唱和集》卷二，1918 年刻本，见《山东文献集成》第三辑第 44 册，第 560 页】

注释：①阏伯台位于今曹县安才楼乡，与商丘阏伯台相望，俗称北火神台。

重阳后五日再游天台

【清】时庸劢（清末）

十年萧索鬓如丝，又向禅林话酒卮。
前度催租曾败兴，今朝把菊更题诗。
三生慧业圆公约，一片孤云白石词。
忽忆陶然亭畔路，旧游怅触感良知。

【（清）项葆桢撰《单县志》卷十六，1929 年刻本，第 17 页】

前 题

【清】时庸劢（清末）

白雁西风付短筇，重阳重过记重重。
今朝蒋诩开三径，旧约云门辨五宗。
诗骨争如松影瘦，鬓霜翻借菊花浓。
碧纱他日浑闲事，且听禅林饭后钟。

【（清）项葆桢撰《单县志》卷十六，1929 年刻本，第 17 页】

前 题

【清】王以均（清末）

不尽登临兴，天台两度经。
菊花余晚径，槐叶散中庭。
涞水环堤碧，栖霞隔户青。
我来非送酒，所恃在忘形。

【（清）项葆桢撰《单县志》卷十六，1929 年刻本，第 17 页】

前　题

【清】姜如柏（清末）

望月楼如黄鹤楼，群仙霓舞聚瀛洲。
禅僧煮粥黄粱觉，玉局题诗白燕留。
莲社风高彭泽隐，菊花香晚寺门秋。
姜维胆大休相笑，敢向文坛横槊矛。

【（清）项葆桢撰《单县志》卷十六，1929 年刻本，第 17 页】

同友人游天台醉后放歌

【清】孟毓鹤（生卒年不详）

步下古琴台，直上天台巅。同心四五人，逸兴何翩翩。今人刘金门，古人卢玉川。借问我为谁，襄阳孟浩然。登高南望忽大笑，但见春花春柳含春烟。有时科头坐，有时枕股眠。有时抵死不肯饮，有时一笑千觞干。有时一字不肯下，有时挥笔如长椽。世人见我皆拍手，安知我乃瀛洲仙。周流八极过三岛，偶然游戏落人间。朝看浮云蔽白日，暮看沧海变桑田。眼前扰扰尚难定，何况百世后与千载前。晋人不识刘伶达，唐人只道张旭巅。东风吹花落舞筵，与君一醉倾十千。天生我材必有用，焉能摧眉折腰常受他人怜。拔剑慷慨舞龙泉，萧萧短发冲儒冠。亭边呵止故将军，世上屈身恶少年。英雄失意尚如此，何论腐儒困寒毡。所赖放怀天地看古今，收拾造化丹青入诗篇。李贺锦囊应许负，冯骦长铗何须弹。归来醉卧北窗下，小桃一笑春增妍。

【（清）项葆桢撰《单县志》卷十六，1929 年刻本，第 9 页】

就馆鸣琴书院前夕误入天台

【清】孔庆地（清末）

光绪三十四年戊申（1908）

一路星光晚住车，天台幸不误桃花。

莫怪琴山参末席，先贤与我旧通家。

【（清）项葆桢撰《单县志》卷十六，1929 年刻本，第 18 页】

有感初到馆有怂其入城拜谒者

【清】孔庆地（清末）

堤柳园花自有邻，台高何处著红尘。

城中莫漫轻投刺，阳昼垂竿正笑人。

【（清）项葆桢撰《单县志》卷十六，1929 年刻本，第 18 页】

七、获麟遗踪

《左传·哀公十四年》载："十四年春，西狩于大野，叔孙氏之车子锄商获麟。"相传孔子作《春秋》，至此而辍笔。《公羊传》在解释"西狩获麟"这件事时，曾说："（麟）有王者则至，无王者则不至。"晋人杜预《春秋经传集解》也说："麟者，仁兽，圣王之嘉瑞也。时无明王，出而遇获。"所以，西狩获麟在当时的孔子看来是一件令人悲伤的事情，所以，孔子感慨："吾道穷矣。"春秋时西狩获麟的地方在今天菏泽市的巨野县，后世文人多有诗凭吊。

麟台诗

【宋】辛弃疾（1140—1207）

终始春秋笔，经名旧记麟。
荒台曾建鲁，野草未烧秦。
郁郁山川秀，葱葱景钯新。
韦编续继否，书带已成茵。

（见山东巨野碑碣）

西狩获麟

【宋】林希逸（1193—1271）

西狩知何获，惊嗟遍国人。
自怜方叹凤，何事又逢麟。
伊昔追戎地，于今较猎频。
三家如此僭，一角岂为珍。
笔绝真伤鲁，书成已击秦。
同时多虎辈，谁信兽能仁。

【（宋）林希逸撰《竹溪鬳斋十一稿续集》卷十八，见《钦定四库全书》集部】

经西狩获麟故址有感

【元】滕安上（1242—1295）

不到周初麟趾篇，恶风吹入鲁西畋。
死逢尼父犹为幸，炳耀春秋二百年。

【（元）滕安上撰《东庵集》卷四，见《钦定四库全书》集部】

获麟图

【元】同恕（1254—1331）

灵物天开瑞圣符，手中有笔绍唐虞。

九原若对桓文说，泪更多于反袂图。

【（元）同恕撰《矩庵集》卷十五，见《钦定四库全书》集部】

分题得获麟堆送李伯贞廉使往山东

【元】贡师泰（1298—1362）

正朔周王纪，春秋鲁国书。

瑞图齐凤鸟，麟趾应关雎。

绝笔怀西狩，扬镳过旧墟。

泰山青万古，相对一踌躇。

【（元）贡师泰撰《玩斋集》卷三，见《钦定四库全书》集部】

获麟操

（元末明初）刘基（1311—1375）

有兽维麟兮猎者获之，折肢毁肤兮曾不如鹿与麕。

呜呼哀哉兮尔何生于此时，周公已矣兮吾不能悲。

【（明）刘基撰《诚意伯文集》卷一，见《钦定四库全书》集部】

获麟渡

【明】孙宜（1507—1556）

渡古寒烟积，沙明落照悬。

春秋悲凤日，天地泣麟年。

鲁变时交沮，周衰辙竟旋。

至今皆绝笔，真意更谁传？

【（清）徐继孺纂《曹南文献录》卷五十五，诗钞外编，诗钞二十五，1917 年刻本，第 6 页】

获麟渡

【明】王稚登（1535—1613）

凤鸟鸣盛代，驺虞应至人。天马跃羲河，黄龙浮禹津。灵物协昌期，群臻良有因。衰周解其网，大道日荆榛。鲁无王者作，安得生麒麟。按图麟一角，牛尾及鹿身。谶记表哲后，得之以为珍。其生或非时，岂免几虫伦。皇皇宣尼氏，揜泣示门人。千载过共墟，旧迹浊河滨。踌躇闾巷中，于以访遗民。非敢悲道穷，意以良苦辛。

【（清）徐继孺纂《曹南文献录》卷五十五，诗钞外编，诗钞二十五，1917 年刻本，第 6 页】

雨中过麒麟冢

【明】于若瀛（生卒年不详）

崔嵬麟冢旧城隈，览古凭轩一慨哉。

物色千秋空雨阁，精灵此处已荒台。

寒烟满地蘼芜合，落日半天风雨来。

惆怅移时更东望，防泥不见使人哀。

【（清）章弘修《巨野县志》卷十四，康熙四十七年刻本，第 19 页】

获麟歌

【明】高壁（1574—1646）

麟之兴兮，可以知道之升兮。麟之丧兮，可以知道之降兮，嗟嗟麟兮可奈何。嗟嗟道兮可奈何。

【（明）曹学佺纂《石仓历代诗选集》卷三四二，见《钦定四库全书》集部】

泊鲁桥次九逵韵

【明】曹学佺（1574—1646）

落帆鲁桥口，意行还自阻。尝闻鲁获麟，西狩此其所。去鲁今千年，秋风几离黍。扁舟春已深，游子歌白苎。垂荫满芳洲，清湍激回渚。落日下西皋，苍然见平楚。归鸟飞已稀，野寺钟初杵。不知水堰开，夜听舟人语。嗟余老无成，白发事行旅。明发不得休，晨飧带沙煮。

【（明）曹学佺纂《石仓历代诗选集》卷四九四，见《钦定四库全书》集部】

获麟渡

【清】崔凌霄（生卒年不详）

朅来西狩地，绝笔泣麟游。
仁趾成终古，潴河不断流。

【（清）徐继孺纂《曹南文献录》卷五十一，国朝诗钞二十一，1917年刻本，第16页】

获麟台

【清】侯靖宸（生卒年不详）

大野留一抔，获麟昔于是。麟乎胡为来？是当求厥旨。黄帝开文明，苑囿游仁趾。素王继衰周，玉书出阙里。自为圣人出，安问泰与否！绝笔煌然勒圣经，麏焉角者原不死。古云少见多所怪，无须嗤彼锄商子。

【（清）徐继孺纂《曹南文献录》卷四十二，诗钞十二，1917 年刻本，第 12 页】

获麟台怀古

【清】李兆隆（生卒年不详）

昔时西狩获麟地，绝笔曾深尼父忧。
大义微词垂宇宙，荒台古木自春秋。
禹功巨野桑田变，管业小匡石火收。
此日登临无限恨，空余暮霭接荒丘。

【（清）章弘修《巨野县志》卷十四，康熙四十七年刻本，第 23 页】

八、范蠡遗迹

范蠡，字少伯，生卒年不详，春秋楚国宛人，即今河南南阳市人。范蠡出身贫贱，但博学多才，年轻时便与楚宛令文种相识、相交甚深。他们都不满当时楚国政治的黑暗，因为楚人规定非贵族不得入仕。后来，两人一起投奔越国，辅佐越国勾践。帮助勾践兴越国，灭吴国，一雪会稽之耻。然而，与文种不同的是，范蠡功成名就之后急流勇退，化名姓为鸱夷子皮，泛一叶扁舟于五湖之中。后来，范蠡来到齐国，最终到了曹国故地陶丘，其间三次经商成巨富，三散家财，自号陶朱公，是我国儒商之鼻祖。世人誉之：“忠以为国，智以保身；商以致富，成名天下。”如今，在菏泽市定陶区留有很多范蠡的踪迹，后世文人也多有诗歌吟咏。

范蠡庙

【宋】邵雍（1011—1077）

谁将射御教吴儿，长笑申公为夏姬。
却遣姑苏有麋鹿，更怜夫子得西施。

【（清）佟企圣修《曹州志》卷十八，康熙十三年刻本，第 6 页】

范蠡故居

【宋】苏轼（1037—1101）

谁将射御教吴儿，长笑申公为夏姬。
却遣姑苏有麋鹿，更怜夫子得西施。

【（清）赵国琳修《定陶县志》卷八，顺治十二年刻本第 20 页】

陶朱公庙

【宋】陈师道（1053—1102）

千篇奏牍漫多知，百战收功未出奇。
名下难居身可辱，却将湖海换西施。

【（宋）陈师道撰《后山集》卷八，见《钦定四库全书》集部别集类】

范蠡塚

【宋】邹浩（1060—1111）

山栖尝胆时，祸胎久已孕。欲令苏台倾，端俟天人应。夫子实奇才，大事力能胜。中分勾践忧，内外各宜称。一鼓雪前羞，功名在乘兴。向非断以独，未必还千乘。荆棘梗寒宫，晨朝露常凝。可怜东门眼，至此不得瞪。鸟喙鲜克终，天道亦恶剩。脱身海上来，嘉言谁与赠。位高金更多，所向岂蹭蹬。况有绝代姿，提携充妾媵。试看剑头血，何如穷绝磴。由来进退间，处之贵不懵。孤坟忽生疑，文献良足证。吴人未忘情，高楼时一凭。

【（宋）邹浩撰《道乡集》卷一，见《钦定四库全书》集部别集类】

谒陶朱公庙

【宋】吕本中（1084—1145）

悠悠千载五湖心，古庙无人锁绿阴。
为问功成肥遁后，不知何术累千金。

【（宋）吕本中撰《东莱诗集》卷一，见《钦定四库全书》集部别集类】

陶朱养鱼处

【明】张汝贤（万历年间）

掷却封侯载女郎，却来栖止水云乡。
五湖烟水情偏逸，一叶扁舟味转长。
陋矣功成归垄断，雄哉计可灭吴王。
千金屡散成何意，岂是英雄志未偿。

【（清）雷宏宇修《定陶县志》卷之十一，乾隆十八年刻本第325页】

题范蠡湖①

【清】田有郃（康熙）

五湖已泛扁舟去，此地却名范蠡湖。
重宝携来齐菏隐，千金化尽宋公无。
城南尚有红蓝寺，遗恨全销力战图。
吴越当年成底事，空天留此月轮孤。

【（清）雷宏宇修《定陶县志》卷之十一，乾隆十八年刻本，第332页】

注释：①在定陶城内西南隅，洼下多水。传说是范蠡养鱼的地方。

范蠡湖（俗传陶朱公养鱼处）

【清】屈复（1668—1745）

身退营鱼渚，曾轻少伯金。
晴湖何浅浅，过雨忽沉沉。
鸥鹭闲相对，鹓鸿发远吟。
卧薪人不易，秋水是知心。

【（清）屈复撰《弱水集》，见《清代诗文集汇编》第 223 册，第 87 页】

范蠡湖

【清】王复（乾隆年间）

一舸逃名去，千秋彼美思。
只今湖畔柳，越网挂丝丝。

【（清）王复撰《晚晴轩稿》，见《清代诗文集汇编》第 422 册，第 365 页】

范蠡湖

【清】李燧（乾隆年间）

陶朱事业一番新，从此功勋问水滨。
鸟喙已忘尝胆日，娥眉仍载浣纱人。
好从画舸寻归计，一任黄金铸此身。
毕竟鸱夷何处去，烟波渺渺怅迷津。

【（清）李燧撰《青墅诗稿》卷十之三，见《清代诗文集汇编》第 437 册，第 103 页】

范蠡湖

【清】赵国琳（顺治年间）

浑河暗润此清湖，湖号犹存范大夫。
鸟喙先几辞越峤，鱼肥九曲荫蒲芦。
倒涵天汉云光白，稳睡鸥凫露气孤。
立马城隈怀故国，高风千古孰齐驱。

【（清）赵国琳修《定陶县志》卷八，顺治十二年刻本，第 29 页】

范蠡湖

【清】黄篪（生卒年不详）

古垞城边路，陶朱旧有湖。
八千收甲胄，十万聚金珠。
南越华簪谢，西施画舫俱。
可怜文种里，当日已荒芜。

【（清）徐继孺纂《曹南文献录》卷四十九，诗钞十九，第 14 页，1917 年刻本】

范蠡祠

【清】孔传铎（1673—1732）

去越何缘便适齐，远逸鸟喙事朱提。
沼吴未忍忘西子，致富犹能用计倪。
当槛湖光如震泽，远祠花色似耶溪。
英雄别有全身策，不在山栖与水栖。

【（清）孔传铎撰《申椒集》卷上，见《清代诗文集汇编》第 231 册，第 221 页】

题范蠡归湖图二首

【清】田雯（1635—1704）

一

卖弄江湖作富民，沼吴霸越历艰辛。
当时作事痴愚甚，绝代二光送与人。

二

千载休夸勾践雄，数年便见霸图空。
黄金用尽全无味，不酬西施酬范公。

【（清）田雯纂《古欢堂集》《山强诗选》卷三，见《山东文献集成》第一辑第 35 册，第 612 页】

陶丘道上怀范少伯

【清】李簧（乾隆年间）

勾践方请囚，破吴从此始。执鼓兼操枹，果见鸱夷子。卑犹春山空，越绝书已矣。苎萝人素秋，一棹五湖里。高风何可攀，秋祭良难已。何事陶邱来，结庐且三徒。治产非为家，而乃疑于鄙。一朝散重宝，孰与焚象齿。痴哉铸金人，尚思还乡里。柳下虚舟横，汩汩东逝水。

【（清）李簧《梅楼诗存·齐鲁存旧集》，见《清代诗文集汇编》第 401 册，第 291 页】

范蠡湖

【清】王鼎（生卒年不详）

西子妆台问有无，淡烟疏柳片帆孤。
背城往事怜三策，铸像何年吊五湖。
别渚春风啼杜宇，荒村夜雨长蘼芜。

鸱夷姓氏终难隐，遗俗犹传范大夫。

【（清）王鼎撰《兰绮堂诗钞》卷一之十，见《清代诗文集汇编》第490册，第8页】

蠡湖濯锦

【清】张谦（生卒年不详）

风送陶朱归汜涯，满船明月载西施。
寸波浸破吴王国，千载争传越伯时。
故剑应须还故主，新妆端自结新缡。
衣衫尽洗南宫垢，肯着姑苏旧片丝。

【（清）雷宏宇修《定陶县志》卷之十一，乾隆十八年刻本，第332页】

过范蠡墓

【清】李百盈（咸丰同治年间）

昔从范蠡湖边过，湖水净绿不可唾。今来范蠡墓边游，参天古木拏龙虬。范子散金不可数，晚向扁舟携艳侣。飘然云水本无家，何有此地留抔土？墓前佛殿何辉煌！公祠乃在其西序。后人重释不重儒，谓公实为货殖祖。不知先生乃完人，岂能刻意作商贾。我来整衣展遗像，恨无张陆同豆俎。砉然一笑水东流，寂寞空祠阅古今。

【（清）徐继孺纂《曹南文献录》卷五十，文抄二十，1917年刻本，第12页】

范湖怀古

【明末清初】郑炎（生卒年不详）

行吟为访陶朱里，古树参天荫铁舟。
金像庄严人下拜，玉容寂寞水停流。

女墙护槛涵朝日，雪雁横空叫暮秋。
生聚十年吴可沼，几番惆怅独淹留。

【（清）郑炎撰《雪杖山人诗》卷六，见《清代诗文集汇编》第289册，第14页】

范少伯祠

【清】杨象济（1825—1878）

鸱夷祠庙尚嵯峨，胜黛残膏问此河。
人在镜奁娇语近，舟穿妆阁落花多。
红螺樽酒春将老，金粉楼台水不波。
一笑兴亡成底事，苎萝风景比如何。

【（清）杨象济撰《汲庵诗存》卷一，见《清代诗文集汇编》第700册，第137—138页】

九、马陵古战场

马陵，古地名。春秋卫地，在今莘县西南境，距鄄城县旧城镇北15公里，战国属齐，明代属濮州。马陵此地，另有一说在今菏泽市牡丹区马岭岗，这里曾是战国时期齐、魏两国重要战役——马陵之战的发生地，魏将庞涓在此为齐将田忌、军师孙膑所败而自刎。

马　陵

【明】李先芳（1510—1594）

回合长堤卫水秋，满林黄叶荻飕飕。
居人近指马陵道，遗迹遥传瓦屋头。

昔日孙庞曾决胜，只今草木尚含愁。
不知七圣皆迷地，犹自停车吊古丘。

【（明）李先芳纂修《濮州志》卷五，万历九年刻本】

马陵道中

【清】柴孝廉（生卒年不详）

径曲云低野树平，荷衣草帽蹇蹄轻。
闲心不解争蜗角，好景聊吟付墨精。
论古遥怜谁不朽，当时相厄竟成名。
马陵遗镞千年血，一例兴亡漫失声。

【（清）高士英修、荣相鼎纂《濮州志》卷七，宣统元年刻本】

马陵怀古

【清】张燕彤（生卒年不详）

野黑如墨星四垂，军声鼎沸风声悲。万炬辉煌明于昼，想见万弩齐发时。将军孙武之子孙，家传兵法称专门。国仇未报常颜汗，私仇未报常吞声。报仇志决竟能报，诱敌策奇减行灶。庞涓狂喜并日追，败乃公事咎在傲。死若鸿毛徒苦辛，可怜殃及太子申。齐军奏凯同归饮，论功首推膑足人。兵家要机贵变通，刻舟胶柱难即戎。君不见岐山师退懿堕计，增灶尚有诸葛公。我家近接马陵道，每向青史事搜讨。孙庞战地是耶非，惟见秋霜杀野草。书生怀古空嗟吁，三献受刖在穷途。何日投笔长缨请，也作人间伟丈夫。

【（清）徐继孺纂《曹南文献录》卷五十一，诗钞二十一，1917 年刻本，第 20 页】

十、庄周漆园

庄子曾担任漆园吏，关于其为吏之漆园，中国权威辞书《辞海》曾给出了河南商丘北、山东菏泽北以及安徽定远东三种说法。

根据历史文献记载和一些学者的研究成果，漆园在今菏泽西北50里、东明县城东20里的陆圈镇裕州屯一带为确。此说也得到很多历史地理等方面文献的佐证：唐太宗的儿子魏王李泰著《地括志》，其中谈到曹州时说：“漆园故域在曹州冤句县北十七里。”张守节在《史记正义》中引述此条，并说：“庄周为吏漆园，即此。其城古属蒙县。”清代学者刘藻在《曹州府志·舆地志》中说：“漆园城在冤句县北七十里，庄周为蒙漆园吏，城北有钓台。”清人徐继孺在编撰《曹南文献录》时指出，李泰所谓的“十七里”系“七十里”之误，因此，刘藻和李泰两人的说法是相同的。宋代《太平寰宇记》卷十三“冤句县”条下说：“漆园在县北五十里，庄周为吏之所。”此处所称“五十里”，而上文所言“七十里”，两者看似不同，实质上并不矛盾，原来李泰所言是旧冤句县，而宋人所说则是汉武帝时河决之后新置的冤句县。因为两个冤句县的位置不同，才有了“五十里”与上文“七十里”两个不同的数字。以上在对漆园位置的确定中既然都以“冤句”为坐标，那么“冤句”又在哪里呢？从今人的考古发掘中已能确定冤句的城址，它就在今菏泽城西南的马岭岗镇。从这里向北50里，恰是今东明县裕州屯一带，这里就是庄子曾经吏隐的漆园。其余与庄子相关之庄子墓、庄子钓台等，并附这一部分之后。

辋川集二十首·漆园

【唐】裴迪（716—？）

好闲早成性，果此谐宿诺。
今日漆园游，还同庄叟乐。

【《全唐诗》卷一百二十九，中华书局2015年版，第四册，第1315页】

漆园

【唐】王维（701—761）

古人非傲吏，自阙经世务。
偶寄一微官，婆娑数株树。

【《全唐诗》卷一百二十八，中华书局 2015 年版，第四册，第 1302 页】

漆园吏隐题咏①

【明】区大相（1549—1616）

傲吏战国士，著书漆园里。
遭时厌有为，乘运观无始。
礼乐嘲鲁儒，垂钓谢楚使。
托迹方外民，希心柱下史。

【（清）褚元升撰修《东明县志》，乾隆二十一年刻本，卷八下，第 65 页】

注：①漆园，王维辋川山庄二十景之一。取义于庄子漆园。据乾隆二十一年编修的《曹州府志》载：漆园城在故冤句县（今山东省菏泽市西南）北七十里。庄周为蒙漆园吏，城北有钓台。

短歌行

【明】武图功（约 1557—1627）

来日苦短去日长，百年三万六千场。苍穹茫茫不可问，人事悠悠只知伤。麻姑霜两鬓，素娥空断肠。君不见马上白面子，原是乡里负薪郎。又不见闾左黄发叟，出入露体无完裳。嫫姆拥珠翠，西子少辉光。驽骀反历块，骏足蹶康庄。世间种种皆颠倒，不如闭户歌呼自举觞。入山欲深深处行，漆园傲吏是同情。我欲全吾性，安得完吾名！

【（清）凌寿柏撰修《菏泽县志》，清光绪六年刻本，卷十八】

漆园怀古

【明】张溥（1602—1641）

千古旷怀有庄生，遗迹偶寄漆园城。为吏一去不复反，如今只余草青青。忆昔南华擅风流，著书立说傲王侯。养生自是有仙骨，周兮化蝶蝶化周。假尻为轮神为马，心高何妨小天下。不以微禄足荣身，宦情岂能系大雅。得鱼得兔忘蹄筌，濠梁之乐境悠然。鹏抟一举千万里，屑与燕雀争后先。

【（清）凌寿柏撰修《菏泽县志》卷十八，清光绪六年刻本，第 76 页】

漆园城诗

【明】叶廷秀（1599—1651）

隐吏何人能息机，漆园漠漠草菲菲。
只今梦隔三千载，惟见春来蝴蝶飞。

【（清）褚元升撰修《东明县志》卷八下，乾隆二十一年刻本】

漆园吏隐题咏

【明】李腾骧（生卒年不详）

曾寄逍遥物外情，蘧然化蝶有余清。
风尘不到庄生梦，浪得人间傲吏名。

【（清）褚元升撰修《东明县志》卷八下，乾隆二十一年刻本，第 65 页】

漆园吏隐题咏

【明】张尚友（生卒年不详）

观宇萧索半已颓，人传傲吏庄周台。
台前蝴蝶翩翩舞，疑向当年梦里来。

【（清）褚元升撰修《东明县志》卷八下，乾隆二十一年刻本，第 65 页】

漆园吏隐题咏

【明】陈其猷（生卒年不详）

南华逍遥叟，寄傲漆园居。
不知簿书苦，一梦总蘧蘧。

【（清）褚元升撰修《东明县志》卷八下，乾隆二十一年刻本，第 65 页】

重游漆园二首

【清】杨素蕴（1629—1689）

一

重过漆园岁月残，逢人马上问太平。
莫嫌囊底无长物，赢得儿童夹道看。

二

七载艰苦记此城，曾将版筑费经营。
旧栽杨柳三千树，解把枝条向我迎。

【（清）褚元升撰修《东明县志》卷八下，乾隆二十一年刻本，第 72 页】

漆园吏隐题咏

【清】袁佑（1633—1699）

不识庄周宅，空飞雁鹜群。
草深碑盖井，塔短树干云。
官路盛秋水，神堂阁夕晖。
行人经过处，犹诵马蹄文。

【（清）褚元升撰修《东明县志》卷八下，乾隆二十一年刻本，第 66 页】

漆园城

【清】陈廷敬（1639—1712）

隐吏何人解息机？漆园漠漠草菲菲。
只今梦隔三千载，惟见春来蝴蝶飞。

【（清）徐继孺撰《曹南文献录》卷五十五，1917 年刻本】

漆 园

【清】屈复（1668—1745）

蝴蝶寒无梦，鲲鱼化未名。
空园闲吊古，吏隐莫相轻。
河北草花落，曹南秋水生。
逍遥偏得地，远我著书情。

【（清）屈复《弱水集》卷七，见《清代诗文集汇编》第 223 册，第 88 页】

漆 园

【清】仇丽亭（1739—1794）

漆园小吏大梦觉，内外杂篇皆寓书。
梦蝶之梦忘却蝶，乐鱼之乐非知鱼。
立论竟敢齐物我，此意直欲逃空虚。
梦耶觉耶百年内，问谁栩栩谁蘧蘧。

【（清）仇丽亭《未学斋集》卷一，见《清代诗文集汇编》第 303 册，上海古籍出版社 2010 年版，第 198 页】

漆　园

【清】王祖昌（1748—？）

平生读南华，今到漆园里。
物外逍遥游，余亦爱秋水。

【（清）王祖昌《秋水亭诗草》卷二，见《清代诗文集汇编》第 424 册，上海古籍出版社 2010 年版，第 170 页】

漆园城

【清】孔庆镕（1787—1841）

漆园在何处，冤句即遗址。远睨南华观，近襟菏泽水。人杰溯卞壶，晋室雷贯耳。隔邻濮上音，闻乐戒靡靡。问曾为吏者，古称蒙庄子。庄子多寓言，著经侔李耳。所语虽失实，中亦含至理。总以己洁清，不问世臧否。后之著离骚，其源自此始。

【（清）孔庆镕《铁山园诗稿》，见《清代诗文集汇编》第 554 册，第 325 页】

漆　园

【清】袁昶（1846—1900）

漆园吏傲身将隐，沔上声销语转谐。
触处似人皆可喜，如卿所论亦良佳。
松肪明灭书残架，石发纵横叶堕阶。
渐喜市尘吹不到，从篁围处结茅斋。

【（清）袁昶《渐西村人初集》卷十二，见《清代诗文集汇编》第 761 册，第 119 页】

漆园吏隐题咏

【清】卢毓粹（生卒年不详）

梦蝶观鱼物外身，微官偶寄漆河滨。
无为莫谓非儒化，汉代盖公治自醇。

【（清）褚元升撰修《东明县志》卷八下，乾隆二十一年刻本，第65页】

漆园吏隐题咏

【清】戴元（生卒年不详）

庄子吏漆园，无为称不扰。
至今千百年，清风尚表表。

【（清）褚元升撰修《东明县志》卷八下，乾隆二十一年刻本，第65页】

漆园吏隐题咏

【清】梁秀（生卒年不详）

民社虽勉应，栩蝶本自然。
飘飘仙子意，但看南华篇。

【（清）褚元升撰修《东明县志》卷八下，乾隆二十一年刻本，第65页】

漆园吏隐

【清】范通（生卒年不详）

吏隐风流致可嘉，漆园傲啸足烟霞。
只今遗址空千古，始信当年蝶梦赊。

【（清）褚元升撰修《东明县志》卷八下，乾隆二十一年刻本，第79页】

漆园怀古

【清】李浣（生卒年不详）

漆园吏隐此仙游，忽化尻轮作转周。
浮世功名天海阔，淡情富贵水云流。
鹏搏龟曳随吾分，佛苦儒酸讵等俦。
自在文章新境界，南华一卷妙全收。

【任传藻撰修《东明县志》卷十二，民国二十二年版，第 196 页】

漆园吏隐

【清】逯蓉（生卒年不详）

爱读南华数十篇，漆园遗址想依然。
委形天地身将隐，寄傲林泉吏是仙。
幻化通灵醒蝶梦，逍遥得意忘鱼筌。
马蹄秋水寻何处？古观荒凉夕照边。

【任传藻撰修《东明县志》卷十二，民国二十二年版，第 199 页】

漆园吏隐

【清】李曾裕（生卒年不详）

烦扰苦民生，漆园怀傲吏。
何当起九原，与论无为治。

【任传藻撰修《东明县志》卷十二，民国二十二年版，第 200 页】

漆 园

【清】觉罗舒敏（生卒年不详）

远慕漆园叟，逍遥远尘务。
心悟梦亦清，一枕皷秋树。

【（清）觉罗舒敏《适斋居士集》卷四，见《清代诗文集汇编》第 520 册，第 678 页】

漆园城

【清】周乐（生卒年不详）

雉堞参差映夕晖，漆园风调记依稀。
水流或有鲲鱼在，花放偏多蝴蝶飞。
名挂冷官身自隐，书宗老子道宁非。
钓台此去无多路，想见携竿日暮归。

【（清）周乐《二南吟草》，见《山东文献集成》第三辑第三十五卷）

漆 园

【清】岳礼（生卒年不详）

栩栩南华士，高风寄漆园。
良才多弃置，小吏复何论。
蝴蝶心游戏，残枝花断魂。
本非求救渴，聊以赋鹏鲲。

【（清）岳礼《种竹山房稿》，见《兰雪堂诗文集》，嘉庆八年刻本】

庄子墓[1]

【清】萧季卜（生卒年不详）

我从南华来，经过庄生墓。
庄生至今存，累然者何故。
欲语问蝴蝶，翩翩不知处。

【（清）凌寿柏撰修《菏泽县志》卷十八，光绪六年刻本，第 70 页】

注释：①庄子墓，在漆园城内，墓前有庙。

庄子休墓

【清】许叔平（清末）

生也有涯珠玉摧，漆园杖履不重回。
只今蝶度坡前草，疑是南华梦里来。

【（清）李经野辑《曹南诗社唱和集》卷七，1918 年刻本，见《山东文献集成》第三辑第 44 册，第 633 页】

咏遗迹五首　钓台[1]

【明】刘忠（1452—1523）

束帛戋戋谢楚王，逍遥偏自爱沧浪。
江山依然钓台在，烟雨微茫草树荒。
蝴蝶岂应通梦寐，白鸥元不管兴亡。
书生吊亡寻遗址，一卷南华一瓣香。

【（明）李先芳纂修《濮州志》卷五，诗类，明万历九年刻本，第 37 页】

注释：①钓台：庄子钓鱼台，位于鄄城县临濮乡庄子庙村北 0.5 公里许。庄周曾垂钓于此，故称“庄子钓鱼台”。后人曾在此建庙以祀庄子，其村亦以此名为庄子庙。台上旧有观，1038 年（唐玄宗天宝元）封庄子为南华真人，故改为南华观，《庄子》一书改名为《南华真经》。因黄河决口，该台渐被淹没，清末时尚有四亩许一方高地，今已被淤为平地，仅存遗址。

次都御史刘公古迹韵钓台

【明】张寰（1486—1581）

高蹈平生耻事王，何年来钓此沧浪。
遗编尚袭南华号，尘世空惊蝶梦荒。
胜国断碑犹可读，宋人佳句故难忘。
停骖为复词前刻，再拜心悬一瓣香。

【（明）李先芳纂修《濮州志》卷五，诗类，明万历九年刻本，第 41 页】

庄子钓台

【明】李先芳（1510—1594）

漆园为吏早知归，濮上垂纶愿不违。
浦树千秋依断岸，汀蒲一曲带斜晖。
掉头往事随流水，曳尾何人问钓矶。
独倚南华台上望，逍遥天外大鹏飞。

【（明）李先芳纂修《濮州志》卷五，诗类，明万历九年刻本，第 64 页】

新秋钓鱼台宴集兼赠倪若谷秘书得中字

【明】李先芳（1510—1594）

古寺凉蝉嘒晚风，钓鱼台近濯龙宫。
波摇树色浮天上，山写秋容入镜中。
莲社旧游花落尽，濠梁乐事鸟啼空。
临流不醉新丰酒，笑杀沧浪把钓翁。

【（明）李先芳纂修《濮州志》卷五，诗类，明万历九年刻本，第 618 页】

钓 台

【明】桑溥（生卒年不详）

我爱庄生达，来寻旧钓台。
荒祠余瓦砾，断碣长莓苔。
梦蝶穿花去，涂龟曳尾来。
斯人不可见，汀水自潆洄。

【（明）李先芳纂修《濮州志》卷五，诗类，明万历九年刻本，第 42 页】

濮上歌钓台

【明】杨千庭（生卒年不详）

读罢南华意缥缈，钓台台下即沧浪。
春来浦溆仍旧在，人去渔矶半已荒。
泼泼不知鱼自乐，蘧蘧真与蝶相忘。
前身亦是逍遥吏，曳尾何时谢楚王。

【（清）高士英主编、荣相鼎纂修《濮州志》卷七，诗类，清宣统元年刻本】

古迹五首钓台

【明】陈忠翰（生卒年不详）

周道方解纽，先生称达生。
有道而陆沉，垂钓濮水汀。
翩翩一梦蝶，踪影任浮萍。
此人难再得，钓台犹可凭。
烟雨微茫日，忘筌今古并。

【（明）李先芳纂修《濮州志》卷五，诗类，明万历九年刻本】

庄子钓台

【清】萧季卜（生卒年不详）

濮水潆洄灉水急，中有大鱼长千尺。闻说当年有傲吏，不与楚王共社稷。不与孔门共坛席，自把一竿度朝夕。逍遥秋水游天地，抉裂乾端与坤倪。至今试看濮灉水，长长流，长长碧。

【（清）凌寿柏撰修《菏泽县志》卷十八，清光绪六年刻本，第 70 页】

庄子钓台

【清】萧季卜（生卒年不详）

古有垂钓者，逃名寄此乡。
南溟风力迴，北海水波长。
道已垂千祀，台犹剩一方。
只今鱼不饵，对此恨茫茫。

【（清）凌寿柏撰修《菏泽县志》卷十八，清光绪六年刻本，第 70 页】

登庄子钓台

【清】柴孝廉揆（生卒年不详）

台与藤萝古，名因濠濮提。闲云拂水浅，新月认钩迷。鱼我堪忘辨，逍遥得妙题。毕生隐见半，大旨死生齐。执卷形真委，临流意复携。尧陵春草暗，舜庙夕阳低。造化空劳铸，精神孰久稽。世缘问罔雨，吾道信醯鸡。坐看松花堕，闻听鸠妇啼。慨然论踵迹，顿觉绝攀跻。龟曳犹龙钦，鹏飞即凤兮。咏归聊破寂，吹万和天倪。

【（清）高士英主编、荣相鼎纂修《濮州志》卷七，诗类，清宣统元年刻本，第 104 页】

濮阳古迹诗四首其三　钓台

【清】邵世纪（生卒年不详）

天机漠漠起澄潭，一派逍遥道可参。
秋水濠梁鲲欲化，风云指处又图南。

【（清）高士英主编、荣相鼎纂修《濮州志》卷七，诗类，清宣统元年刻本，第 104 页】

钓台怀古

【清】王江湄（生卒年不详）

蝶梦悠悠几度秋，钓台千古忆庄周。
飞花吹落疑为饵，新月初来恰似钩。
看取在渊或在渚，任他呼马与呼牛。
何人更有垂纶者，鱼自忘机水自流。

【（清）高士英主编、荣相鼎纂修《濮州志》卷七，诗类，清宣统元年刻本，第 104 页】

庄子钓台

【清】王自省（生卒年不详）

庄子曾钓济阴水，今日空余庄子台。
蝴蝶已随梦魂去，南华之思空悠哉。
岩花巧刺山衣破，云锦虚函水镜开。
日暮登临劳望眼，丝纶不见几徘徊。

【（清）凌寿柏撰修《菏泽县志》卷十八，清光绪六年刻本，第 33 页】

庄子钓台

【清】胡惟一（生卒年不详）

濠濮几陵谷，荒台犹未沦。
逍遥聊玩世，鱼我竟谁真。
秋月悬钩影，游丝驻钓缗。
坐观徒有羡，何处觅天民。

【（清）凌寿柏撰修《菏泽县志》卷十八，清光绪六年刻本，第 48 页】

庄子钓台

【清】李佶（生卒年不详）

台与人俱去，名同地并留。
不知今旷野，此处果垂钩。
陵谷宁堪问，乾坤卒未休。
逍遥天际客，不愧往来游。

【（清）凌寿柏撰修《菏泽县志》卷十八，清光绪六年刻本，第 51 页】

庄子钓台怀古

【清】吴敬先（生卒年不详）

青山迢递濮水绿，高台遥峙离尘躅。由来古鄄有庄叟，曾此垂纶清波曲。眼空腐鼠莫相吓，洒然解脱名利束。死为逸兮生累疣，齐物谁作南华续。台畔风景几千秋，汀草汀花不胜愁。俯仰犹是人间世，浮生浪说逍遥游。鱼矶日久侵苔痕，天光云影空悠悠。野径寂寞行人少，惟有新月悬钓钩。

【（清）凌寿柏撰修《菏泽县志》卷十八，清光绪六年刻本，第 68 页】

庄子垂钓处

【清】刘炤（生卒年不详）

垂纶人去几千秋，此处空余碧水流。
两岸清风还似线，一溪明月曲如钩。
鱼吹细浪摇堤柳，鹭蹴萍翻漾渡舟。
待觅天池知近远，烟波疑是逍遥游。

【（清）褚元升撰修《东明县志》卷八下，乾隆二十一年刻本，第51页】

南华台怀古

【清】萧九湘（生卒年不详）

平生未解南华趣，今日来游南华台。南华钓叟常已矣，南华钓台日悠哉。观鱼濠上寄兴豪，外内二篇多牢骚。汪洋恣肆才无羁，词成珠玉任挥毫。我登此台时伤感，漆园高风幻想像。周化蝶兮蝶化周，人物变幻难穷象。同游郑生亦疏狂，每遇胜地必闲游。姚杨二公称忠义，祠堂瞻拜仰英光。时当叔季谁堪侣，惟羡庄周翩翩举。不为牺牛不为禄，啸傲彩霞无滞阻。齐物养生看周密，应知穷达有定数。

【（清）陈嗣良修《曹县志》，清光绪十年版】

庄子台

【清】杨彦华（生卒年不详）

豪气纵横放不拘，要将天地视穹庐。
游鱼梦蝶谁为我，蝼蚁饥鸢总付渠。
数尺台基几风雨，万年陵谷一邱墟。
直教误世清谈弊，四海狂澜尚有余。

【（清）凌寿柏撰修《菏泽县志》卷十八，光绪六年刻本，第18页】

庄子观泉

【明】陈献章（1428—1500）

珊珊泻下天花烂，仰首白龙高十万。
丹青已会识者心，谁道漆园非具眼？

【（明）陈献章《陈白沙集》卷六，据文渊阁《四库全书》电子版，上海人民出版社 1999 年 11 月版，集部别集类】

题庄子泉

【明】陈献章（1428—1500）

闲看千丈雪，飞下玉台山。
争知白沙子，不是南华仙？

【（明）陈献章《陈白沙集》卷九，见《四库全书》，上海人民出版社 1999 年 11 月版】

题庄子观泉

【明】程敏政（1446—1499）

已将飞蝶幻孤身，却玩流泉古涧滨，可惜一回川上趣，当时无分见邹人。

【（明）程敏政《篁墩文集》卷六十二，据文渊阁《四库全书》电子版，上海人民出版社 1999 年 11 月版，集部别集类】

感遇其四十八

【明】朱诚泳（1458—1498）

庄生寄傲者，闲居著南华。浮辞逞虚诞，寓言恣喧哗。操戈击夫子，盗跖翻见夸。三王未足论，五帝讵为嘉。睥睨小天地，言谈多险邪。猖狂如所言，万物其泥沙。吾儒自有经，典谟浩无涯。至诚乃君子，宜其辅邦家。

【（明）朱诚泳《小鸣稿》卷二，据文渊阁《四库全书》电子版，上海人民出版社 1999 年 11 月版，集部别集类】

读庄子逍遥游二首

【明】祝允明（1461—1527）

一

惠施五石瓠，弥大弥无当。呺然莫与京，不任盛水浆。掊弃谁顾惜，胡由效所长。幸遇漆园叟，昌言为阐扬。大樽堪取材，江湖一苇杭。浩荡凌万顷，寥廓共徜徉。平生诵此篇，心旷超八荒。乐哉逍遥游，千古仰蒙庄。于今所见殊，却笑予更狂。璠玙韫在璞，奚必为珪璋。倏忽凿浑沌，报德翻致戕。试问不龟手，何如袖手康。澼洸裂地封，臧穀均亡羊。欲识大瓠真，请从最初详。弗剖天质全，块处神自王。惟大似不肖，老氏言孔彰。镇以无名朴，朴散器始张。有用以为用，锥刀竞夭伤。无用以为用，伎俩未尽忘。宁如竟勿用，藏用孰可量。我愿宝斯种，艺之寂寞场。瓠成复何事，画前问羲皇。

二

樗大苦不材，匠石过弗视。树彼无何乡，彷徨无所事。颇疑梦蝶翁，与世太相避。曳尾泥中龟，岂希留骨贵。吾观闽有榕，一筹蔑可试。只垂广长荫，亭亭每匝地。既为居人依，复为行人施。暍者赖以凉，惫者赖以憩。本无心利物，物乃蒙其利。借令中绳规，斧斤应早被。焉能磨岁月，而成此大庇。勿用用乃全，用即不可继。寝寤独逍遥，逍遥未为至。双林利自他，樗也何敢企。

【（明）祝允明《式古堂书画汇考》卷二十五，卞永誉撰，据文渊阁《四库全书》电子版，上海人民出版社1999年11月版，集部别集类】

洞仙歌　庄子观泉

【明】陈霆（约1477—1550）

飞流直下，泻长空如练。溅沫寒崖玉珠乱。转山腰，万点苍雪侵林，林影外，一带白虹初断。道人疏懒久，散发披襟，石凳苔茵坐来惯。适意总忘言，斜日双瞳，寒光耀、目花生眩。待横空。一剑上青冥，看飞度，银河灵源清浅。

【饶宗颐初纂、张璋总纂《全明词》第二册，第 564 页】

十一、羊左遗迹

左伯桃、羊角哀的故事最早见于唐人李贤为《后汉书》卷二十九《申屠刚传》作注时所引西汉刘向《烈士传》（或作《列士传》）中的记载，而刘向的《烈士传》今天已佚。李贤的注中所引《烈士传》的文字是这样的：羊角哀、左伯桃二人为生死之交，两人欲到楚国求仕，由于雨雪耽误了行程。后来盘费将尽，左伯桃自愿冻饿于途，而把剩余的盘缠交给了羊角哀继续赶路。最终，左伯桃死在一树洞中。羊角哀到楚国做官以后，便来祭奠左伯桃，并以自杀成为左伯桃“泉下之伴”。

左伯桃和羊角哀的故事在表达兄弟情谊的同时，突出表达了“朋友有信”的中国传统文化观念。在中国古代，左伯桃、羊角哀的故事是被当作布衣之士“不负然诺之信”的典范而流传的。

左伯桃、羊角哀合葬墓位于今鄄城县东北 20 公里的吉山镇李胡同村西，西北距张大人庄约 600 米。左伯桃墓封土现存直径 3 米，高 2 米，封土前立有清嘉庆十四年（1809）年“范县古义士左伯桃表墓碑”。

经羊角哀墓作

【唐】吴筠（？—778）

祇召出江国，路傍旌古坟。伯桃葬角哀，墓近荆将军。神道不相得，称兵解其纷。幽明信难知，胜负理莫分。长呼遂刎颈，此节古未闻。两贤结情爱，骨肉何足云。感子初并粮，我心正氛氲。迟回驻征骑，不觉空林曛。

【（唐）吴筠《宗玄集》卷中】

沈孺休感曹生仲行高谊乞余诗以报得五言二章与之

【明】王世贞（1526—1590）

曹丘宁任侠，其意乃怜才。得士风尘里，恍然云雾开。浮沉不改诺，缓急岂论财。所以千秋墓，犹传羊角哀。

【（明）王世贞《兖州续稿》卷十三】

过羊角哀左伯桃墓

【宋】周邦彦（1057—1121）

古交久沦丧，末世尤反复。谷风歌焚轮，黄鸟譬伐木。永怀羊与左，重义逾血属。客行干楚王，冬雪无斗粟。倾粮活一士，誓不俱死辱。风云为惨变，鸟兽同踯躅。角哀器前途，伯桃槁空谷。终乘大夫车，千骑下棺椟。子长何所疑，旧史刊不录。独行贵苟难，义侠轻杀戮。虽云匪中制，要可兴薄俗。荒坟邻万鬼，溘死皆碌碌。何事荆将军，操戈相窘逐。

【（清）厉鹗编《宋诗纪事》卷二十八】

题羊左墓

【宋】史弥巩（1170—1249）

余耳当年刎颈交，所争利害仅豪毛。
一朝泜水相屠戮，岂识羊哀左伯桃。

【（清）厉鹗撰《宋诗纪事》卷三十二】

春日思远游

【元】陈旅（1288—1343）

春日思远游，远游欲何止。
角哀见楚王，伯桃树中死。
出门逢路人，天下无二子。
春山一万重，春江一万里。
上有无心云，下有无情水。

【（明）宋公傳编《元诗体要》卷一】

吊义城树中饿鬼

【明】李东阳（1447—1516）

山深雪寒路坎坷，两死何如一生可？桃才自信不如哀，君若有功何必我。楚王好士得燕才，燕家未筑黄金台。当时周室何为哉？吁嗟乎？树中饿死何足惜，何似西山采薇食。

【（明）李东阳《怀麓堂稿》卷四】

十二、戚姬故里

戚姬，今菏泽市定陶区人，为汉高帝刘邦的宠妃，其故里位于今菏泽市定陶区城东北12里的戚堌村。相传汉文帝即位后建祠庙纪念戚夫人，后世称之为“戚姬寺”，占地面积50亩。戚姬寺遗址于2006年12月7日入选“山东省文物保护单位”列表。

公元前202年，刘邦登基做了皇帝后，接宠妃戚姬及其子如意入宫，封如意为赵王。公元前195年，刘邦病死，吕后掌权。吕后忌妒刘邦在世时戚姬得宠而自己受到冷落，遂以鸩酒害死赵王如意，囚戚夫人于永巷，削去头发，戴上枷具，穿上奴隶衣裳舂米。不久，吕后又别出心裁地将罚作奴隶的戚夫人手足砍掉，挖去双眼，烧聋双耳，药哑喉咙，扔到猪圈里称为“人彘”。公元前179年，文帝刘恒即位，铲除诸吕，恢复了刘氏政权，并在戚夫人的故乡定陶建祠祭奠。该祠建在高岗之上，人称戚姬寺。戚姬寺原有大殿三间及配房，院内古树参天，傍晚时分，晚鸦归巢，绕寺飞鸣，似哀戚姬，故“戚堌晚鸦”成为定陶古八景之一。

虞姬墓

【宋】范成大（1126—1183）

刘项家人总可怜，英雄无策庇婵娟。
戚姬葬处君知否，不及虞兮有墓田。

【（宋）范成大撰《石湖诗集》卷十二，见《钦定四库全书》集部别集类】

戚姬临池

【明】曹学佺（1574—1646）

鸿鹄歌残事已危，空将赵国付期期。
主张一子犹无策，底用重临百子池。

【（明）曹学佺纂《石仓历代诗选》卷三六二，见《钦定四库全书》集部】

曹州之东戚夫人村与梁王彭越墓相距甚迩过而感赋

【清】张汉（1680—1759）

女不幸以色升，竞宠戮其身。人彘亦何惨，野鸡太不仁。将不幸而成功，杀戮有阴刑。伤哉彭越醢，如其走狗烹。我游两村上，黯焉悲其人。萧萧木叶落，清秋风雨声。君不见薄后无专宠，盘龙偶得征，从子就封郡，大横叶庚庚。炎火四百配，龙种何绳绳。幸彼中原鹿，不为吕氏汉。又不见萧规曹与随，为相际升平。三分与五季，远裔代为兴（曹操曹参后萧道成萧何后）。延祚即无久，远胜被醢人。我欲问青天，报施定何因。

【（清）张汉撰《留砚堂诗选卷》，见《清代诗文集汇编》第 248 册，第 101 页】

戚夫人故里

【清】吴其琰（生卒年不详）

一

蜿蜒汉水产芳容，留得村庄绕碧峰。
歌舞一生如意死，变成人彘殉真龙。

二

妒如吕雉那从医，四皓西来事益迟。
何不发他食其罪，沛公帷薄也应治。

三

龙归那更得生全，强项何曾果格天。
不及才人何满子，登时肠断死君前。

四

永巷佣春自苦辛，为王为虏亦前因。
韩彭尚且遭屠侩，辣手何愁一妇人。

【（清）吴其琰撰《酌古轩诗集》卷八，见《清代诗文汇编》第 263 册，第 537 页】

戚堌村

【清】张绍谓（生卒年不详）

离迷烟树日黄昏，隐见朱楼何处村？
金屋沉沉花弄影，御阶寂寂雨招魂。
昭阳恕起身无主，永巷春残那叩阍。
惟有菏山一片月，清辉万古吊王孙。

【（清）雷宏宇修《定陶县志》卷十一，乾隆十八年刻本，第 333 页】

戚姬村

【清】李簧（乾隆年间）

太子何能见紫芝，翩然四翼竟谁为。
可怜目送君王侧，采采商山尚未知。

【（清）李簧《梅楼诗存·齐鲁存旧集》，见《清代诗文集汇编》第 401 册，第 346 页】

戚堌村

【清】赵国琳（顺治年间）

青云谷气产名姝，几度深思几度吁。
专宠曾摇汉后吕，云亡差逊楚姬虞。
云山暮蹙眉痕翠，花露朝抛泪点珠。
读罢史书高惠际，安刘四皓不容诛。

【（清）赵国琳修《定陶县志》卷八，顺治十二年刻本，第 29 页】

戚 城

【清】程威修（乾隆年间）

三尺俄成赤帝功，野鸡飞入咸阳宫。定陶美人舞未尽，长陵那得闻歌春。母爱子抱一旦空，当年悔不死相从。多情犹自说重瞳，虞兮庙食大江东。化为香草遍山红，年年岁岁娇春风。慷慨愧彼巾帼雄，戚城终古泣寒虫。百年愤泄惟樊崇，代邸母配隆准公，报施谁为天梦梦。

【（清）程威修撰《夕阳书屋诗初编》卷三，见《清代诗文集汇编》274册，第295页】

戚堌村

【清】雷宏宇（乾隆年间）

高鸿泣罢楚歌重，曾几何时薄暮春。
更苦夜台相痛惜，若为凄恻若为容。

【（清）雷宏宇修《定陶县志》卷十一，乾隆十八年刻本，第330页】

戚氏村

【清】王曾棋（光绪年间）

绝代佳人总黄土，孰为楚歌孰楚舞。独怜人彘非人为，转藉村名与终古。高皇猜忍性若成，英雄儿女初无情。夫人婉嫕弱女耳，未倾城国身先倾。汉廷家法惟手辣，尧母门高不得活。生长明妃纵有村，青冢魂宁依紫闼。荒村可尚戚姓存，当时夷灭成烦冤。不知举族坐何罪，嫉妒翻共怨毒论。吁嗟乎，孝惠庸庸位徒袭，安见赵王不可立。戚宗就使虎而冠，产禄骄淫当弗及。戚氏败没薄氏尊，定陶故里世莫言。犹胜长陵一抔土，单父谁求诸吕村。

【（清）王曾棋撰《聊园诗存》续卷六，见《清代诗文集汇编》第760册，第187页】

戚姬村

【清】张星吉（1852—1911）

古木寒鸦汜水西，苔深断碣有人题。
思儿梦阻邯郸远，恋主眉颦汉苑低。
村妪苦闻人彘恨，寺门愁听野鸡啼。
定陶咫尺丁姬家，往事凄凉说燕泥。

【（清）徐继孺纂《曹南文献录》卷五十二，诗钞二十二，1917年刻本，第6页】

十三、梁园

梁园，又名梁苑，西汉梁孝王所建，其地甚广，从商丘绵延至单父境内。民国本《单县志》载："汉文帝十一年，刘恒封其子刘武为梁王于睢阳。梁王好营宫室，建东苑延亘三百余里，单父在其内。"

梁园中秋

【金】赵秉文（1159—1232）

今夜梁园月，相逢照一樽。
他时千里共，此会几人存。
老我追随近，怜渠笑语温。
不眠瞻玉兔，终夕露荷翻。

【《全金诗》第2册，第446页】

梁 园

【金】完颜璹（1172—1232）

一十八里汴河柳，三十六桥梁苑花。
纵使风光都似旧，北人见了也思家。

【《全金诗》第 3 册，第 120 页】

梁苑怀古

【清】王洞（清初）

旧游何处问梁王，单父城边野草荒。
闻道离宫连汉苑，久无嘉客似邹阳。
南来河水殊今昔，夕照霞山复渺茫。
陵谷千年经几变，登临指点说沧桑。

【（清）徐继孺撰《曹南文献录》卷三十九，诗钞九，1917 年刻本，第 16 页】

梁园怀古

【清】屈复（1668—？）

龙香可寻隔云蓺，红愁绿惨犹未歇。著处晴烟袅碧萝，尽日春风陡鶗鴂。数株残柳不胜情，野花斑斑照宫阙。乐府新歌一字无，黄河流水一朝掘。蛇老精灵引虺过，寒影荒池堕秋月。

【（清）屈复撰《弱水集》卷四，第 9 页，见《清代诗文集汇编》第 223 册，第 48 页】

梁园古愁

【清】李孚青（1664—1715）

车花作雪飞，游丝袅如线。春风岁岁生，还拂梁台殿。无情尚久存，有形乃易变。帝子逐然尘，行人梦华宴。白昼何寂寥，空廓絮新燕。

【（清）李孚青撰《野香亭集》，见《清代诗文集汇编》第212册，第365页】

梁苑行

【清】李簧（乾隆年间）

汉主有弟弟曰武，不王设险王平土。大梁沃野千里强，楼阁何年飞单父。忆昔梁王起东苑，睢阳城外开万户。栽花却笑上林低，倭髻遂嫌旧妆古。霓旌之赐天上来，歌舞美人美且才。白云无心穿复道，明月不肯离平台。别墅且连大河北，游畋小憩皆崔嵬。朝裹婴盎虽骨鲠，天家不戒何人裁？吾乡单父鲁下邑，飞尘早递梁王驿。东郊东下辟池塘，侍从如花偶栖息。山禽黯妒翠罗裾，猎骑齐嘶黄金勒。花灯什一来故宫，是夜煌煌已不测。谁知此苑久难识，山有楼霞霞气入。年年遗老耕阪田，腐草连山萤熠熠。嗟彼宾客欲树勋，高瞻远瞩实误君。桐封不戏小弱弟，周道难夺袁将军。君不见宋宣立弟谁敢言，祸流五世悲潺湲。阳陵天子颇明主，何令自溢开乱源？此苑莫言独黄土，大梁东苑皆耕耘。但看古来繁华子，落英且自俱缤纷。

【（清）李簧《梅楼诗存·退园集》，见《清代诗文集汇编》第401册，第304页】

第五辑　八景诗

古时，人们常把值得观赏的特色景致，归于八景，八，乃大家心中的吉祥数字，同时也意为四面八方皆有值得观赏的美景。沿袭下来，遂成为传统，以至国朝有八景，京城有八景，举凡诸府、州、县郡有八景，甚至一些村庄、园林也有八景。有八景，自然就有文人骚客赞颂的诗篇。八景诗起源于山水自觉时代开始的魏晋南北朝，对我国的艺术、文学以及园林文化曾产生巨大影响。八景诗顾名思义一般为一组八首，当也并不尽然，十景、十二景有时也是常数，但人们仍然习惯归之为"八景"诗，八景诗常见于风景名胜区以及地方志书中。曹州八景诗主要包括清代曹州府八景诗以及所属各县方志中的八景诗。

一、曹州八景

曹州八景

【清】苏毓眉（1612—1676）

青丘烟柳①

犹是古清丘，残杨几树秋。
风鸣疑鼓角，旷野想旌矛。
枝瘦寒烟挂，林疏晓雾收。
高台留夕照，短草卧耕牛。

注释：①青丘，俗称"清邱堌堆"，位于今菏泽市二郎庙乡通古集村南偏东约2公里处。丘上有清原寺，寺院远近多柳，"朝暮望之，郁然如烟"，故称"青丘烟柳"。

华驿归骑[1]

不见南华驿，萧条古戍楼。
风尘艰襆被，雨雪暗征裘。
返照云将暮，衔山日欲收。
劳劳亭畔客，蝶梦几时休。

注释：①华驿，在今菏泽市西城东方红西街附近，早已湮没。元末有人在菏泽西城墙内挖掘出一块“南华驿馆”碑，始知在西城外经凤嘴山阅武台后有一条通往古南华县（即离狐县）的古南华驿道。

桂陵柿叶[1]

桂陵何处是，齐魏已成空。
唯有千林柿，来看十月红。
恍如霜后柏，疑是晚江枫。
不必垂朱果，翻然叶叶风。

注释：①桂陵，在今菏泽城东北角何楼村曹州牡丹园附近。明代，此地多植柿树。

濉水荷花[1]

停车濉水上，十里尽芙蕖。
柳荫笼莎岸，香风透葛裾。
红妆临碧镜，翠盖隐游鱼。
曲沼环茅屋，荷花荡里居。

注释：①濉水，也称灉水，即今菏泽市赵王河，大体顺古济水道东流。元末，河道淤塞，“野水相连，潴于故道。中生菱荷，盛夏花展，香闻数里”。此盛景历明、清数百年，直到晚清方绝。

雷泽秋风[①]

扶杖秋原里，悠然动远思。
漫云雷鼓异，又道化梭奇。
飒飒寒波静，潇潇落木衰。
临渊徒有羡，乘钓竟为谁。

注释：①古雷泽湖在今菏泽市胡集乡与鄄城交界处。传说舜曾捕鱼湖上。湖岸有尧陵河庆都灵台。后来“古祠倒塌，汉碑残缺，商飙一起，落叶纷下”，故曰“雷泽秋风”。

历山春雨[①]

今人耕耨处，犹是历山田。
布谷催新雨，春锄啄晓烟。
一蓑青草暮，万树野云连。
风物存三古，还疑对葛天。

注释：①历山，在今鄄城与菏泽交界处古雷泽湖畔。传说山侧为舜耕处。历尽沧桑，历山已成隐然一阜，而荒墟也尽为平原。每当春雨潇潇，犹可使人想见田父让畔之风，故曰“历山春雨”。

兴化晨钟[①]

梵刹丛林绕，巍然傍左山。
龙蛇存古迹，风雨结苔斑。
野旷钟声远，松高鹤梦间。
谈经何处寺，月下老僧还。

注释：①今定陶县原左山之阳有隋法源寺。每当清晨将曙，悠悠钟声遥传数里，闻者足发深省，故曰“兴化晨钟”。

双河晓月[①]

双河分两岸，夜静响潺湲。
蚌晕浸寒影，波光散晓烟。
晨星已落落，明月尚娟娟。
渐向天边没，犹从水底圆。

【（清）佟企圣撰《曹州志》卷十八，康熙十三年刻本，第 47 页】

注释：①据凌寿柏撰《菏泽县志》记载：赵王河双河口岸边有一因果寺（原寺在今双河大桥之西）。传说中秋节时，月投影到因果寺南的一口水井中，则现出两个月影。河水故道今已淤平。

（以下为其他关于曹州八景的诗，因为每组不完整，故以景属）

青丘烟柳

【清】吴云标（康熙年间）

青丘春晓望，绿柳带烟寒。
鸦睡栖犹稳，莺声啭未阑。
枝枝高下出，缕缕有无看。
独自怀张绪，何因傍会坛。

【（清）佟企圣撰《曹州志》卷十八，康熙十三年刻本，第 55 页】

青丘烟柳

【清】何远（康熙年间）

沧桑历历此遗丘，望遍垂杨系客愁。
春霭回风迷近远，岚光奇树任沉浮。
丝穿语燕深深出，青拂行人欸欸留。
玉敦珠盘俱寂寞，欲凭俯仰识千秋。

【（清）佟企圣撰《曹州志》卷十八，康熙十三年刻本，等 56 页】

青丘烟柳

【清】段云襄（清初）

会坛余霸气，梵刹已嵯峨。
古意登临出，年光入望多。
依依迷野色，漠漠暗春和。
牧笛空回首，离情奈若何。

【（清）佟企圣撰《曹州志》卷十八，康熙十三年刻本，第 58 页】

清丘烟柳

【清】王同枢（嘉庆年间）

烟水迷茫十里滩，清丘柳色映回澜。
淡拖软翠笼春晓，倒挂斜阳隐暮寒。
莺燕频来歌舞地，旌旗曾拂会盟坛。
行人系马寻遗迹，剩有垂杨画里看。

【（清）凌寿柏撰《菏泽县志》卷十八，光绪六年刻本，第 76 页】

清丘烟柳

【清】王经袖（生卒年不详）

楚国隋堤自惹尘，清丘烟罥柳方新。
当年齐宋联嘉会，此日云岚绘好春。
縠细遥怜腰乍袅，绡轻不碍眼含颦。
应知络绎听莺者，选胜傲他陌上人。

【（清）凌寿柏撰《菏泽县志》卷十八，光绪六年刻本，第 75 页】

双河晓月

【清】吴云标（康熙年间）

东方天渐白，鼓枻度双河。
云散空潭影，风生冷露荷。
鸥眠还依岸，鱼戏不惊波。
犹是中秋月，清光分外多。

【（清）佟企圣撰《曹州志》卷十八，康熙十三年刻本，第 55 页】

双河晓月二首（甲戌限双字）

【清】魏自励（—1864—）

一

雾锁柴扉烟锁窗，鸡声唱罢晓钟撞。
一钩纤月凌云汉，两派寒流泻石缸。
茅店客行更数五，板桥人过影成双。
著鞭莫道风尘苦，万里前途近帝邦。

二

雁齿桥平浸石缸，终宵浊浪响淙淙。
野航载得人三五，皓魄照成影一双。
淡霭苍茫迷荻浦，疏灯明灭敞篷窗。
拟从古寺谈因果，梦冷僧楼钟未撞。

【（清）魏自励撰《贡树生香诗稿一卷》，见《山东文献集成》第 32 册，第 288 页】

雷泽秋风

【清】何远（康熙年间）

苍茫大泽远村墟，济水[①]东来旧所潴。
不尽飞埃龙气隐，无边落木帝陵虚。
陂陀夕下秋阴冷，禾黍风开野迳疏。
何许杖藜闲父老，依稀指点话陶渔。

【（清）佟企圣撰《曹州志》卷十八，康熙十三年刻本，第55页】

注释：①济水，又名沇水，古代四大名渎之一，流经古曹州多处，州下济阴县就从此水得名。《禹贡》载："导沇水东流为济，入于河，溢为荥，东出于陶邱北，又东至于菏，又东北会于汶，又北东入于海。"

雷泽秋风

【清】段云襄（清初）

商飙一以至，无地不堪悲。
独有寻幽处，能深吊古思。
雁回雷夏渚，木落谷林祠。
惆怅龙梭化，鲛人罢钓丝。

【（清）佟企圣撰《曹州志》卷十八，康熙十三年刻本，第59页】

雷泽秋风

【清】王经袖（生卒年不详）

龙梭已去失龙湫，禾黍风来一派秋。
汉碣凋残埋蔓草，渔隈约略指荒丘。
白苹摇漾寒烟重，黄叶萧飚晚树稠。
吊古尚余间父老，岸头扶杖久夷犹。

【（清）凌寿柏撰《菏泽县志》卷十八，光绪六年刻本，第76页】

灉水荷香

【清】何远（康熙年间）

清浅河流静不波，环村带郭润能多。
鸥群习惯随耕牧，麦浪初平接凌荷。
滴滴露珠明翠盖，阴阴花气满青莎。
行来仿佛江南道，未似横塘竞艳歌。

【（清）佟企圣撰《曹州志》卷十八，康熙十三年刻本，第 56 页】

灉水荷花

【清】段云襄（清初）

禹功何处是，一望无蒹葭。
剩水春来接，新荷夏自花。
色分溪女艳，香入野人家。
薄暮金堤上，行歌忆若耶。

【（清）佟企圣撰《曹州志》卷十八，康熙十三年刻本，第 59 页】

灉水荷花四首

【清】王嵩峰（—1825—）

一

间寻古迹到河滨，映日红蕖别样新。
十里荷风香冉冉，招来多少看花人，

二

金堤桥畔暂停车，十里芙蕖一望赊。
碧叶千重花四壁，香风散入野人家。

三

芙蓉花放影婆娑，拟向金堤载酒过。
灉水桥边风景丽，况兼晓月照双河。

四

古迹苍茫一望中，荷花荷叶影丛丛。
当年治水人何在，此地犹余君子风。

【（清）凌寿柏撰《菏泽县志》卷十八，光绪六年刻本，第 71 页】

灉水荷花

【清】王经袖（生卒年不详）

浑河南徙变澄泓，六月西湖此地呈。
荷盖夕阳岚影幕，莲房晓日露华清。
佛堂共讶天花落，古驿合将香国名。
一带浮家今有壁，棹歌得意弄声声。

【（清）凌寿柏撰《菏泽县志》卷十八，光绪六年刻本，第 75 页】

桂陵柿叶

【清】何远（康熙年间）

郊原秋草漫离披，七绝成林晚更奇。
久矣乾坤戎马地，悲哉风物杜鹃枝。
晨光日日朝霞起，暝色村村落照迟。
建德当年勤课种[①]，济阴今胜沈侯时。

【（清）佟企圣撰《曹州志》卷十八，康熙十三年刻本，第 56 页】

注释：①文中原注“梁沈瑀为建德令教民种柿成林”。

桂陵柿叶

【清】王同枢（嘉庆年间）

枫树流丹柳变黄，杖藜散步桂陵乡。
横拖云锦迟残照，点染村墟斗晚霜。
红柿已无垂累累，绿阴不复郁苍苍。
招来野老林间坐，闲说齐师败魏王。

【（清）凌寿柏撰《菏泽县志》卷十八，光绪六年刻本，第77页】

华驿归骑

【清】段云襄（清初）

古驿今寥落，客程自往来。
秋风吹野水，迫照上荒台。
郊树行人度，关门暮角哀。
遗经谁复问，驱马正氛埃。

【（清）佟企圣撰《曹州志》卷十八，康熙十三年刻本，第58页】

华驿归骑

【清】张泰熙（生卒年不详）

南华昔置驿，来往共期程。
不改风尘色，犹闻班马声。
斜阳迟去辔，暮雨驻行旌。
拥传何年事，无劳候吏迎。

【（清）佟企圣撰《曹州志》卷十八，康熙十三年刻本，第52页】

华驿归骑

【清】萧骐（道光年间）

南华古驿望依依，粉蝶参差对晚晖。
远道星霜催旅鬓，长桥杨柳映征衣。
凤山坡下春风暖，阅武台边秋草肥。
莫嗟关门多暮雨，行程须要计时归。

【（清）凌寿柏撰《菏泽县志》卷十八，光绪六年刻本，第 72 页】

历山春雨

【清】段云襄（清初）

欲访耕耘迹，苍茫失故山。
野人犹让畔，春鸟亦知还。
细雨柴荆静，轻风刍牧闲。
悠然怀纳麓，历试尽诸艰。

【（清）佟企圣撰《曹州志》卷十八，康熙十三年刻本，第 59 页】

历山春雨

【清】王同枢（嘉庆年间）

历山旧迹尚依然，望尽平芜一带烟。
雨露新沾天子泽，耕耘犹是圣人田。
土肥苗润歌声杂，野旷云低远树连。
见说农夫还让畔。至今犹有古风传。

【（清）凌寿柏撰《菏泽县志》卷十八，光绪六年刻本，第 76 页】

历山春雨

【清】萧骐（道光年间）

谁识当年雍化淳，历山今日又逢春。
一犁犹是中天雨，千耦依然太古民。
柳外烟蓑披牧子，花边雾笠戴农人。
晴时处处催耕早，让畔遗风好细询。

【（清）凌寿柏撰《菏泽县志》卷十八，光绪六年刻本，第72页】

历山春雨

【清】王经袖（生卒年不详）

久嗟雷泽全湮矣，忽看历山自介然。
地以圣踪光异代，人逢春雨忆当年。
知时泽沛财犹阜，让畔民醇俗尚沿。
最是耦耕新霁候，飞来飞去鸟褊襹。

【（清）凌寿柏撰《菏泽县志》卷十八，光绪六年刻本，第76页】

兴化晨钟

【清】段云襄（清初）

隋代法源寺，塔空舍利留。
梵音闻下界，钟韵散高秋。
落月闺人梦，清霜客子愁。
题诗谁忆弟，明发望陶丘。

【（清）佟企圣撰《曹州志》卷十八，康熙十三年刻本，第59页】

兴化晨钟

【清】王同枢（嘉庆年间）

诸天籁寂断闻根，漠漠晨烟锁寺门。
鹤唳松间惊晓梦，鲸铿云外失孤村。
山僧尚抱钟楼杵，旭日遥添绀宇痕。
隋代法源留旧址，南屏晚景可同论。

【（清）凌寿柏撰《菏泽县志》卷十八，光绪六年刻本，第 77 页】

兴化晨钟限钟字

【清】魏自励（生卒年不详）

一

憩来兴化驻行踪，晓月晨霜客睡浓。
祝我吟怀千里兴，惊人旅梦一声钟。
清音宛转同三叠，古刹微茫隔几重。
记得枫桥曾舣棹，寒山寺畔语离悰。

二

巍峨古刹白云封，漏尽莲花撞晓钟。
风度蒲牢音细细，月明茅店影重重。
梦从鸡唱惊方觉，听到鲸铿意转慵。
清梵几声尘虑涤，更闻檐铎语丁冬。

三

碧天如水夜云轻，月到中秋分外明。
银钥重开听未避，谁家五笛暗飞声。
中庭地白树栖鸦，坐觉天光照海涯。
云破月来花弄影，虫声先透绿窗纱。

四

月移花影上阑干，北斗横天夜未阑。
庭树不知人去尽，碧桃何处更骖鸾。
一年明月今宵多，月照高楼一曲歌。
唱彻五更天未晓，不知何处讬微波。

【（清）魏自励撰《贡树生香诗稿一卷》，见《山东文献集成》第 32 册，第 288 页】

二、古定陶八景

古定陶八景即柳河（一作“堤”）春浪、萧寺曙钟、长岸烟迷、仿山雪霁、河滨渔唱、塔院梵音、石井月华和斑枝麟迹，已不全。

萧寺曙钟[①]

【清】赵国琳（顺治年间）

鶗鴂啼频敢劝勤，乌鸦惊散不成群。
僧闲寺古华钟动，漏尽星疏万井闻。
唤醒黄粱炊早熟，催拖墨绶夜初分。
挑灯视案长听得，半在堂皇半在云。

【（清）赵国琳修《定陶县志》卷八，顺治十二年刻本，第 25 页】

注释：①定陶城东北 3 里黄瓜园村东头有一萧寺，规模颇大。每到天曙，钟声四起，声音洪亮，响彻天空。这时群鸦惊飞，群鸡齐啼，城北一带的群众也都从梦中惊醒。清嘉庆十八年（1813），本地白莲教暴动，曾以该寺为营寨，因被清军焚毁。

塔院梵音[1]

【清】赵国琳（顺治年间）

古刹僧传几祖衣，天花乱落雨霏微。
檐铃絮语人谁解，木柝空林叶自飞。
梵呗远凭钟磬度，仙禽夜逐蕊珠归。
恭禅但使迟迟答，留镇山门玉带围。

【（清）赵国琳修《定陶县志》卷八，顺治十二年刻本，第 26 页】

注释：①隋朝仁寿二年（602），定陶城东南城角建有宝乘塔和寺院。寺里僧徒甚多，经常念经，声音琅琅，传于寺外，令人辄起庄严肃穆之感。清顺治十二年（1655）定陶知县赵国琳曾经重修，塔于嘉庆二十五年（1820）倾塌。

斑枝麟迹[1]

【清】赵国琳（顺治）

角趾振振盛世偏，班枝村里尚相传。
游行应不伤生草，载记尝思继断编。
钱迭苔痕摹细甲，画凭彩笔上高扇。
祯祥感召由人致，何必哀公四十年。

【（清）赵国琳修《定陶县志》卷八，顺治十二年刻本，第 26 页】

注释①：定陶城东关东南旧有麟过村，后名斑枝村。传说麒麟曾从这里经过。麟过处筑有斑麟迹台，今已无存。

柳堤春浪[1]

【清】赵国琳（顺治年间）

南望长堤柳色遥，携柑堪听语莺娇。
致思濯濯当春月，风堪层层软暮潮。

絮起恍惊涛卷雪，坐深疑对客乘舠。
几年培养刚还旧，忍赠行人折一条。

【（清）赵国琳修《定陶县志》卷八，顺治十二年刻本，第25页】

注释：① 柳堤春浪是古定陶八景之一。柳河古时西通济水，经过城南，东南流入成武境内。昔日沿岸遍栽柳树，因称柳河。

长岸烟迷[①]

【清】赵国琳（顺治年间）

岸西意预砥奔流，润气熏蒸草树稠。
朝暮炊烟工点缀，犊牛耕牧隐歌讴。
望如匹练模糊亘，静若银涛缥缈浮。
不少米颠阴雨致，遍凭睥睨立城头。

【（清）赵国琳修《定陶县志》卷八，顺治十二年刻本，第25页】

注释：①在今菏泽长岗集南3里与定陶交界处，有一古河堤岸。（岸属定陶，已断绝为南北方向的3个堌堆）堤上林木交映，岸边丰草芊绵。每遇阴天雾晨，或细雨蒙蒙，远望长岸，烟气弥漫，如银河倒泻，如素练悬空，令人扑朔迷离，难以辨析。

仿山雪霁[①]

【清】赵国琳（顺治年间）

景山雪积抱城阴，光洁遥飞寒色侵。
已歇兔毫弹笔粉，犹僵鹤梦锢松针。
应寻闭户高人卧，且喜来年蝗子沉。
驴背重吟非羡慕，肚肠但愿与差参。

【（清）赵国琳修《定陶县志》卷八，顺治十二年刻本，第25页】

注释：①仿山在定陶城北，为曹国二十五帝的墓葬地。因在平地积土隆起，仿佛如山，故称仿山。宋朝在山巅建有曹伯祠。从明朝起，继续修律庙宇、钟鼓楼、戏楼等 20 余处。东西两山上下又遍种松柏等树，因每逢大雪初霁，远望山上，烟雾缥缈，恍如蓬壶仙境。

河滨渔唱①

【清】赵国琳（顺治年间）

郁有烟波物外思，风传欸乃动涟漪。
先劳筋骨舜陶处，忽听沧浪渔唱时。
水阔天空遥答乡，月明雨细静垂丝。
客星何在随流钓，不着羊裘若个知。

【（清）赵国琳修《定陶县志》卷八，顺治十二年刻本，第 25 页】

注释：①今定陶县城西柳河有河滨寺，南岸故址犹存。古时柳河西通济水，渔帆点点，来往如织。每逢夕阳西下，夜幕低垂，海滨寺左右，渔火万点，灿如繁星，渔民们就纷纷歌唱起来，此唱彼和，忽起急落，婉转悠扬，动人心弦。

石井月华①

【清】赵国琳（顺治年间）

处处年年对素秋，冰轮独此罕为俦。
影临白石光逾洁，烟敛遥林致更幽。
深井正悬秦氏镜，高怀全陋庾公楼。
绝胜三五寻常夜，另辟壶天挂市头。

【（清）赵国琳修《定陶县志》卷八，顺治十二年刻本，第 26 页】

注释：①石井月华又作石楼月华。定陶城东南 12 里石楼庙村建于战国时期，村东北角有一石楼庙，庙内曾有一井，井口用八个石块砌成，人都称为八角琉璃井。每年中秋之夜，天高气爽，玉宇无尘。井里的月亮，如玉盘、如水晶，比天上的月亮还皎洁光华。因该井筒稍向南倾斜，只有中秋之夜才可看到这一奇异景观。

长堽夏牧

【明】乔迁（1483—1565）

短策驱群犊，饮池或降阿。
午阴眠细草，晚照映归蓑。
应感维鱼梦，无劳叩角歌。
躬耕空有意，可奈世情何。

【（清）赵国琳修《定陶县志》卷八，顺治十二年刻本，第 23 页】

长堽夏牧

【明】杨伯元（生卒年不详）

一带崇堽远市朝，耕余闲牧自逍遥。
数声短笛南风远，几卷农书午梦招。
税足亩边牛住喘，地肥原土草偏饶。
风光仿佛桃林外，野水潺潺渡小桥。

【（清）赵国琳修《定陶县志》卷八，顺治十二年刻本，第 24 页】

萧寺曙钟

【明】成绘（生卒年不详）

梵宫捣鲸音，漏终启明早。
声彻闾阎外，乡震陶丘表。
东海日已升，西门月随倒。
梦里见浮生，长眠始知晓。

【（清）赵国琳修《定陶县志》卷八，顺治十二年刻本，第 24 页】

班枝麟迹

【明】乔迁（1483—1565）

胜迹垂终古，村名传至今。
草芳来异瑞，俗美荫深林。
反袂悲吾道，修经见圣心。
有怀增感慨，抱膝漫长吟。

【（清）赵国琳修《定陶县志》卷八，顺治十二年刻本，第 24 页】

长堽夏牧

【清】赵国琳（顺治年间）

一番驱暑雨初收，几树清阴覆绿稠。
草软羊群浑似画，水深牛背稳如舟。
风蓑有梦成驰骤，月笛无腔任去留。
绝胜折腰为令尹，长将刍牧向人求。

【（清）赵国琳修《定陶县志》卷八，顺治十二年刻本，第 31 页】

石楼月华

【清】田有郜（生卒年不详）

古地中秋毓碧霞，石楼烟雾锦云奢。
水中玉镜时明灭，井底银钩刻半斜。
光映遥天如有象，瑞凝大地总无暇。
笛中消息真元渺，不比江心弄月华。

【（清）雷宏宇修《定陶县志》卷十一，乾隆十八年刻本，第 332 页】

三、新定陶八景

鬷[1]秋草色

【清】张彦士（1614—1699）

夏王驱马避崇城，无那天心未厌征。
雉堞岩岩警跸去，千年草木有余惊。

【（清）赵国琳修《定陶县志》卷八，顺治十二年刻本，第34页】

注释：①鬷，即三鬷，古国名，故址在今山东定陶境内。《汉书》中说："曹国有三鬷亭，昔汤与桀战，桀退保三鬷。汤从之，遂伐三鬷。"

氾水花明[1]

【清】张彦士（1614—1699）

百战功成楚项休，三军息马菏山头。
乱离此日归真主，野草闲花喜更幽。

【（清）赵国琳修《定陶县志》卷八，顺治十二年刻本，第34页】

注释：①氾水在城西北10里，汉高祖刘邦于氾水之阳登基。古氾水两岸多奇花异草，每到春天，万紫千红，争艳夺目，故为八景之一。

阿谷停云[1]

【清】张彦士（1614—1699）

菏水风清罢杵时，晴岚叆叇锁山眉。
只今惟有浣纱石，犹带尼山化雨澌。

【（清）赵国琳修《定陶县志》卷八，顺治十二年刻本，第34页】

注释：①仿山之间有一山谷名阿谷，孔子周游列国，自卫至楚曾从此经过。据传说当孔子在阿谷的时候，上空停留着缕缕白云，后人因称此处为"阿谷停云"。

梁台远雾[①]

【清】张彦士（1614—1699）

雕弧才卸战功成，蜀道赚来走狗烹。
不是吕娥多惨毒，谁教冤雾与云平。

【（清）赵国琳修《定陶县志》卷八，顺治十二年刻本，第 34 页】

注释：①梁王台在城东北 5 里，为西汉初期梁王彭越的点将台。彭越后来被诬以谋反罪处死，当地人为纪念他，就在他的点将台上建殿立碑。梁王台周围低洼潮湿，早晨远望台上，白气茫茫，似雾环绕，犹如彭越冤魂不散的神话。

左岗林樾[①]

【清】张彦士（1614—1699）

前贤磊落在春秋，爽气葱茏曜帝丘。
太史已随山木古，残阳犹照左山头。

【（清）赵国琳修《定陶县志》卷八，顺治十二年刻本，第 34 页】

注释：①左岗，又名左山，因此处有左丘明的坟墓而得名。在高大的岗阜上，林木茂密，遮天蔽日，盛夏之时，烈日炎炎，挥汗如雨，此处却凉爽宜人，如交秋令，因此人多来此避暑纳凉。

官亭古树[①]

【清】张彦士（1614—1699）

阴森古木覆官衙，传是田家荆树花。霜干已从燎爨尽，子孙又长连枝芽。

【（清）赵国琳修《定陶县志》卷八，顺治十二年刻本，第 35 页】

注释：①旧时定陶县署二堂的东面，有一紫荆轩。因其结构似亭，又在官衙，故名官亭。轩旁有紫荆树，以其树干苍老，色似古铜，又名古树。

蛇囿池塘[①]

【清】张彦士（1614—1699）

蛇丘已与暮云平，千古犹传贯国城。
莫讶详光迷紫禁，眼前陵谷几纷更。

【（清）赵国琳修《定陶县志》卷八，顺治十二年刻本，第34页】

注释：①定陶城东门里北面，三龙口西侧，古时有一池塘，传说是舜遣董父养龙处。此处有蛇丘城，即鲁之蛇渊囿。

戚堌晚鸦[①]

【清】张彦士（1614—1699）

从幸关东爱正稠，一朝永巷动人愁。
而今世远荒坟近，树杪乌啼恨未休。

【（清）赵国琳修《定陶县志》卷八，顺治十二年刻本，第35页】

注释：①定陶城北13里有戚堌寺（今名戚姬寺），是汉高祖刘邦夫人戚姬的故里。戚夫人遭吕后毒害惨死，汉文帝刘恒即位以后，在戚姬的故乡修建寺院，以作纪念。寺院建筑在高大的土堌堆上，环境僻静，树木参天，引来许多乌鸦来此筑巢。每到傍晚，群鸦归来，绕寺飞鸣，似为戚姬的惨死而哀悼。

畿丘草色

【清】赵国琳（顺治年间）

从来芳草怨王孙，遍砌三畿讵断魂。
雨后碧连天际远，春来意迴望中蕃。
马蹄轻蹴骄茵软，玉露斜垂忆泪痕。
愿遣犊牛教尽辟，差胜观美占平原。

【（清）赵国琳修《定陶县志》卷八，顺治十二年刻本，第26页】

氾水花明

【清】赵国琳（顺治年间）

汉祚初登此水阳，年年犹喷百花香。
曾迎剑佩森仙仗，遍发郊原照靓妆。
赤县河山铺锦绣，青春禽鸟奏笙簧。
秾桃不用侈潘岳，几片时飘泛羽觞。

【（清）赵国琳修《定陶县志》卷八，顺治十二年刻本，第 27 页】

阿谷停云

【清】赵国琳（顺治年间）

云浮仍是汉时秋，肤寸何心屡结楼。
不逝讵阙歌所遏，迟行殆为母相留。
浣时处女宁呈梦，蔽处孤臣莫解愁。
相欲从龙还四顾，高擎华盖待宸旒。

【（清）赵国琳修《定陶县志》卷八，顺治十二年刻本，第 27 页】

梁台远雾

【清】赵国琳（顺治年间）

梁王台峻刺云孤，苦雾迷蒙半有无。
仿佛烟岚收蜃气，吁嗟世代感骊徒。
空中结构摇银海，画里风光隔市壶。
更有飞凫来上下，一天景色总糊涂。

【（清）赵国琳修《定陶县志》卷八，顺治十二年刻本，第 27 页】

左冈林樾

【清】赵国琳（顺治年间）

浪说凫飞令是仙，密林葱郁霭云烟。
曲随鹿迹求芳径，交结虬枝入洞天。
故国固非乔木谓，甘棠原是召南篇。
谁能再继丘明耻，膝横孤桐奏绮弦。

【（清）赵国琳修《定陶县志》卷八，顺治十二年刻本，第 27 页】

蛇囿池塘

【清】赵国琳（顺治年间）

蛇丘城址未曾灰，渺渺池塘一鉴开。
星涌惊看金甲劲，月明疑吐夜珠来。
修鳞赴壑伤时逝，长剑凌霜拂佩回。
欲濯尘璎临浅碧，好从洲渚泛流杯。

【（清）赵国琳修《定陶县志》卷八，顺治十二年刻本，第 27—28 页】

官亭古树

【清】赵国琳（顺治年间）

紫荆几度忽荣枯，传自田真殆未诬。
特地挺生成独立，阖城遍索罕他株。
开花百日明于锦，标胜连枝诵满涂。
拟作甘棠应弗剪，知谁能继召公无。

【（清）赵国琳修《定陶县志》卷八，顺治十二年刻本，第 28 页】

戚堌晚鸦

【清】赵国琳（顺治年间）

乌鸟高巢萧寺西，思何不向汉宫栖。
光辉犹带当年鬓，寂寞长为子夜啼。
万点远投依密树，几声如怨诉幽闺。
戴星不问龛灯火，吊古浑忘归路迷。

【（清）赵国琳修《定陶县志》卷八，顺治十二年刻本，第 28 页】

四、鄄城八景

鄄城八景诗

【清】佚名

映潭明月舞西风，红沟绿柳水流东。
杏岗春色红十里，席桥斜渡小舟横。
春柳时见杨花落，钓台阴雨雾蒙蒙。
修真独卧箕山侧，夜听谷林撞晚钟。

【（清）高士英主编、荣相鼎纂修《濮州志·新增濮州考古图》，宣统元年】

鄄城八景诗①

【清】佚名

清潭明月

溪潭一道水澄清，四季温和堪濯缨。
鱼跃萍开天弄影，楼台俯视月明中。

红沟绿岸

绿柳森森两岸垂，红花沟满趁春开。
秋高叶落随流水，一掬酿成酒树杯。

杏岗春色

争妍万树斗芬芳，花粉风吹十里香。
飞落满村红似锦，春色先到杏花岗。

席桥横渡

愧无司马题桥才，折荻留诗扫绿苔。
写到更深无侣伴，小舟横渡故人来。

春柳杨花

春来美景赛秋烟，绿柳垂金最耐观。
因风不见絮飞舞，满地杨花铺白毡。

钓台阴雨

遍地汪洋是水隈，蒙蒙阴雨不曾开。
姜严遗事今如在，屐齿依然印钓台。

箕山独卧

灏水环山日夜流，向阳筑舍情堪幽。
举杯自有月来访，高卧先生百不忧。

谷林晚钟

刁斗无声静莫闻，闲轩独自养元神。
寒风飒飒难成寐，入耳晚钟撞谷林。

注释：①此诗出自《濮州志》，为清代无名氏所作，是对“古八景诗”的分别题咏。

五、巨野八景

莲池夜月[①]

【明】宋沧（1483—1533）

泽畔风吹起白沙，笙歌雨部断鸣蛙。
雨师容易浸成荡，龙女寻常放出花。
十里红香浮晚渡，一轮水彩衬晴霞。
夜深渔罢人归后，睡觉犹疑唱若耶。

【（清）章弘修《巨野县志》卷十四，康熙四十七年刻本，第16页】

注释：①巨野八景之一，故址在今巨野城北。

昌城烟雨[①]

【明】宋沧（1483—1533）

昌邑城旁几度过，不堪回首听途歌。
衣冠已见明时久，故老犹传汉事多。
漠漠暮云述铁骑，芊芊秋草没铜驼。
河山一统期千古，满地耕锄雨一蓑。

【（清）章弘修《巨野县志》卷十四，康熙四十七年刻本，第16页】

注释：①巨野八景之一，昌邑古城是西汉时著名的大都会。由于后来黄河多次泛滥，这座雄伟的古城便长眠于地下了。其遗址虽然埋没地下，但每当阴雨烟雾天，后人曾隐隐约约看到这座古城的城门、垛口、垣墙、宫殿等，这就是著名的“昌城烟雨”。故址在今山东巨野城南27里。

获麟古冢[1]

【明】宋沧（1483—1533）

传闻此冢埋仁兽，不见麢麇见野花。
征在玉书归阙里，仲尼铁笔遍天涯。
鲁人徒自怜麟趾，周室何能制犬牙。
掩袂不缘吾道痛，试将此意问名家。

【（清）章弘修《巨野县志》卷十四，康熙四十七年刻本，第 15 页】

注释：①又称麟渡古流，明代知县方时化在获麟处建一瑞麟寺，寺南有一古流名曰：八里河。河上有一渡口，颇富盛名，渡口烟霭氤氲，其美亦难于言表。这就是著名的“麟渡古流”景观。

落凤遗台[1]

【明】宋沧（1483—1533）

凤去高台几夕阳，每来登眺倍凄凉。
周人社屋无离黍，鲁叟坛荒惟白杨。
三水三山悻李白，九苞五彩忆轩黄。
旋沽斗酒临江饮，一曲哀歌类楚狂。

【（清）章弘修《巨野县志》卷十四，康熙四十七年刻本，第 15 页】

注释：①凤凰台今已无考。

梵塔朝晖[1]

【明】宋沧（1483—1533）

高塔凌空鳌柱撑，健登绝处大书名。
禅房花术莺啼迅，鲁郡山川日照明。
万里风云飘雨袖，五更灯火见重城。
凭虚欲拟朝云赋，恐堕瞿昙巨砾声。

【（清）章弘修《巨野县志》卷十四，康熙四十七年刻本，第 16 页】

注释：①梵塔，佛塔，指巨野永丰塔。在山东巨野城南一隅。

秦洞云霞[①]

【明】宋沧（1483—1533）

闻说秦皇避暑年，万机不事日高眠。
洞深霞碧苔侵座，阁小云凉石逗椽。
白兔走时回王气，黄金鎏处溜寒泉。
汉家司隶多知事，史有山南种墓田。

【（清）章弘修《巨野县志》卷十四，康熙四十七年刻本，第 16 页】

注释：①传为秦始皇避暑宫，说秦始皇东游泰山，路过此地避暑。身居洞内露天处任天光云影，自由来去；身立洞顶，观彩云蓝天，如临仙境。既有一种天籁美，又有一种中国画的意味。“秦洞云霞”由此得之。在今巨野城东南 20 里金山。

莲池夜月

【明】邝尧龄（万历年间）

大野潴平旧有年，独留池水浸城旁。清风屡送金山月，良夜新闻玉井连。叹隔花间游女萝，采湛江上冶人怜。徒来兰泽多芳草，得似华阳十丈鲜。

【（清）章弘修《巨野县志》卷十四，康熙四十七年刻本，第 17 页】

昌城烟雨

【明】邝尧龄（万历年间）

烟笼竹径晚云低，到处清尊可杖藜。
雉堞故飞昌国旧，衣冠犹似汉京西。

枝残古树惟鸦噪，草长芳郊存马嘶。
极目不堪怀古意，满天明月照长堤。

【（清）章弘修《巨野县志》卷十四，康熙四十七年刻本，第 18—19 页】

获麟古冢

【明】邝尧龄（万历年间）

细草平铺十里茵，遥看高冢卧麒麟。
东行此日经过近，西狩当年感慨真。
村落几家鸡犬旧，郊原四野黍禾新。
锄商归鲁今何在，留此芳踪春又春。

【（清）章弘修《巨野县志》卷十四，康熙四十七年刻本，第 18 页】

落凤遗台

【明】邝尧龄（万历年间）

落凤何年尚有台，登临怀古意悠哉。
不缘嬴女吹箫至，肯为苻坚植竹来。
几树名花新叠翠，一行细草空侵苔。
凭高载笔思杨励，作赋惭非大酉才。

【（清）章弘修《巨野县志》卷十四，康熙四十七年刻本，第 18 页】

秦洞云霞

【明】邝尧龄（万历年间）

祖龙归去入秦中，避暑何年尚有宫。
石洞可如函谷固，山楼何似阿房工。

夜深涧水涵明月，日暮溪云逐晚风。
招隐卜居曾此地，青青槐桂满芳丛。

【（清）章弘修《巨野县志》卷十四，康熙四十七年刻本，第 18 页】

梵塔朝晖

【明】邝尧龄（万历年间）

古塔崛崎复道蟠，重重高阁护朱栏。
朝晖山岳当窗见，夜静星河接槛看。
四壁祥光连大野，中天紫气逼长安。
凭高引眺情何限，几欲凌空振羽翰。

【（清）章弘修《巨野县志》卷十四，康熙四十七年刻本，第 18 页】

莲池夜月

【清】姚体俨（生卒年不详）

采莲歌未罢，到此兴殊赊。
五夜开仙境，三霄净月华。
搴来云外朵，幻出境中花。
谁复池塘梦，松乔共一家。

（见山东巨野碑碣）

昌城烟雨

【清】姚体俨（生卒年不详）

风景黯沉沉，鸮声桧柏林。荒域霄柝急，废堑晓烟深。帝子悲炎鼎，行人说卯金。周公画图在，谁谅老臣心。

（见山东巨野碑碣）

金山春晓[1]

【清】姚体俨（生卒年不详）

迢递最高峰，花香一县秾。
寒岩余古色，杰阁逗仙踪。
拂石筑秦洞，穿金忆鲁恭。
尤怜春日晓，松桧共葱茏。

（见山东巨野金山石刻）

注释：①金山春晓，巨野古八景之一，在今山东巨野金山。

渔泽秋澄[1]

【清】姚体俨（生卒年不详）

英雄余剩迹，浅水略成河。
节到秋风早，飞来野雉多。
皱纹孤月印，画鹢几船过。
当日垂纶者，情怀又若何。

（见山东巨野碑碣）

注释：①渔泽秋澄，巨野古八景之一，在今巨野县城东北。泽，即大野泽。

梵塔朝晖

【清】姚体俨（生卒年不详）

南郭清苍气，魂魄此郁盘。
孤撑清汉迥，高压碧城寒。
晓色明楼堞，经声出石坛。
东来红旭近，绝顶一凭栏。

（见山东巨野碑碣）

秦洞云霞

【清】姚体俨（生卒年不详）

辒辌车去后，石洞此常扃。
仙鼠飞秋影，鲍鱼空古腥。
壁余秦篆大，土似楚灰青。
明月依然在，云霞照窅冥。

（见山东巨野金山石刻）

麟渡古流

【清】姚体俨（生卒年不详）

绝笔东山后，斯之日月光。
停车忆袁虎，掩袂读公羊。
命也悲吾道，来哉为素王。
春秋经几换，古渡水汤汤。

（见山东巨野碑碣）

凤台孤峙

【清】姚体俨（生卒年不详）

德辉曾降此，此鸟竟何祥。
百尺梧桐古，千丛枳棘芜。
高台临大野，远岫上朝阳。
东望麒麟冢，年年瑞草香。

（见山东巨野碑碣）

（其他关于巨野八景的题咏，每组不完整，故以景属）

莲池夜月

【宋】李桐（生卒年不详）

疑是瑶池宴列仙，夜深满地撒金莲。
即空是色花铺锦，相与无心月在天。
十里香风波瑟瑟，千层瑞露影娟娟。
个中静意非凡境，未许寻芳买画船。

（见山东巨野碑碣）

莲池夜月

【明】马文健（约 1532—1615）

十里城阴泛彩波，长空竟晚见婆娑。
澄潭露浥千秋鉴，锦鲤风穿五色梭。
玉魄照残君子质，香飙送断美人歌。
重阛玩赏登瀛客，共拮凉霄见绮罗。

【（清）章弘修《巨野县志》卷十四，康熙四十七年刻本，第 17 页】

梵塔朝晖

【明】马文健（约 1532—1615）

浮屠筑塔自何年，深资烟霞势若穿。
光映扶桑连出日，影随埤堄压晴川。
巢鸾戴月鸣仙语，茂薜牵风接洞天。
谁信登高能作赋，挥毫长写彩云篇。

【（清）章弘修《巨野县志》卷十四，康熙四十七年刻本，第 17 页】

秦洞云霞

【明】陶性（生卒年不详）

幽然洞深沟如水，浪说秦皇来避暑。头会箕敛若炎蒸，斯民难□将安处。洞中云雾思悠悠，洞口泉源放碧流。主人一叹风瑟瑟，何地秦王土一丘。

【（清）章弘修《巨野县志》卷十四，康熙四十七年刻本，第 17 页】

秦洞云霞

【清】田贡（生卒年不详）

避暑秦王洞，求仙路不赊。
只看青嶂月，何异赤城霞。
古壁苔成字，幽岩石缀花。
桃源无待访，此地可为家。

（见山东巨野金山石刻）

秦洞云霞

【清】冯锡介（生卒年不详）

昔日秦王洞，于今入画图。
岩崖微有字，石户尚遗模。
谷暗清风在，泉寒暑气驱。
东巡胡不到，宫殿竞荒芜。

（见山东巨野金山石刻）

秦洞云霞

【清】刘梅峰（生卒年不详）

祖龙广侈心，凿山做石洞。
竭尽民脂膏，赢得沙邱[1]痛。

（见山东巨野金山石刻）

注释：①史载，秦始皇死于沙邱。

秦洞云霞

【清】康受镛（生卒年不详）

嬴秦古洞说桃源，岂料云霞又一寸。
若使琼田致仙药，停銮几度羡云屯。

（见山东巨野金山石刻）

金山春晓

【清】田贡（生卒年不详）

其一

为爱春光晓，晴云不锁山。
香飘仙阁迥，人语古亭间。

其二

谷口骅骝聚，峰腰士女攀。
重三时雨降，金碧耀尘寰。

（见山东巨野金山石刻）

金山春晓

【清】冯锡介（生卒年不详）

一笏金峰秀，青濛宿雾收。
寺藏春树曲，磴折晓云幽。
岩草深肥兔，山村草叱牛。
桃园初日上，红翠满峦椒。

（见山东巨野金山石刻）

金山春晓

【清】康受镛（生卒年不详）

南国金山涌翠环，此邦卷石宛洞攀。
缘何预卜丰穰兆，为有甘霖洗碧山。

（见山东巨野金山石刻）

六、成武八景

咏城武八景

【明】钱达道（万历年间）

寿院朝曛[①]

初动讲堂钟，惊乱栖鸦睡。
青黄碧绿林，演尽三车事。

注释：①寿院朝曛：成武古城东部，护城堤内，有高台曰寿峰，亦名东台。据道光版《城武县志》载：“唐建院于其上，古碣犹存，邑之望山也，迎春、启蛰、宴会、雅集多于此。”登台观日出，称为“寿院朝曛”。

云山夕照[1]

层峦一段云，冉冉随霞起。
短笛横斜阳，无腔偏入耳。

注释：①云山，即云亭山，亦名文亭山，位于城武县城西北一里处。传说曾子与“三冉”曾会文于此，后人于土丘上建亭纪念，名“会文亭”，这土丘便称为文亭山了。又传说，汉高祖刘邦曾驻跸文亭山，上有五色云笼罩，所以文亭又名“云亭”，文亭山又名“云亭山”。

堂沟樵唱[1]

砍破松萝云，出门方及旦。
归来发浩歌，担头星月烂。

注释：①堂沟在城武县北40里傅潭一带，其名由“堂卫傍邑，沟其地”附会而成。古时此地草木丛生，樵夫一边劳作，一边歌咏，名曰“堂沟樵唱”。

荷泽渔歌[1]

娇面扬罗裙，清香拂槛下。
风送欸乃声，知非采莲者。

注释：①荷泽，也作菏泽，即《禹贡》中“导菏泽”之菏泽，古时在济阳县东北90里，其泽绵延东至成武汶上一带，故成武有“菏泽渔歌”一景。下文“荷泽”同。

凤岭春云[1]

谁言触石生，还应灵禽布。
和风鼓辔时，绕遍苍梧树。

注释：①城武县城南有一高地，传说晋代曾有凤凰栖其上，因而名之“凤岭”，每到春暖花开时节，于此览春赏云，心随凤飞。

雁池秋月[1]

秋水湛横塘，凉沁蟾光吐。

嘹呖已惊心，敲砧还隔浦。

注释：①传说古时有个云游方士，名周贯，号木雁子，于城武县城东南门外凿一水池。方士信手刻一木雁，立于池上，大雁随之舞动翩翩，因而名之雁池。每逢秋月当空，静影沉璧，成为一景。

梁丘胜迹[1]

当年卫与齐，并立中原帜。

今余土一抔，空洒山阳泪。

注释：①梁丘，乃春秋时期宋公与齐侯会盟之宝地，也是彭越起家以及与韩信会兵之处，沛公在此与彭越联手击楚。后彭越为梁王，后人便于此建梁王庙，成立庙会，影响波及方圆数百里。

郜鼎遗墟[1]

郜城藏重宝，德在此不在。

世有调燮才，愿言司鼎鼐。

【（清）袁章华撰《城武县志》卷十一，道光十年刻本，第 1—3 页】

注释：①郜鼎，在县东南 18 里。周武王封庶弟于郜国，定鼎郜城。郜被灭，传国重宝郜史硕父鼎被宋掠至鲁国。后人立“郜鼎遗迹”碑于郜址，以示纪念。

和城武八景韵

【明】张居仁（生卒年不详）

寿院朝曛

竹院日高舂，山僧犹齁睡。

禅扉总不扃，谁话山中事。

云山夕照

层岑返照来，天际孤云起。
归去板桥西，临流一洗耳。

堂沟樵唱

伐木到溪山，行歌昏与旦。
朝暮此山中，宁知斧柯烂。

荷泽渔歌

芳沼芙蕖香，渔舠出其下。
不闻欸乃歌，谁识捕鱼者。

凤岭春云

绣岭锁春云，悬崖飞瀑布。
当年五色毛，曾翥梧桐树。

雁池秋月

塔影雁行斜，洲白芦花吐。
咿哑晓夜鸣，孤月悬秋浦。

梁丘胜迹

齐宋日纵横，梁丘标赤帜。
台榭水烟平，千古英雄泪。

郜鼎遗墟

问鼎是何年，到今遗址在。
不知郏鄏间，有人调鼎鼐。

【（清）袁章华撰《城武县志》卷十一，道光十年刻本，第3—4页】

城武八景

【清】申锡（清中）

堂沟樵唱

朝入堂沟来，暮自堂沟返。
不问荆与棘，挥斤一并砍。
丁丁斧柯鸣，个个肩头满。
高咏伐木诗，归途不觉远。

映湖晨烟

凌晨湖上来，乘流莽四顾。
不辨水与天，一带寒烟护。
遥连凤岭云，高迷文山树。
日出拉船归，方识来时路。

文山夕照

鸦背夕阳明，回光射孤巘。
百石勾漏砂，狼藉山头染。
汉代武功成，此地曾驻辇。
落日满空山，临风忆三冉。

雁池秋月

曲水泄方塘，明月上东岭。
流光射波心，荡漾翻孤影。
数行沙雁集，一径溪云冷。
机心两相忘，街芦傍渔艇。

梁丘胜迹

楚军驻彭城，谁实掣其肘。
一朝罹鼎镬，千年笑功狗。
何如谢兵权，归钓巨野薮。
入祠缅英风，前功复何有。

魏村红叶

谁将丹砂笔，秋林恣点缀。
遂将万绿丛，一一红霞绘。
不信桃花源，今在尘寰内。
世代沓当涂，此村仍属魏。

荷泽渔歌

托身水云乡，生涯倚钓具。
网晒渡头风，帆依前浦树。
酒爱碧筒饮，诗咏白露句。
一声欸乃歌，鼓楫悠然去。

吕台春晓

吕台高不极，透出林木杪。
几树乱鸦啼，千门淑气绕。
上方月影低，下界钟声早。
凭槛望扶桑，海日红杲杲。

【（清）袁章华撰《城武县志》卷十一，道光十年刻本，第 34—35 页】

（其他关于成武八景的题咏，每组不完整，故以景属）

吕台春晓二首

【清】王孙延（生卒年不详）

一

碧柳摇摇不记年，春光多在杏花天。
凭君莫问山中叟，遮莫登临一惘然。

二

一幅烟村顾野王，绿杨风撼铁郎当。
三春好景无人说，树里流莺总断肠。

【（清）袁章华撰《城武县志》卷十一，道光十年刻本，第 16 页】

吕台春晓

【清】陈典（康熙年间）

信步南城外，寻春古砌边。
桃花欺夜雨，柳绿洗朝烟。
台峻钟声迥，庭空飞鸟还。
菁葱遍四野，无赖楝花天。

【（清）袁章华撰《城武县志》卷十一，道光十年刻本，第 25 页】

吕台春晓

【清】刘玫（清中）

胜地天成亦在人，东南一望吕台新。
层峦叠翠烟中画，紫陌青畦太古民。
到处莺声听隐树，无边草色喜成茵。

试观瑞霭峰头上，欲向山灵问卜邻。

【（清）袁章华撰《城武县志》卷十一，道光十年刻本，第 29 页】

映湖晨烟

【清】陈典（康熙年间）

晨高步台上，湖光四望连。
鱼翻风里浪，鸥戏水中天。
古刹层楼隐，孤城野市偏。
扁舟欸乃处，知隔几重烟。

【（清）袁章华撰《城武县志》卷十一，道光十年刻本，第 25 页】

映湖晨烟

【清】王孙延（生卒年不详）

三月不厌晴，九月不厌旱。问子胡为然？映湖自津灌。澄泓几何年，潆洄县之半。波光漾周遭，好景屡相换。常见凫雁群，时或鸨鹚散。竟日景自佳，清绝乃及旦。烟岚看四围，楼阁远近乱。云树自相连，风钟声或断。宜抛青箬笠，轻舸不系缆。不然倚红藤，叉手歌湖畔。昔日北极阁，野市当足看。此意无人知，短歌自三叹。

【（清）袁章华撰《城武县志》卷十一，道光十年刻本，第 12 页】

映湖晨烟

【清】宋映奎（清末）

凌晨烟起曙光开，湖水苍茫隐钓台。
一抹林梢青似黛，扁舟带露早归来。

【（清）袁章华撰《城武县志》卷十一，道光十年刻本，第 39 页】

映湖朝烟

【清】刘玫（生卒年不详）

阳回曙色集成阴，潋滟湖光瑞气侵。
西望云亭松荫古，东连寿院柳花深。
和风茁遍堤边草，晓景声传叶底禽。
何处渔舟听欸乃，新蒲碧藻满烟浔。

【（清）袁章华撰《城武县志》卷十一，道光十年刻本，第29页】

魏村红叶

【清】王孙延（生卒年不详）

昔出右北平，别见一丘壑，山树青琅玕，林叶红璎珞。归来寻敝庐，尘土满四郭。偶见转少年，余者藜与藿。行行到南魏，秋容鲜犹昨，远近杂柿梨，丹黄何灼灼。忽疑黄大痴，烘染此标格。又意李营丘，真宰谢糟粕。尝思枫柏林，秋来殊不恶。思之不能见，好景空梦噩。得此傲冬烘，如饥忽大嚼。寻友开浊醪，一斗生鳞角。欲拉张元真，霜林扫秋箨。不然化羽人，峥嵘上寥廓。安得局世间，如彼鷃鹩雀。大言聊可嗤，吾将问芒跷。

【（清）袁章华撰《城武县志》卷十一，道光十年刻本，第13页】

魏村红叶

【清】陈典（康熙年间）

木落重阳侯，秋容看不穷。
霜林烧柿叶，野店响丹枫。
无意插黄菊，何心恋井桐。
山村图画里，扶杖趁西风。

【（清）袁章华撰《城武县志》卷十一，道光十年刻本，第25页】

魏村红叶

【清】徐桓（生卒年不详）

缭绕秋光爽气中，晨钟杳杳度西风。
满林柿叶经霜后，照眼丹砂映日红。

【（清）袁章华撰《城武县志》卷十一，道光十年刻本，第 37 页】

魏村红叶

【清】刘玫（生卒年不详）

物老摧残景转嘉，南村何意染丹砂。
想因天酒秋深醉，胜却河阳县里花。
流去御沟名莫似，啼回杜舌景难夸。
霜浸雨洒秋容媚，博得羊何咏物华。

【（清）袁章华撰《城武县志》卷十一，道光十年刻本，第 30 页】

西浦荷花

【清】陈典（康熙年间）

一水小桥通，荷花映日红。
繁香风细细，浩态雨蒙蒙。
山阁苍茫里，渔舟淡霭中。
笛声随曲水，清兴几人同。

【（清）袁章华撰《城武县志》卷十一，道光十年刻本，第 25 页】

西浦荷花

【清】刘玫（生卒年不详）

一水围城漫往回，夕阳泽畔见花开。
不逢南国真名士，谁向西湖泛酒杯。
雨点晴空飞鸟度，路分明镜笋舆来。
熏风著意匀颜色，赢得馨香不染埃。

【（清）袁章华撰《城武县志》卷十一，道光十年刻本，第 29 页】

西浦晚钓

【清】钱万秋（生卒年不详）

消间垂钓碧溪头，两岸芦花数点鸥。
莫问水清鱼不饵，一竿明月满塘秋。

【（清）袁章华撰《城武县志》卷十一，道光十年刻本，第 32 页】

城外西浦

【清】徐檀（清中）

夕阳淡淡照滩沙，一曲长流抱郭斜。
回首渔人停棹处，鸬鹚飞下白芦花。

【（清）袁章华撰《城武县志》卷十一，道光十年刻本，第 33 页】

西浦晚眺

【清】徐桓（生卒年不详）

向晚乘舟好，凉风动薜衣。
蓼疏迷浅渚，波远淡斜晖。

星迴廖天阔，云高雁影飞。
孤村渔火暗，且待月明归。

【（清）袁章华撰《城武县志》卷十一，道光十年刻本，第 36 页】

西浦泛舟

【清】徐连浦（清末）

文亭山下泛轻航，匹练潆洄水一方。
四面荷花秀冉冉，鸬鹚点破镜中央。

【（清）袁章华撰《城武县志》卷十一，道光十年刻本，第 40 页】

与诸子西浦泛舟

【清】李良田（清末）

旧有扁舟兴，今朝自在游。
孤城烟棹晚，十里水云秋。
日落桥连寺，山昏月满楼。
何人一声笛，响彻荻芦洲。

【（清）袁章华撰《城武县志》卷十一，道光十年刻本，第 40 页】

西浦晚眺

【清】张葆中（生卒年不详）

人立夕阳滩，翛然倚杖观。
葭声翻日落，水气聚烟寒。
唱晚来渔艇，呼群闹鸭栏。
文山钟鼓动，归路夜将阑。

【（清）袁章华撰《城武县志》卷十一，道光十年刻本，第 43 页】

西浦晚归

【清】刘星荫（清末）

最是销魂湖上亭，夕阳城外水泠泠。
兼葭冷露涵秋色，荷芰香风拂画屏。
凤岭云深徐吐月，雁池波静夜沉星。
吟诗不觉归来晚，回首文山数点青。

【（清）袁章华撰《城武县志》卷十一，道光十年刻本，第 46 页】

与配五南渚诸子西浦会饮

【清】李百盈（清末）

荷里渡轻舟，荷香袖底留。
湖光千顷碧，山色一襟秋。
钓渚新烟袅，渔庄倒影浮。
劝君须尽醉，高唱起沙鸥。

【（清）袁章华撰《城武县志》卷十一，道光十年刻本，第 47 页】

西浦晚眺

【清】张葆中（1828—？）

人立夕阳滩，翛然倚杖观。
葭声翻日落，水气聚烟寒。
唱晚来渔艇，呼群闹鸭栏。
文山钟鼓动，归路夜将阑。

【（清）袁章华撰《城武县志》卷十一，道光十年刻本，第 43 页】

过城西浦

【清】黄光岳（生卒年不详）

匹马过文亭，悠然远思清。
白云遮古道，红蓼绕荒城。
蛱蝶花间舞，鸬鹚水面行。
苍凉刚极目，岭外雁声声。

【（清）袁章华撰《城武县志》卷十一，道光十年刻本，第48页】

七、曹县八景

曹县八景

汤陵异木[①]

【明】王崇献（1470—1555）

山中有木不知名，春雨来时倍发荣。
千尺龙蛟垂偃蹇，万年神鬼护峥嵘。
荒陵远自依三亳，过客犹能奠两楹。
瞻拜未终空怅望，秋林迢递暮云横。

【（清）朱琦撰、郭道生续修《兖州府曹县志》卷一，康熙五十五年刻本，第 20 页】

注释：①汤陵，位于今菏泽市曹县阎店楼镇土山集村。

汉舍嘉禾[①]

【明】王崇献（1470—1555）

瑞色当年映薜萝，明明天意竟如何。
可怜汉世衣冠老，争献新朝雅颂歌。
十叶山河归谊主，九天雨露孕嘉禾。
一从歇马昆阳后，含哺谁知帝力多。

【（清）朱琦撰、郭道生续修《兖州府曹县志》卷一，康熙五十五年刻本，第 20 页】

注释：①今曹县西部白茅村一带。据旧志载，建平元年十二月，汉光武帝刘秀生于济阳县舍，是岁堤内有嘉禾生，一茎九穗。

莘野春耘[①]

【明】郭万象（生卒年不详）

相业从来羡有莘，先生知觉道同珍。
为霜四峙山衔雨，沃野千林鸟赋春。
战垒烽消声鼓净，台衡誉藉主臣亲。
沛余膏液霑难拟，九曲源同泻巨津。

【（清）朱琦撰、郭道生续修《兖州府曹县志》卷一，康熙五十五年刻本，第 20 页】

注释：①今曹县西北莘冢集一带，此地为古有莘国商相伊尹故里。伊尹曾耕于此。

景山夕翠[①]

【明】郭万象（生卒年不详）

数峰青插蔚蓝天，翠黛春逾入望妍。
揽胜未应侈岱岳，凭高瑞欲俯垓埏。
憩舆约略游人赏，结宇参差牧子联。
谷口仍余花似雾，不知羽化几飞仙。

【（清）朱琦撰、郭道生续修《兖州府曹县志》卷一，康熙五十五年刻本，第 20 页】

注释：①景山，亦名楚丘，是夏商时期著名圣山，商汤会盟于此，在今曹县东北梁堌堆景山遗址一带。

霸主盟坛[①]

【明】郭万象（生卒年不详）

曹南山势列崔巍，宋子登坛此一来。
王会于今羞霸业，居人犹自指盟台。

当年文物空尘土，何代冠裳不草莱。

俯仰荒凉难极目，斜阳飞鸟更徘徊。

【(清)朱琦撰、郭道生续修《兖州府曹县志》卷一，康熙五十五年刻本，第20页】

注释：①春秋时期曹国有南山，曰曹南山，今在曹县北部青岗集镇北一带。春秋时期，中原诸侯常在此会盟。

驿寺[①]新塔

【明】郭万象（生卒年不详）

灌水阳浓石径幽，风驰驿使听鸣驺。

当年碑影插云起，此日塔光教月留。

卷幔巧通花乱午，敲钟香散树凝秋。

南山异迹垂青史，载兴山僧记胜游。

【(清)朱琦撰、郭道生续修《兖州府曹县志》卷一，康熙五十五年刻本，第20页】

注释：①古曹县城西（今曹县西部王乐田村一带），原有兴隆寺，寺旁有驿站，门外有新驿塔。

九曲[①]洪涛

【明】郭万象（生卒年不详）

洪波沃日晓苍苍，飞挽千艘去渺茫。

窟隐蛟龙时济旱，岸移草树且凝霜。

歌传瓠子平成懋，浪滚桃花砥柱当。

有约溯源千里去，九曲曲里听沧沧。

【（清）朱琦撰、郭道生续修《兖州府曹县志》卷一，康熙五十五年刻本，第20—21页】

注释：①清咸丰五年以前，黄河流经曹县境内（今曹县南部黄河故道），水势滔滔，龙弯蛇曲。

奎阁凌云[①]

【清】高鹏南（清初）

高阁崚嶒峙水东，奎光灿灿撼瑶空。
登临恍与星垣接，呼吸还应帝座通。
遐瞩四峰迎日紫，近依半壁骨蕖红。
陶阳嘉瑞繇兹集，取次回翔八翼风。

【（清）朱琦撰、郭道生续修《兖州府曹县志》卷一，康熙五十五年刻本，第 21 页】

注释：①古曹县城东南城墙上，原有一文昌高阁，耸入云霄，今已湮没。

曹县八景

【清】韩志杰（生卒年不详）

汤陵异木

不随草木朽无名，历尽风霜枯更荣。
云护汤陵枝偃蹇，月高亳社影峥嵘。
北连稼禾莘千亩，南向蒸尝庙两楹。
自有之而生气在，何须宝剑挂纵横。

汉舍嘉禾

田家补屋事牵萝，播谷辛勤近若何。
汉代祥征传社趾，曹南嘉话艳农歌。
中兴人共识新主，大有天先挺异木。
古迹闲寻桥尚在，留题不厌好诗多。

莘野春耕

优游乐道自耕莘，待聘原为席上珍。
指日且随民怨夏，锄云先养黍生春。
圣王未遇功名淡，野老相逢笑语亲。
畎亩幡然终一去，徒留鸦嘴话津津。

景山夕翠

山势峻嶒插碧天，每逢夕照有余妍。
云鬟凝黛垂三面，螺髻分青映八埏。
林艳晚晴花愈好，人欣远眺步同怜。
诗怀到此尘氛涤，何必蓬瀛乃是仙。

霸主盟坛

盟坛有迹峙崔嵬，会纪曹南霸主来。
万古山河怀宋子，一天风雨上高台。
邾鄫属国随流水，金鼓从军付草莱。
可惜子鱼时不遇，登临把酒几徘徊。

驿寺新塔

铁马丁东韵自幽，迢迢驿路接鸣驺。
寺前小立逢僧话，塔上新诗任客留。
清引霜钟来五夜，寒迟塞雁渡三秋。
凌云应作题名看，为语词人莫浪游。

九曲洪涛

浮槎有客溯穷苍，曲曲洪涛望杳茫。
蚁比珠穿通太华，帆如湘转到严霜。
影连牛斗来难测，泼撼龙门去莫当。
万里朝宗归绝壑，源流一气海沧沧。

奎阁凌云

凌云高阁接城东，仰见奎星现碧空。
隐把龙门声价重，潜将雁塔姓名通。
文光射斗连宵紫，笔颖生花映日红。
扶引广寒多少客，衣香各带桂花风。

【（清）陈嗣良撰《曹州府曹县志》卷十七，光绪十年刻本，续艺文志下】

曹县八景

【清】董味清（清末）

汤陵异木

子姓兴王迹可凭，千秋曹邑剩荒陵。
孤坟冷落埋青草，异木灵奇绕翠藤。
叶覆残碑阴漠漠，枝低古寺护层层。
景山村柏遥相映，共惹骚人吊不胜。

汉舍嘉禾

天不灭刘祚汉家，中兴瑞兆庆禾嘉。
双歧争献千畦秀，重穆喜瞻万亩斜。
在昔昆阳驰战马，于今洛畔噪寒鸦。
莫与黍离同感慨，曹邑由来胜景夸。

莘野春耘

漫羡历山并渭滨，阿衡耕处未埋湮。
道传尧舜存真乐，迹仿巢由远俗尘。
此日一犁同牧竖，他年三聘作元臣。
迄今野畔寻遗冢，满眼蓬蒿尽是春。

霸主盟坛

图霸争盟事已残，曹南犹剩此荒坛。
当时会合衣冠盛，此日登临霜露寒。
牛执空思书誓载，马驱只见野花团。
桓文庄穆堪千古，也把宋襄一例看。

景山夕翠

景山松柏赋丸丸，翠点晴峰入夕观。
云气远横疑壁障，斜阳返照似屏攒。
春萦苔石千重碧，秋老枫林四绕丹。
众岭于今骧首望，烟姿柳色锁层峦。

驿寺新塔

寺前新塔峙城西，经此疑闻驿马嘶。
拓地石基犹地横，钻天铁顶与天齐。
颓垣野庙春光寂，没字残碑草色萋。
遥想当年传命至，停征歇骑快攀跻。

九曲洪涛

黄河胜境属吾曹，九曲潆洄万丈高。
东接齐烟州点点，西来星宿浪滔滔。
流经熊耳疑天泻，湾等羊肠入海号。
四读独尊千派水，随帆转处数洪涛。

奎阁凌云

奎星高阁屹城闉，终古凌云不计春。
遥接银河千仞界，疑登瑶岛十余人。
百年王气侵东斗，一道文光拱北辰。

槛外尤欣环玉带，晴波掩映出红尘。

【（清）陈嗣良撰《曹州府曹县志》卷十七，光绪十年刻本，续艺文志下】

曹县八景

汤陵异木

【清】袁均（清末）

佳哉郁郁瑞斯征，异木阴森蔚几层。
知是宽仁绵厚泽，千秋风雨护汤陵。

汉舍嘉禾

【清】袁均（清末）

谁扶汉室旧山河，济水灵钟瑞气多。
千百年来风土异，人心犹自颂嘉禾。

【（清）陈嗣良撰《曹州府曹县志》卷十七，光绪十年刻本，续艺文志下】

莘野春耘

【清】徐强恕（清末）

一期相业力宏开，霖雨苍生莘野来。
会合纵无三聘主，虽终畎亩不尘埃。

景山夕翠

【清】徐强恕（清末）

景山佳气薄晴空，翠岫层峦济水东。

落日驱车林下路，几行古树动秋风。

【（清）陈嗣良撰《曹州府曹县志》卷十七，光绪十年刻本，续艺文志下】

霸主盟坛

【清】徐鸿勋（清末）

宋子登坛霸业传，雄心胜概想当年。
而今满目凄凉感，秋草荒烟落照边。

驿寺新塔

【清】徐鸿勋（清末）

荒烟废寺枕城西，驿路犹然驰马蹄。
杰塔重修新更峻，迢峣高与白云齐。

【（清）陈嗣良撰《曹州府曹县志》卷十七，光绪十年刻本，续艺文志下】

九曲洪涛

【清】李汉濯（清末）

讦谟历代重河防，到海奔涛怒且狂。
此日安澜重九日，每逢曲处满荣光。

奎阁凌云

【清】李汉濯（清末）

丹楹画阁入云霞，百尺城头落日斜。
才子文光高北斗，奎星照耀笔生花。

【（清）陈嗣良撰《曹州府曹县志》卷十七，光绪十年刻本，续艺文志下】

曹县八景

【清】徐本荣（生卒年不详）

汤陵异木

直是飞来者，参天耸若峰。
润滋莘野雨，秀厌景山松。
万卉荣仍朽，孤坟树更封。
汤陵标异迹，凭吊几支筇。

汉舍嘉禾

帝王自有真，天意诞神人。
奔草滋生日，麦歧报瑞辰。
气扶炎汉盛，秀毓济阳春。
千古昆阳战，馨香祝万民。

莘野春耘

漫以齐氓比，躬耕道自隆。
三春芸下土，一德赞元功。
尧舜君民乐，风云畎亩中。
迄今莘野望，庙貌峙苍穹。

景山夕翠

景山朽柏古，胜迹壮曹南。
莘野分青霭，汤陵挹翠岚。
千峰衔碧迴，万树落红酣。
翘首斜阳际，登临路尚谙。

霸主盟坛

宋子会诸侯，曹南霸业留。
左山[1]高自古，春墓远含秋。
壮志偕齐晋，遗踪剩壑丘。
坛边重惆怅，济水尚东流。

注释：①左山，《战国策》称“左氏”，《水经注》称“左城”，隋《续高僧传》作“左丘”，宋《太平寰宇记》作“左冈”，明清方志作“左山”。因周丘而城，故称左丘氏城，渐简为“左氏城”“左氏”“左城”。唐初曹州城往西南移5里，此处空留土丘，故又有左冈，左山之称。今有定陶马集镇左山寺龙山文化遗址。

驿寺新塔

塔势耸崔嵬，秋风驿路来。
孤峰新峻固，古寺久宏开。
碧落云宵里，绿杨城郭隈。
残碑兼断碣，剥蚀半苍苔。

九曲洪涛

嘉瑞颂河清，排空浊浪平。
万涛奔大海，九曲绕曹城。
舣舻泊前密，帆樯转处轻。
乘槎疑羽化，一棹入蓬瀛。

奎阁凌云

画阁崚嶒竦，奎星朗照东。
云山苍翠里，城郭夕阳中。
泮藻迎窗绿，井莲隔岸红。
蓬莱瞻咫尺，多士步蟾宫。

【（清）陈嗣良撰《曹州府曹县志》卷十七，光绪十年刻本，续艺文志下】

（其他关于曹县八景的题咏，每组不完整，故以景属）

莱墓[1]神柏

【清】袁文标（清末）

参天翳日影轮囷，受尽英灵柏有神。
长共汤陵留异迹，远随亳社树殷人。
饱经霜雪仍含翠，老幻虬龙欲化鳞。
文物不存年代换，东风犹作古时春。

【（清）陈嗣良撰《曹州府曹县志》卷十七，光绪十年刻本，续艺文志下】

注释：①莱墓，即商汤左相莱朱之墓，位于今曹县西南十里莱朱寺遗址一带，亦称为宋天堌。

莱墓神柏

【清】袁文校（清末）

仲虺一诰作先民，遗迹长留墓树春。
文物衣冠封马鬣，离奇形影幻龙鳞。
见知道统渊源接，力拒风霜节操真。
千载君臣相望处，汤陵异木共轮囷。

【（清）陈嗣良撰《曹州府曹县志》卷十七，光绪十年刻本，续艺文志下】

莱墓神柏

【清】付如恒（清末）

曹南殷土认芒芒，传记莱朱相有汤。
今日墓门留翠柏，当年殿阶拱祥桑。

雨零碑断商陵古，风暖花连尹庙芳。
一德君臣同不朽，崇祠俎豆奉馨香。

【（清）陈嗣良撰《曹州府曹县志》卷十七，光绪十年刻本，续艺文志下】

莱墓神柏（次付月樵韵）

【清】王公樊（清末）

参天精气吐光芒，墓柏森森媲古汤。
西北遥连莘野稼，东南俯视楚邱桑。
全教本性留殷土，肯与凡材斗靡芳。
汉舍嘉禾焦寺麦，千秋一样口碑香。

【（清）陈嗣良撰《曹州府曹县志》卷十七，光绪十年刻本，续艺文志下】

莱墓神柏

【清】张媚川（清末）

德媲阿衡相业隆，天生神物表勋庸。
曾同殷社亳都种，不受秦皇岳树封。
古迹陈干一抔土，贞心结老万年松。
佐商因抱为霖志，墓木通灵欲化龙。

【（清）陈嗣良撰《曹州府曹县志》卷十七，光绪十年刻本，续艺文志下】

金堤烟柳①

【清】张君銮（清末）

沿堤柳色碧如烟，雅趁新晴向晓看。
万缕金黄笼薄雾，一条沙白障狂澜，

春光早占同梅岭，粉本匀描艳蓼滩。
也似液池沾丽露，长留胜境在河干。

【（清）陈嗣良撰《曹州府曹县志》卷十七，光绪十年刻本，续艺文志下】

注释：①古黄河流经曹县南部，北堤上垂柳荫荫，金色阳光下，薄雾缭绕，如烟似纱。

金堤烟柳

【清】陈继洋（清末）

踏破清阴唤渡忙，每从画里问河防。
金堤宛比金城固，翠柳轻飘翠带长，
雨过平沙黏屐齿，风吹飞絮扑帆樯。
春来若犯桃花水，红影中涵绿两行。

【（清）陈嗣良撰《曹州府曹县志》卷十七，光绪十年刻本，续艺文志下】

金堤烟柳

【清】袁文标（清末）

白沙掩映绿烟飘，闲趁莺声过柳桥。
势逐洪涛成九曲，影涵流水荫千条。
踏歌人向阴中憩，唤渡船从画里招。
千载金城同巩固，任他萍叶涨春潮。

【（清）陈嗣良撰《曹州府曹县志》卷十七，光绪十年刻本，续艺文志下】

金堤烟柳

【清】朱慕兰（清末）

临河堤上柳含烟，一带青青接碧天。
竹坝支流齐滚雪，桃花风到乱飞绵。

攀条曲捩风中笛，唤渡人停画里船。

好趁洪涛环九曲，波摇树影绿无边。

【（清）陈嗣良撰《曹州府曹县志》卷十七，光绪十年刻本，续艺文志下】

金堤烟柳

【清】姚汝江（清末）

参天碧柳护金堤，曲荫湾环望欲迷。

万顷洪流欣浪静，三春翠霭与云齐。

红山远控汤陵右，白塔孤擎左寺西。

却喜黄河今北徙，田开绣陇认高低。

【（清）陈嗣良撰《曹州府曹县志》卷十七，光绪十年刻本，续艺文志下】

龙潭月色①

【清】扈于高（生卒年不详）

晴波数顷浸玻璃，八里桥头望眼迷。

两岸星光谁簖蟹，一丸珠颗欲探骊。

梦惊清夜芦中雁，影射平沙柳外堤。

不似深潭潴水暗，流辉空照月轮低。

【（清）陈嗣良撰《曹州府曹县志》卷十七，光绪十年刻本，续艺文志下】

注释：①今曹县八里湾风景区一带。

龙潭月色

【清】袁文校（清末）

龙潭皓月未沈西，夜色苍茫入望迷。

渔火光寒芦叶静，鲸波影动桂轮低。

遥城八里青回岸，冷露三更白满溪。
最是游人凭眺处，余晖分照太行堤。

【（清）陈嗣良撰《曹州府曹县志》卷十七，光绪十年刻本，续艺文志下】

龙潭月色

【清】张子宜（清末）

胜选名区似镜湖，寒潭月印水平铺。
鱼帘蟹簖饶风景，云影天光入画图。
皓皓清涵冰鉴朗，灵渊净浴玉蟾孤。
波心盈掬分明在，才拟探骊便得珠。

【（清）陈嗣良撰《曹州府曹县志》卷十七，光绪十年刻本，续艺文志下】

龙潭月色

【清】姚汝江（清末）

风景争传八里湾，波心月印夜珠还。
鱼龙翠浪千寻跃，雷电红光四面环。
芦荻秋风连万顷，桃花春色映三关。
渔人收网澄潭静，罢钓登高到左山。

【（清）陈嗣良撰《曹州府曹县志》卷十七，光绪十年刻本，续艺文志下】

牛市青芜[①]

【清】朱慕澧（清末）

背水临堤展画图，遥青一带认靡芜。
泥融软翠生深浅，风袅晴熏看有无。

驿寺新烟环古塔，龙潭碧色映春湖。
最宜蓑笠斜阳里，牧竖归来半载途。

【（清）陈嗣良撰《曹州府曹县志》卷十七，光绪十年刻本，续艺文志下】

注释：①今曹县西部青山集一带。

牛市青芜

【清】袁文标（清末）

傍水沿堤踏屐行，轻阴十里绿云平。
雨余偶碾香轮迹，风过时闻牧笛声。
童竖茵眠春昼暖，牛羊影下夕阳晴。
此间莫道荒芜甚，利并桑麻不待耕。

【（清）陈嗣良撰《曹州府曹县志》卷十七，光绪十年刻本，续艺文志下】

牛市青芜

【清】袁文校（清末）

春风送暖碧婆娑，远接长堤近傍河。
十里轻阴游子屐，一声短笛牧童歌。
绿摇蓑影晴迷蝶，翠滑车轮细碾螺。
莫漫蘼芜赓采采，牛羊卧处夕阳多。

【（清）陈嗣良撰《曹州府曹县志》卷十七，光绪十年刻本，续艺文志下】

牛市青芜

【清】张子宜（清末）

平畴一带草芊绵，蹊夺无妨卧不牵。
驱犊人趋求牧地，活烟春老踏青天。

迷离柳色长堤外，仿佛桃林古塞边。
若使客来逢挂角，定疑此处是兰田。

【（清）陈嗣良撰《曹州府曹县志》卷十七，光绪十年刻本，续艺文志下】

牛市青芜

【清】王公奖（1837—1909）

烟树苍茫掩映中，盈堤绿水草连空。
蓼滩芦港交加认，凫渚鸥乡点缀工。
北岸朝临霞彩碧，西山遥衬夕阳红。
沧桑屡易青依旧，东向梵宫问铜像。

【（清）陈嗣良撰《曹州府曹县志》卷十七，光绪十年刻本，续艺文志下】

牛市青芜

【清】徐亮俦（清末）

萋萋芳草碧无边，势控金提万柳妍。
两岸波添红杏雨，一溪花扑绿杨烟。
芦连鹭渚春飞絮，藕种龙潭夏放莲。
且喜水田开万顷，维鱼入梦卜丰年。

【（清）陈嗣良撰《曹州府曹县志》卷十七，光绪十年刻本，续艺文志下】

牛市青芜

【清】王公樊（清末）

不辨苔痕并草痕，踏青人惯说牛屯。
堤头插柳兰排闼，水面浮萍绿到门。

春色浓添桃叶岸，秋风香送藕花村。

牧童未解升沈事，闲共群鸥仔细论。

【（清）陈嗣良撰《曹州府曹县志》卷十七，光绪十年刻本，续艺文志下】

文笔冲霄[①]

【清】袁文标（清末）

突耸奇峰踏半空，曹南从此振文风。

光含瑞霭连奎阁，影带晴霞落泮宫。

梵响钟闻清夜里，墨痕鸦点夕阳中。

擘云谁是分章手，终古冲霄气贯虹。

【（清）陈嗣良撰《曹州府曹县志》卷十七，光绪十年刻本，续艺文志下】

注释：①道光年间，曹县文庙落成，掘得一巨型花岗石，置于学宫墙北侧，人称文曲星下凡，将其更名为文笔峰。

文笔冲霄

【清】袁文校（清末）

狐峰千丈接云杓，大笔淋漓气自饶。

半夜钟声流上界，一天霞彩闪重霄。

光分莲井争花艳，影写芹池倩月描。

此后文风能振起，河临玉带待题桥。

【（清）陈嗣良撰《曹州府曹县志》卷十七，光绪十年刻本，续艺文志下】

文笔冲霄

【清】崔继之（清末）

峭立如锥气象雄，文光一道射长空。

高衔浴海三竿日，直吐经天万丈虹。
欲助烟云生腕底，特钟灵秀壮寰中。
物华遥向星缠验，不与丰城剑气同。

【（清）陈嗣良撰《曹州府曹县志》卷十七，光绪十年刻本，续艺文志下】

文笔冲霄

【清】傅效朱（生卒年不详）

文光一道耀长天，直立孤峰向日边。
夜浣银河凌斗宿，朝题碧落弄云烟。
垂丝密锁金城柳，焕彩低辉玉井莲。
燕许奇才谁擅得，横空不止大如椽。

【（清）陈嗣良撰《曹州府曹县志》卷十七，光绪十年刻本，续艺文志下】

文笔冲霄

【清】张君铭（生卒年不详）

何人掷起笔如椽，矗立文峰向日边。
泮水波环涵玉润，奎楼星朗缀珠圆。
影高雁塔题千佛，响振鲸钟落九天。
瑞应东南佳气绕，科名重看井生莲。

【（清）陈嗣良撰《曹州府曹县志》卷十七，光绪十年刻本，续艺文志下】

文笔峰赞并序

【清】章寅（清末）

曹邑修文庙成，有掘土得巨石者，纵一丈一尺有奇，横宽处约五尺余。

玲珑瘦绉，曲尽其妙，盖明季某勋贵园中物也。量置官墙北面，高阔咸宜，嘉其显晦得时，因更名文笔峰，而系以赞，时道光二十五年乙巳秋八月。

一

天上文星，至地为石。
精应台衡，辉分奎壁。
如芝九茎，如凤六翮。
窍比心虚，空灵绝妙。

二

惟石之厄，沦迹谢王。
倚残甲第，阅尽沧桑。
昔依棨戟，今侍官墙。
晦极斯显，雅合行藏。

三

岿矣一峰，卓尔文笔。
璧水砚池，艺林书室。
吐雾吞云，补天浴日。
愿我多士，珍此不律。

【（清）陈嗣良撰《曹州府曹县志》卷十七，光绪十年刻本，续艺文志下】

八、单父八景

昔人题单父八景诗　【明】佚名（生卒年不详）

琴台[1]夜月

高高城上台，皎皎空中月。
台空中正明，莹若冰壶洁。
宰邑宓子贤，事简人和悦。
瑶琴时复弹，阳春飘白雪。
悠悠千载间，蟾光共清澈。

注释：①琴台，位于今单县城东南角，相传为孔子的学生宓子贱弹琴之处。唐时单父县尉陶沔重修琴台，将此台筑为前方后圆半月形，故又称半月台，也称单父台。

吕井寒泉[1]

仙子谪尘寰，尘寰人识否。
托此二井形，寓我姓两口。
城郭有时非，吾口世静守。
嗟哉惠四郎，于焉有所授。
一去不复还，巷门空洌浏。

注释：①吕井寒泉，今此井位于单县城南关古单城北堤之下。

青冢暮云[1]

瞻彼原上冢，草色何青青。
中藏谁氏骨，而以昭君名。

惟时日将暮，但见闲云横。
悠扬本无意，卷舒若有情。
愁恨几时消，行人感慨增。

注释：①青冢，古单城西南隅有一片荒坟，青草覆盖，翠绿葱茏，人称青冢。

仙桥流水[1]

谁把长虹腰，跨此汉王河。
底事闻故老，昔有仙人过。
仙人去不返，名因流素波。
瓢瓢仙子裳，水光忆青罗。
何时重归来，破此千古讹。

注释：①古单城北堤有石拱桥，相传为吕洞宾、蓝采和所建，故名仙人桥。

普照晨钟[1]

曙色晃招提，鲸鸣自相应。
几杵彻云衢，几杵堕鹤径。
催飞天上鸟，惊破人间梦。
扰扰五更寒，倚枕先时听。
却输老衲闲，蒲团方入定。

注释：①古单城西北有大佛寺，又名普照寺，曾为单父最大庙宇。

栖霞晚照

郁郁栖霞山[1]，苍苍夕更佳。
落日映林杪，霜叶缀春花。
牛羊时下来，牧儿笑指家。

樵担远相值，互歌应山洼。
爱此桑榆景，归心徒转加。

注释：①栖霞山，又名梁王台，在今单县城西南堤角高埠处，早在西汉文帝年间就已得名，相传梁孝王曾游于此山。民国本《单县志》载：“汉文帝十一年，刘恒封其子刘武为梁王于睢阳。梁王好营宫室，建东苑延亘三百余里。单父在其内。”梁王在栖霞山营造宫室，为游猎、休息之处。

幵山积雪①

幵山名亦奇，而况冬宜雪。
高处不胜寒，崚嶒生玉屑。
人在水晶宫，天空鸟飞绝。
银海眩生花，玉楼起寒裂。

注释：①古单城东南有张堌堆，土台高耸，人称幵山。

汉河①归帆

王气钟丰沛，开源通单父。
白云已飞扬，归乡经此土。
风起龙舟讯，秋光满水浒。
谁知锦衣行，在汉不在楚。
果然符相否，卓哉昭古今。

【（清）王镛撰《单县志》卷十，康熙五十六年刻本，第 24—25 页】

注释：①汉河，即涞河，亦称涞沟、涞水，发源于汴水，流经单父，元以后渐湮没。

题八景

【明】祝颢（1405—1483）

琴台夜月

昔贤为宰时，抱琴台上抚。
遗音今莫闻，月色还如古。

青塚暮云

荒冢青青草，浮云向晚停。
樵童歌自好，不解吊精灵。

普照晨钟

残月坠西林，疏钟起东刹。
声声破昏迷，扶桑曙光发。

栖霞晚照

落落映残霞，流光满平陆。
蔼蔼逐牛羊，依依送樵牧。

幵山积雪

最爱幵山秀，嵯峨紫翠重。
三冬尤可玩，化作玉芙蓉。

汉河归帆

河水流源远，滔滔自沛中。
砀山云气尽，宇宙几秋风。

【（清）王镛撰《单县志》卷十，康熙五十六年刻本，第 26 页】

八景诗

【明】夏维藩（生卒年不详）

琴台夜月

我闻宓子贱，理民如调琴。
一徽苟不协，何以谐大音。
斯人既已往，高台空古今。
不闻流水调，但见月影沉。
我乃困奔走，缁尘日满襟。
欲问理民术，茫茫不可闻。

吕井寒泉

闻道玉洞仙，往往游尘境。
小住是何年，穿此两丹井。
分明象吕形，默默无人省。
修绠汲不枯，寒月浸愈冷。
一掬沉疴消，再掬遐龄永。
仙迹去不还，今人徒行颂。

青冢幕云

青草霜不黄，白云秋能起。
冢瘗谁家骸，乃蒙此瑞美。
马嵬黄土香，湘竹泪痕紫。
世事有固然，往往存青史。
千载青冢存，若人同不死。

仙桥流水

桥下水粼粼，桥外云杳杳。

流水逝不还，白云送去鸟。
缅彼升仙人，何处游天表。
世事几变更，尘埃空劳扰。
草木变春秋，阴阳割昏晓。
安得驾青鸾，寻尔拾瑶草。

普照晨钟

禅林何闲寂，绀宇郁沉沉。
阳乌未升海，已发洪钟音。
好风送清响，铿鍧过远林。
惊破下方梦，唤醒定慧心。
人事有代谢，钟声无古今。

栖霞晚照

有山不数仞，乃近城南堤。
秋崖生紫翠，林樾荡烟霓。
夕阳透锦梭，掩映相低迷。
迥无尘埃扰，而有幽人栖。
我来聊乘暇，披云一攀跻。
安得谢轮鞅，鹿豕同招携。

岍山积雪

嵯峨青芙蓉，自得乾坤秀。
幻出玉壶水，鉴开水精宝。
皑皑迷幽樵，晶晶失岩岫。
谁将一段奇，妆点此山就。
传语寄山灵，滕六作朋旧。
只恐又报春，日上山容瘦。

汉河归帆

汉祖曾经此，河流自得名。
千年余王气，一脉抱山城。
况复通南北，鳞鳞贾舶轻。
归帆残雨外，沙际夕阳名。
树色连丰沛，年光老杜蘅。
今人徒延伫，驰景系幽情。

【（清）王镛撰《单县志》卷十，康熙五十六年刻本，第26—28页】

单父八景

【清】徐化民（生卒年不详）

琴台夜月

昔贤台上豁双眸，皓魄横空彻玉楼。
万树暝光临远水，千年望夜仰中秋。
怀人顿感水弦邈。作赋还愁浊浪流。
露冷蝉声尚唠唠，碧云正散海东头。

吕井寒泉

为趋紫诰玉京遐，那问春风几岁华。
蝴蝶庄生俱梦幻，丹砂葛氏自生涯。
制函密约凭人寄，易姓仙缘非口夸。
遗井由来通脉远，清溪曾灌五陵瓜。

青冢幕云

荒原雨后老莓苔，古冢流传未可裁。
落日凄凉狐兔穴，西风寂寞粉香堆。

萧关万骑此事尽，榆塞三城何地开。
不见贺兰山片石，相看云气接蓬莱。

栖霞晚照

荒台新草入春蕃，犹是名封梁孝园。
龙水不知明水改，山风尚见落霞存。
人烟万井淡残照，野色千林绛远村。
寻胜青莲诗赋地，狂来醉酒叫天昏。

幵山积雪

郭外名山畤复斜，芙蓉翠影落千家。
峰头雪冷结为粟，洞口水寒堆作花。
景拟嵋冈装玉叶，人传兔苑赋天葩。
公余闲赏探幽胜，拭石留题一片霞。

汉河归帆

赤帝龙艘汴泗通，贾帆从此拥云雄。
水声犹咽秦时雨，岸色常披汉代风。
晨露听歌沙雁外，夕阳看棹柳榆中。
千年遗迹桃花浪，留得名同瓠子宫。

仙桥流水

虹桥直跨汉河湾，此地神仙未可攀。
当日乘风游物外，于今流水在人间。
烟波遥接洞庭冷，日月常留蓬岛间。
着意实难遽领略，且看渔子荡舟还。

普照晨钟

城上更残星月低，空王台殿白云齐。

风流六代消沉尽，秀色三山指顾迷。
尘梦何年回篼簟，清钟每早发招提。
老僧定醒常寥寂，应是乾坤息鼓鼙。

【（清）王镛撰《单县志》卷十，康熙五十六年刻本，第 29—31 页】

九、郓城十景

郓城十景

【清】陈良谟（生卒年不详）

盘沟夜月[①]

碧水初从何处来，盘旋几曲抱城隈。
波心夜夜涵明月，一片清光映绿苔。

注释：①盘沟，见《郓城县志》记载："盘沟在城西南二里，县境西南之水经此盘旋，注东北，县治移置在兹盖亦借其环抱之势云。"

线岭秋烟[①]

岭因金柳得芳名，柳到秋来景倍清。
烟锁垂条千万缕，轻风摇曳画难成。

注释：①线岭，也叫金线岭，在郓城县东十里许。

荒塔燕子[①]

几盘断塔类层台，岁岁能召海燕来。
不厌僧贫香积废，殷勤飞去复飞回。

注释：①荒塔，指郓城唐塔，此塔位于郓城城内东北隅，砖砌圆形，共七级，建于唐五代年间。荒塔燕子，古时郓城十景之一。

廪丘雾市[1]

聚军鲁鄙汉时升，千载犹多瑞霭凝。
无蜃如何如海市，遥瞻疑是彩云蒸。

注释：①廪丘，古邑名。在今山东郓城西。

独山樵唱[1]

孤峰独耸势峥嵘，路仄偏多樵子行。
朝采暮还能自乐，紫芝一曲少人赓。

注释：①独山，也叫独孤山。《郓城县志》记载："县东北50里，高五六丈，与梁山接垅。"

五岔渔歌[1]

河分五岔旧芦澥，岸口渔家聚上流。
夜静何声惊客梦，高歌却在钓鱼舟。

注释：①五岔，即五岔口，古渡口，在郓城县西北40里。

冷水芙蓉[1]

曾游盘水尝芙渠，十里闻香信不虚。
此地却能成五色，依稀湖上藕花居。

注释：①冷水，冷庄河，在郓城县西南30里。

七陵云树[1]

丰碑古篆汉时文，遗迹谁传未得闻。
郁郁苍苍千载树，半巢鸿鹄半烟云。

注释：①七陵，郓城县南40里，有汉碑，碑上有"七陵"二字。

梁渠凫影[①]

百亩流沙傍水滨，蹁跹凫雁往来频。
四观疑是蟾蜍影，是影非光莫认真。

注释：①梁渠，郓城县城东古时流沙如浪，可数百亩，每有鸟影如凫。

潘溪晓渡[①]

白石桥边古梵宫，绿杨深处有溪通。
朝朝回舟晨兴渡，人在沧浪欸乃中。

【（清）陈良谟 修纂《郓城县志》卷八，康熙二十四年刻本】

注释：①潘溪，即潘溪渡，在郓城县北，黄河大堤南岸，古渡口。

（其他关于郓城十景的题咏，每组不完整，故以景属）

盘沟夜月

【明】李尧民（生卒年不详）

一轮秋色暮云轻，下印盘沟碧水清。
古渡停泓堪自照，断桥残月为谁明？
斗边银汉孤鸿影，林外苍烟短笛声。
步屧不妨频过此，初衣方遂故园情。

【（明）米大年 修纂《郓城县志》卷八，崇祯七年刻本】

盘沟夜月

【明】侯正鹄（生卒年不详）

一湾古水抱城幽，曲岸双回划上游。
堞影浮空出镜里，波声不断入琴流。

人家树杪鱼龙夜，残露孤蒲鸿雁秋。
滉漾千门回自照，半天明月下盘沟。

【（明）米大年修纂《郓城县志》卷八，崇祯七年刻本】

盘沟夜月

【明】黄之芳（生卒年不详）

溪水何来入夜幽，如环曲折尽情流。
烟消处处金波涌，风激霏霏雪浪浮。
一派清辉欣鹤鹭，几湾碧影倒城楼。
无须秉烛频过此，白日长眠也自休。

【（明）米大年 修纂《郓城县志》卷八，崇祯七年刻本】

盘沟夜月

【清】孙灏（1700—1760）

曲水人家枕碧滩，几湾榆柳晚生寒。清光不共渔歌起，惟照盘碑古字残。

【（清）陈良谟修纂《郓城县志》卷八，康熙二十四年刻本】

盘沟夜月

【清】陈宗禹（康熙年间）

几曲清流绕石滩，绿苹多处水尤寒。
村渔夜饮无佳客，邀得银蟾上钓竿。

【（清）陈良谟修纂《郓城县志》卷八，康熙二十四年刻本】

线岭秋烟

【明】李瓒（？—1532）

岭上烟横万柳阴，丝垂如线复如金。
西来绵亘真形远，东望茏葱佳气深。
晴日风回翻碧浪，晓天雨过失云岑。
土人道是孤山脉，毓瑞钟灵自古今。

【（明）米大年修纂《郓城县志》卷八，崇祯七年刻本】

线岭秋烟

【明】王永新（生卒年不详）

秋气朝烟冷不分，岭头四望正氤氲。
弱枝争线时含雾，澹色如金每映云。
望里殊觉迷远目，攀来聊以赠离群。
堤边景况幽如此，所见居然胜所闻。

【（明）米大年修纂《郓城县志》卷八，崇祯七年刻本】

线岭秋烟

【明】张萼（生卒年不详）

秋林白露岂无因，曲岸高低柳色新。
细叶垂垂疑是线，轻烟袅袅恍如春。
随风飘忽分香冷，映水微茫迭浪频。
绵亘逶迤绕胜地，几回下马驻游人。

【（明）米大年修纂《郓城县志》卷八，崇祯七年刻本】

荒塔燕子

【明】梁宜生（生卒年不详）

七盘高峙近瞿昙，数仞斜通一径探。
槛外钟沈仙呗冷，天边云度宝珠含。
洞深应悟龙归寂，壁断时闻燕作谈。
我欲冥心求圣谛，隔村何处有精蓝？

【（明）米大年修纂《郓城县志》卷八，崇祯七年刻本】

荒塔燕子

【明】陈法（明末清初）

巍巍不记何年起，半入云霄半插水。
岫色黑斑映古雪，苍茫莫知其所以。
幽洞恍惚若有物，霎时飞飞来燕子。
振翮环绕蔽塔尖，冷落荒凉相顾喜。
随风轧轧互作声，羞向朱门绣户里。

【（明）米大年修纂《郓城县志》卷八，崇祯七年刻本】

荒塔燕子

【清】祝衍洙（生卒年不详）

石幢斜立藓苔肥，海燕无端掠水归。
花满香台生寂寂，衔泥日傍古禅扉。

【（清）陈良谟修纂《郓城县志》卷八，康熙二十四年刻本】

荒塔燕子

【清】陈宗禹（康熙年间）

白云深处有禅扉，几纪浮屠对翠微。

幽鸟不知僧寂寞，时来香积绕梁飞。

【（清）毕炳炎修纂《郓城县志》卷十五，光绪十九年刻本，第44页】

廪丘雾市

【明】仝铣（生卒年不详）

旧迹知何许，犹存廪水埃。

荒畴衍黍稷，平野见楼台。

乍现时还没，擘空影复开。

蒙蒙烟雾里，疑是小蓬莱。

【（明）米大年修纂《郓城县志》卷八，崇祯七年刻本】

廪丘云

【清】陈刚（康熙年间）

郓田西望势峻嶒，舞数奇峰画不胜。

斜日客过骑骏马，霞光疑作蜃楼层。

【（清）陈良谟 修纂《郓城县志》卷八，康熙二十四年刻本】

廪丘云

【清】陈宗禹（康熙年间）

何年囷鹿聚如陵，博济无愁暑雨蒸。

此日惟成沆瀣气，欲观三素杖藜登。

【（清）陈良谟修纂《郓城县志》卷八，康熙二十四年刻本】

独山樵唱

【明】侣钟（1439—1511）

屹立孤峰耸，樵游每拨云。

歌因沽酒乐，爨待负薪焚。

憩石休筋力，汲泉胜沅汾。

贪忙归去晚，林木带余曛。

【（明）米大年修纂《郓城县志》卷八，崇祯七年刻本】

五岔渔歌

【明】侣钟（1439—1511）

云水烟波阔，渔翁欸乃声。

蓑披寒雨重，蒻带晚风轻。

柳岸垂纶日，芦湾艇棹晴。

得鱼心便足，万事不关情。

【（明）米大年修纂《郓城县志》卷八，崇祯七年刻本】

五岔渔歌

【明】侯祁（嘉靖年间）

小艇清风外，渔歌动廪西。

寒空云漠漠，晚泊草凄凄。

欸乃江天迥，萧条野望迷。

曲终烟水阔，鸥鸟共忘机。

【（明）米大年修纂《郓城县志》卷之八，崇祯七年刻本】

五岔渔歌

【明】仝铣（生卒年不详）

鼓枻凌波去，烟迷五岔秋。
荻花明远岸，渔唱隐中流。
狎鸟听思下，游鳞乐未休。
几湾随境转，清兴满前洲。

【（明）米大年修纂《郓城县志》卷八，崇祯七年刻本】

五岔渔歌

【明】黄国翰（生卒年不详）

清流曲曲水层层，芦叶芦花雨后增。
此处偶然寻鹤迹，何人高卧挂渔罾。
闲消烟霭恣吟啸，细唱沧浪废寝兴。
听后低徊原绝调，沿溪欲和惭无能。

【（明）米大年修纂《郓城县志》卷八，崇祯七年刻本】

冷水芙蓉

【明】李尧民（生卒年不详）

采莲回暮色，沽酒对新凉。
祷以寻幽兴，因之到冷庄。
烟霞杯底落，花柳座中香。
田父来争席，相将醉夕阳。

【（明）米大年修纂《郓城县志》卷八，崇祯七年刻本】

冷水芙蓉

【明】侯正鹄（生卒年不详）

霏霏秋色淡人家，缥缈白云覆古沙。
波冷余香侵雁鹜，月明流影净蒹葭。
才看水面簇于锦，转向天边散作霞。
怪道西风吹不尽，河阳元自令君花。

【（明）米大年修纂《郓城县志》卷八，崇祯七年刻本】

七陵云树

【明】孙丕振（生卒年不详）

碑前乱树欲排空，忽淡忽浓且不同。
如此奇峰恍未辨，行人收在眼光中。

【（明）米大年修纂《郓城县志》卷八，崇祯七年刻本】

七陵云树

【明】黄之芬（晚明）

南陵晓色自氤氲，老树参天乱不分。
蒙密凝寒欲作雨，淡浓排设恰成云。
穿林远眺无人影，隔溪微窥见鸟群。
至此绝奇堪画出，方图泼墨意忻忻。

【（明）米大年修纂《郓城县志》卷八，崇祯七年刻本】

七陵云树

陈良谟（生卒年不详）

丰碑古篆汉时文，遗迹谁传未得闻。
郁郁苍苍千载树，半巢鸿鹄半烟云。

【（清）陈良谟修纂《郓城县志》卷八，康熙二十四年刻本】

梁渠凫影

【明】黄之芳（生卒年不详）

雨霁新烟发，秋痕依水平。
天清众动寂，影乱水禽生。
恍惚微难辨，飞栖似有声。
静观岂泛泛，凫隐触予情。

【（明）米大年修纂《郓城县志》卷八，崇祯七年刻本】

梁渠凫影

【明】王永熙（生卒年不详）

梁南佳气满平芜，一派清流翠欲铺。
问水依依萦去马，凌空隐隐绕飞凫。
月中上下常留影，烟里潇疏如画图。
疑是忽非奇幻甚，几年点缀小村孤。

【（明）米大年修纂《郓城县志》卷八，崇祯七年刻本】

官堤垂柳

【清】祝华衢（生卒年不详）

长堤纡曲带烟柳，草色迷离促客行。
好是两行垂柳绿，炎天藉尔荫劳生。

【（清）毕炳炎修纂《郓城县志》卷十五，光绪十九年刻本】

潘溪晓渡

【明】佀钟（1439—1511）

主去溪名在，篙师夙夜忙。
往来争济者，半是问津郎。
趁水鱼千尾，眠沙鹭几行。
我题此桥景，欲比浣花乡。

【（明）米大年修纂《郓城县志》卷八，崇祯七年刻本】

潘溪晓渡

【明】陈尧典（生卒年不详）

市城不可且居乡，为趁孤烟耽早凉。
看水寻常临渡口，避人羞涩问津梁。
漫悬小艇学渔父，高卷轻帆羡鸟翔。
尽日优游尘事少，回头空笑往来忙。

【（明）米大年修纂《郓城县志》卷八，崇祯七年刻本】

潘溪渡

【清】陈钊（康熙年间）

枯树崩崖水断流，萧条村径冷云浮。
可怜野老伤迟暮，不见樯帆见牧牛。

【（清）陈良谟修纂《郓城县志》卷八，康熙二十四年刻本】

潘溪渡

【清】祝衍洙（生卒年不详）

烟生茅屋绕寒流，两岸鱼罾夜未收。
无复聚舟成晓市，沧桑满眼不胜愁。

【（清）陈良谟修纂《郓城县志》卷八，康熙二十四年刻本】

潘溪渡

【明】陈尧典（生卒年不详）

市城不可且居乡，为趁孤烟觅早凉。
看水寻常临渡口，避人羞问涩津梁。
漫牵小艇学渔父，遥送浮云入大荒。
尽日优游尘事少，百年自笑往来忙。

【（清）张鹏展编选《国朝山左诗续抄》卷三十一，《山东文献集成》第一辑第42册】

适值廪邱雾市

【明】樊学曾（万历年间）

旧迹知何许，犹有廪水埃。
荒畴衍黍稷，平野见楼台。

乍现时还没，劈空影复开。

濛濛烟雾里，疑是小蓬莱。

【（明）樊学曾《秋霁玄吟》，郓城樊氏《世恩堂》嘉庆二十年抄本卷七】

观冷水芙蓉

【明】樊学曾（万历年间）

采莲回暮色，沽酒对新凉。

祈以寻幽兴，因之到冷庄。

烟霞杯底落，花柳座中香。

田父来争席，相将醉夕阳。

【（明）樊学曾《秋霁玄吟》，郓城樊氏《世恩堂》嘉庆二十年抄本卷七】

同年丈游独山听樵唱

【明】樊学曾（万历年间）

屹立孤峰耸，樵游每拨云。

歌因沽酒乐，爨待负薪焚。

憩石息筋力，吸泉胜沉汾。

贪忙归去晚，林木怜余曛。

【（明）樊学曾《秋霁玄吟》，郓城樊氏《世恩堂》嘉庆二十年抄本卷七】

清邱烟柳

【明】樊学曾（万历年间）

沧桑历历此遗邱，望遍垂杨柳系客愁。

春霭回风迷近远，岚光罥树任沉浮。

丝穿语燕深深出，青拂行人款款留。

玉敦珠盘俱寂寞，欲恣俯仰识千秋。

【（明）樊学曾《秋霁玄吟》，郓城樊氏《世恩堂》嘉庆二十年抄本卷七】

荒塔燕子偶题古风

【明】樊学曾（万历年间）

巍巍不记何年起，半入云霄半插水。
岫色黑斑映古雪，苍茫莫知其所以。
幽洞恍惚若有物，霎时飞飞来燕子。
振翮环绕蔽塔尖，冷落荒凉相顾喜。
随风轧轧互作声，羞向朱门绣户里。

【（明）樊学曾《秋霁玄吟》，郓城樊氏《世恩堂》嘉庆二十年抄本卷七】

亲睹线岭秋烟

【明】樊学曾（万历年间）

岭上烟横万柳阴，丝垂如线复如金。
西来绵亘真形远，东望葱茏佳气深。
晴日风回翻碧浪，晓天雨过失云岑。
玉人道是孤山脉，毓瑞钟灵自古今。

【（明）樊学曾《秋霁玄吟》，郓城樊氏《世恩堂》嘉庆二十年抄本卷七】

有愧潘溪晓渡

【明】樊学曾（万历年间）

市城不可且居乡，为趁孤烟耽早凉。
看水寻常有渡口，避人羞涩问津梁。
漫悬小艇学渔父，高卷轻帆羡鸟翔。

尽日优游尘事少，回头空笑往来忙。

【（明）樊学曾《秋霁玄吟》，郓城樊氏《世恩堂》嘉庆二十年抄本卷七】

五岔渔歌有怀

【明】樊学曾（万历年间）

流清曲曲水层层，芦业芦花雨后增。
此处偶然寻鹤迹，何人高卧挂渔罾。
闲消烟雾恣吟啸，细唱沧浪发寝兴。
听后低徊原绝调，岔溪欲和惭无能。

【（明）樊学曾《秋霁玄吟》，郓城樊氏《世恩堂》嘉庆二十年抄本卷七】

和表弟过七陵云树作

【明】樊学曾（万历年间）

碑前乱树欲排空，忽淡忽浓自不同。
如此奇峰恍未辨，行人收在眼光中。

【（明）樊学曾《秋霁玄吟》，郓城樊氏《世恩堂》嘉庆二十年抄本卷七】

题梁渠凫影赠友

【明】樊学曾（万历年间）

百亩流沙傍水滨，蹁跹凫雁往来频。
遥观疑是蟾蜍影，是影非光莫认真。

【（明）樊学曾《秋霁玄吟》，郓城樊氏《世恩堂》嘉庆二十年抄本卷七】

附 1：冉里十景

冉里十景

【清】刘荣嗣

支天春晓

支天庵里晓春天，烟柳朦胧云气连。
梵院无人钟磬香，数声啼鸟唤僧眠。

线岭桃花

金线岭边日影斜，春风燕子乱桃花。
何人戏煮胡麻饭，可有渔郎来泛槎。

冉祠双桧

千寻古桧万年枝，十亩清阴覆冉祠。
无俟雷霆风雨夜，双龙常自绕阶墀。

南寺曲溪

南天萧寺野云低，一带清流绕曲溪。
漫道兰亭称独胜，流觞此地也能齐。

柏亭夕照

翠柏萧森一树孤，夕阳返照影模糊。
行人到此多留恋，听罢鸣蝉听鹧鸪。

东畲松冈

冈头蓊郁尽深松，冬日青青夏日浓。
怪得山僧迷去路，人踪稀处白云封。

丁浦秋涯

丁浦西风白露寒，残云残雨景漫漫。
渔舟自在蒹葭里，欸乃一声天地宽。

怡云桐月

怡云夜半月轮西，片片桐叶笼鸟啼。
金井银床秋正好，枝头应有凤凰栖。

秋戍望岱

江皋雨后逗秋晴，远浦遥岑入眼明。
此去东封三百里，天孙仿佛与云平。

坦园雪树

坦园万木最宜秋，到得严寒致更幽。
晴日难消雪满树，无边琼玖挂枝头。

【（清）毕炳炎编纂，《郓城县志》卷十五，光绪十九年刻本，第42、43页】

附2：雪霁园十景

草堂雪霁

雪白三尺深，日出明四野。
漫歌阳春曲，调高和者寡。

——濮阳苏 祐

诛茅堂偶成，雪华映晴旭。
开帘放天光，堂中有群玉。

——嘉禾高 壁

断云悬雪筱，画门尚余飕。
命仆扫庭砌，开门一径遥。

——济南范　瑟

槐屋春深

结子垂黄金，布叶摇绿绮。
试问舞阳裔，何比王公里。

——濮阳苏 祐

老槐先世植，雨露经年华。
望中郁葱葱，人比王公家。

——嘉禾高　壁

春堂开赤日，槐影结黄金。
梁燕看人语，晴光转绿阴。

——济南范　瑟

独山①献奇

独山俨在东，举首望可见。
千丈青霞色，飞落书窗砚。

——濮阳苏 祐

注释：①独山，又名孤独山，在郓城城东北，为梁山西南方的一座孤独小山。

草堂读书处，献奇谢山灵。
平生谁相知，门外一山青。

——嘉禾高 壁

云峰含紫翠，开户引丹霞。
独对寻真乐，垂杨荫海沙。

——济南范 瑟

盘沟[1]环碧

一

一曲盘沟水，环流碧如带。
洗耳兼洗心，坐游天地外。

注释：①盘沟，即盘沟镇，郓城县治。城外有水，或称宋金河、宋江河。

二

盘沟多古趣，遥望独依依。
细沠环青带，碧光混太微。

——濮阳苏 祐

一

出山蒙德育，行风涣文至。
活水来何方，源头接洙泗。

二

石脉沿杠绕，波纹碧浪澌。
景芳何处似，适过竹堂西。

——嘉禾高 壁

一

百泉飞翠林，下注环沟垒。
宛转欲何之，东流赴沧海。

二

水向桥流碧，澄清荡漾翻。
奇人当此际，佳景亦因传。

——济南范　瑟

双岩撑月

堂前一丈石，映月明如镜。
及至堂后看，石影亦圆正。

——濮阳苏　祐

双岩天生秀，独峙海岱间。
上撑一轮月，高明谁许攀。

——嘉禾高　壁

石梁通溪路，月吐两山间。
疑是碧天柱，屹立在尘寰。

——济南范　瑟

乔木留云

木生几百年，挺挺千仞立。
不见云住来，但见枝润滋。

——濮阳苏　祐

老干已成龙，香叶常宿凤。
莫讶云来留，天意储梁栋。

——嘉禾高　壁

灵蟠九土胍，云绕万年枝。
自古龙麟见，何须雨润滋。

——济南范 瑟

菊圃凝寒

寒江木叶下，菊开对重九。
朝采黄金花，暮醉紫茱酒。

——濮阳苏 祐

酒来傲霜心，不与春丛伍。
独抱晚节香，秋光占寰宇。

——嘉禾高 壁

海鸟天边过，黄花日午开。
渊明东篱醉，残阳倒几回。

——济南范 瑟

书楼延秀

堂东楼百尺，架上书万卷。
鸿儒时笑谈，世业足偃仰。

——濮阳苏 佑

高楼厂四面，海岱入坐间。
应接接不暇，眼界空人寰。

——嘉禾高 壁

傍日楼千尺，充盈书五车。
窗前度流水，云里落松花。

——济南范 瑟

筼筜烟雨

萧萧万竿竹，对此惬情素。
雨声滴古今，烟色变朝暮。

——濮阳苏 祐

数竿烟雨中，亭亭似君子。
谁是同心人，宜我独居此。

——嘉禾高 壁

漠漠三江雨，青青万竹容。
泪斑应洗尽，只恐化蛟龙。

——济南范 瑟

台榭风霜

台榭岂常寒，但觉风霜发。
下有一鸣骢，上有双行钺。

——濮阳苏 祐

海右有台榭，高战风霜宽。
主人每登临，却念琼楼寒。

——嘉禾高 壁

斧钺明秋日，风霜下八荒。
西台鸣骢马，当道远豺狼。

——济南范 瑟

【（明）樊继祖辑《十景诗集》，郓城樊氏《世恩堂》嘉庆二十年抄本卷二】

注释：①雪霁园十景取自郓城樊氏家传诗文抄本《世恩堂·十景诗集》，该十景诗以园中草堂十景为吟咏对象，共收集同僚苏祐、高壁以及范瑟等人唱和之作33首。草堂十景，即樊继祖重修雪霁园后，园中山、石、亭、榭等四时所呈美景以及园中远眺所见景色的总括。计有草堂雪霁、槐屋春深、独山献奇、盘沟环碧、双岩撑月、乔木留云、菊圃凝寒、书楼延秀、篔筜烟雨、台榭风霜等园林美景。雪霁园十景依照原稿格式编排。

十、东明十二景

东明十二景

【清】范弘通（生卒年不详）

荆台春色①

高台隐隐覆千红，剩有荆花紫数丛。
寄语田家苗裔道，莫教华萼笑春风。

注释：①荆台遗址位于东明县东明集镇荆台集村内。原称“八亩台”，又称“晒经台”或“紫荆台”。

古筑夕晖①

萧萧古木傍荒台，日落平原返照来。
昔日经营何处去？至今烟草令人哀。

注释：①古筑，古东明大地仅存的一处堡垒遗迹，是南宋康王赵构屯兵处。

龙光耸翠①

危峦远近碧嵯峨，宿雨含云委邃多。
晚雾乱鸦啼不散，深林隐隐听樵歌。

注释：①龙光山：古东明东南方向15公里处的一座土山，是龙山文化遗存。古时的龙光山风景秀丽，山色翠微。

长堤烟柳[1]

一片晚风掀绿浪，半空朝雨蔚青霞。
谁言河畔万株柳，不及隋堤千树花？

注释：①旧迹在东明县南60里杜胜集南郭，蜿蜒数十里，植柳万余株。

五霸盟坛[1]

当年霸业竟谁存？日落遗坛鸟雀喧。
欲问衰周兴废事，空余荒阜列平原。

注释：①五霸盟坛：在今山东省东明县东30里五霸冈。《左传·僖公九年》："秋，齐侯盟诸侯于葵丘。"即此。

白云仙洞[1]

杰士由来亦爱身，一朝谢病独全真。
只今仙洞云空锁，不见当时辟谷人。

注释：①古东明白云山（土山），迹在县东北20里处，山有一洞，四周景色幽雅恬静，树木葱茏，文人名流常萃聚于此。

高阁凌空[1]

崚嶒画阁耸青霄，绕郭烟云四望遥。
槛外奎光文象接，菁莪应自蔚熙朝。

注释：①古东明城内的一处高阁，矗立学馆一隅，远近闻名，明、清文人常常登临，多有题咏。

二贤胜境[1]

华国风流并孝传，千秋才德重明贤。
空祠日落松常古，双冢春来草又鲜。

注释：①二贤，指的是孔子弟子闵子骞（前536—前487）和公西华（前

509年—？，一说前519年出生）。二人都在七十二贤人之列。闵子骞以孝著称，公西华外交才能出众。

赤水祯符[1]

旧是东昏近济阳，只今遗址亦茫茫。
嘉禾瑞应开东汉，诞降相传有赤光。

注释：①迹在县西南十里满城村迤西，即济阳县故城，汉光武皇帝出生地。

鱼窝垂纶[1]

千古烟霞一钓矶，玉横曾此应熊罴。
于今秋月寒清渭，犹见鱼窝忆帝师。

注释：①鱼窝，又作“渔窝”，地名，在山东东明县县南。今大渔沃行政村隶属于东明县渔窝办事处，南北官道从村中穿过，渔窝河从村前流过。该村建于春秋时期，相传村前有一大坑，百余亩，直通濮水，坑里鱼很多，相传庄子为漆园吏时曾在此垂钓，故定村名为大渔窝。

漆园吏隐[1]

吏隐风流致可嘉，漆园傲啸足烟霞。
只今遗址空千古，始信当年蝶梦赊。

注释：①漆园城，在旧东明城东偏北5公里处，今名裕州屯。此处有庄周庙、登仙桥等遗迹，庄子尝于此为吏。

黄河惊涛[1]

龙门万古泻狂澜，地轴崩腾天柱寒。
河伯至今方远驭，秋风犹见涌惊湍。

【（清）金世德修、杨日升纂《东明县志》卷八，康熙十一年版，第78、79页】

注释：①黄河东明段，自古水流湍急，惊涛拍岸，蔚为壮观。

东明十二景（缺二景）

【清】李曾裕（1853—1932）

邑十二景自经河患后，陵谷变迁，无复昔日佳胜矣。抚时感事，成数首以寄慨。

荆台春色

艳说三田事，私衷窃景慕。
台边望古人，衰草斜阳暮。

长堤烟柳

河流今已徙，堤柳尽樵薪。
惟有平沙阔，荒寒草不春。

五霸盟坛

坛址今犹在，曾无管子才。
楚氛经四起，那复会盟来。

白云仙洞

辟谷说留侯，秦王已复仇。
淮阴甘走狗，何若白云游？

高阁凌空

试院已荒芜，胶庠半废弛。
摧残风雨中，一阁犹耸峙。

二贤胜境

灵祠寻往哲，望古怀空寄。
滚滚洪涛翻，斯文悲坠地。

赤水祯符

符瑞真人应，早开东汉基。
赤眉与铜马，神器莫轻窥。

鱼窝垂纶

只手把长竿，基开八百春。
非熊不入梦，世外老斯人。

漆园吏隐

烦犹苦民生，漆园怀傲吏。
何当起九原，与论无为治。

黄河惊涛

万里黄流急，涛声日夜号。
年年桃涨起，刷尽民脂膏。

【（清）周保琛修、李曾裕纂《东明县续志》卷四，宣统三年刻本，第24、25页】

（其他关于东明十二景的题咏，每组不完整，故以景属）

荆台春色题咏

【明】石星（1538—1599）

荆台突兀倚云斜，田氏芳棕代可夸。
临洮好谭当日事，鹡鸰飞上紫荆花。

【（清）金世德修、杨日升纂《东明县志》卷八，康熙十一年刻本，第56页】

荆台春色题咏

【明】李思孝（生卒年不详）

兄弟既已协，枯荆为返荣。
至今花上鸟，犹作友于声。

【（清）金世德修、杨日升纂《东明县志》卷八，康熙十一年刻本，第56页】

荆台春色题咏

【明】陈其猷（生卒年不详）

剪桐风已薄，歌豆德更愆。
何似泣荆者，春色照万年。

【（清）金世德修、杨日升纂《东明县志》卷八，康熙十一年刻本，第56页】

荆台春色题咏

【明】张尚友（生卒年不详）

紫荆春色盛年年，台下遥看意怅然。
常棣由来华韡韡，古今何独羡三田。

【（清）金世德修、杨日升纂《东明县志》卷八，康熙十一年刻本，第56页】

荆台春色题咏

【明】李腾骥（生卒年不详）

黯淡烟村眺夕曛，荆台树色拂春云。
连枝并出红尘外，千载谁能不挹芬？

【（清）金世德修、杨日升纂《东明县志》卷八，康熙十一年刻本，第56页】

荆台春色题咏

【明】张所闻（生卒年不详）

和气轶千古，废垒实堪嗟。
台畔无人到，紫荆春自花。

【（清）金世德修、杨日升纂《东明县志》卷八，康熙十一年刻本，第56页】

荆台春色题咏

【清】袁佑（1633—1699）

台上紫荆花，至今名交让。
何树不连枝，春色独相向。

【（清）金世德修、杨日升纂《东明县志》卷八，康熙十一年刻本，第56页】

荆台春色题咏

【清】段成章（生卒年不详）

我读棠棣诗，不见棠棣人。
当春荆花熳，高风应未泯。

【（清）金世德修、杨日升纂《东明县志》卷八，康熙十一年刻本，第56页】

荆台春色题咏

【清】吴鹏程（生卒年不详）

原上荆花不复开，三田环抱有余哀。
一时洒泪血为雨，四散鹡鸰飞又来。

【（清）储元升、纂修《东明县志》卷八，乾隆二十一年刻本，第65页】

荆台春色题咏

【明】范允贤（生卒年不详）

莫上紫荆台，莫折紫荆花。
曾是三田泪，盈盈带落霞。

【（清）储元升、纂修《东明县志》卷八，乾隆二十一年刻本，第 65 页】

古筑夕晖题咏

【明】王润民（生卒年不详）

黄尘漠漠海云扬，断址残碑怨夕阳。
旷望崇台天地大，由来草树自苍茫。

【（清）金世德修、杨日升纂《东明县志》卷八，康熙十一年刻本，第 58 页】

古筑夕晖题咏

【清】戴元（生卒年不详）

古筑岁月深，荆棘生台畔。
登高成晚眺，惟见夕阳乱。

【（清）金世德修、杨日升纂《东明县志》卷八，康熙十一年刻本，第 58 页】

古筑夕晖题咏

【清】袁佑（1633—1699）

古戍起何年？台畔空秋草。
夕阳带远林，野况悦山鸟。

【（清）金世德修、杨日升纂《东明县志》卷八，康熙十一年刻本，第 58 页】

古筑夕晖题咏

【清】景命溥（生卒年不详）

荒台寥落草芊芊，土蚀丰碑不计年。
日暮凭高一睇望，平畴古树起寒烟。

【（清）金世德修、杨日升纂《东明县志》卷八，康熙十一年刻本，第58页】

古筑夕晖

【清】逯蓉（生卒年不详）

古筑参差落照边，驻军遗迹至今传。
旧营寂寞埋荒草，故垒萧条锁暮烟。
片壤尚留王姓字，一抔犹属宋河山。
伤心南渡偏安后，不向中原更着鞭。

【（清）周保琛修、李曾裕纂《东明县续志》卷四，宣统三年刻本，第23页】

龙光耸翠题咏

【明】陈其猷（生卒年不详）

地非行岱险，山拥林皋清。
时见赤龙起，为霖慰苍生。

【（清）金世德修、杨日升纂《东明县志》卷八，康熙十一年刻本，第59页】

龙光耸翠题咏

【明】李民质（生卒年不详）

神龙飞向天，霖雨沛下土。
隐迹蟠山中，灵光照万古。

【（清）金世德修、杨日升纂《东明县志》卷八，康熙十一年刻本，第59页】

龙光耸翠题咏

【明】穆光胤（？—1639）

数峰宛转映朝晖，小步高岩倚翠微。
雾锁未应窥豹隐，云来曾说见龙归。
秋风冈上人同卧，夜雨津头剑不飞。
神物光芒今古在，叶公空自好还非。

【（清）金世德修、杨日升纂《东明县志》卷八，康熙十一年刻本，第59页】

龙光耸翠题咏

【明】阎希鲁（生卒年不详）

山势迢迢起，蜿蜒若蟠龙。
翠色迎旭日，长虹在其东。

【（清）金世德修、杨日升纂《东明县志》卷八，康熙十一年刻本，第59页】

龙光耸翠题咏

【明】李腾骧（生卒年不详）

几度看山着屦来，龙光山色翠微开。
风云若遇神龙会，愿作甘霖遍久垓。

【（清）金世德修、杨日升纂《东明县志》卷八，康熙十一年刻本，第59页】

龙光耸翠题咏

【明】张尚友（生卒年不详）

缥缈云山一径斜，赤光遥映野人家。
雷鸣不用陶梭挂，瞬息春回草树华。

【（清）金世德修、杨日升纂《东明县志》卷八，康熙十一年刻本，第59页】

龙光耸翠题咏

【明】杨绍震（1563—1643）

仙娥驭雨工，昭泽着灵异。
霁日走烟云，远山凝翡翠。

【（清）金世德修、杨日升纂《东明县志》卷八，康熙十一年刻本，第59页】

龙山耸翠

【清】逯蓉（生卒年不详）

土冈耸峙见龙光，叠嶂层峦面面张。
翠色千重迎晓日，螺痕几点带斜阳。
祥云瑞霭留千载，膏雨甘霖被四方。
龙已腾空山宛在，岁时犹乞降丰穰。

【（清）周保琛修、李曾裕纂《东明县续志》卷四，宣统三年刻本，第23页】

长堤烟柳题咏

【明】穆光胤（？—1639）

翠阴拥飞涛，绝似广陵秋。
谁能同渔父，烟雨傍孤舟。

【【清】金世德修、杨日升纂《东明县志》卷八，康熙十一年刻本，第62页】

长堤烟柳题咏

【清】卢毓粹（生卒年不详）

万柳参差两岸阴，朝烟暮霭自沉沉。
游人倚徙看渔父，解缆堤边一放吟。

【（清）金世德修、杨日升纂《东明县志》卷八，康熙十一年刻本，第62页】

长堤烟柳题咏

【清】梁秀（生卒年不详）

枭枭大河边，晓霞与暮烟。
长廊随处有，何地不仙仙。

【（清）金世德修、杨日升纂《东明县志》卷八，康熙十一年刻本，第62页】

长堤烟柳题咏

【清】梁庭（生卒年不详）

烟锁长堤柳色微，露花云片共依依。
登临此际堪忘倦，翠自滴兮萌自肥。

【（清）金世德修、杨日升纂《东明县志》卷八，康熙十一年刻本，第62页】

长堤烟柳题咏

【清】董珩（生卒年不详）

堤势蜿蜒千里来，无边翠柳傍堤栽。
春风幸值河清日，水色天光一望开。

【（清）金世德修、杨日升纂《东明县志》卷八，康熙十一年刻本，第62页】

长堤烟柳题咏

【清】景命溥（生卒年不详）

黄河曲岸控长堤，绿柳森森望欲迷。
无限烟光笼翠色，春深一路晓莺啼。

【（清）金世德修、杨日升纂《东明县志》卷八，康熙十一年刻本，第62页】

长堤烟柳题咏

【清】段成章（生卒年不详）

河决烦宵旰，大堤创者谁？
做柳叹长策，应使水官知。

【（清）金世德修、杨日升纂《东明县志》卷八，康熙十一年刻本，第62页】

长堤烟柳题咏

【清】袁佑（1633—1699）

万柳覆堤垂，濯濯含新雨。
风起荡春烟，隔岸蛟龙语。

【（清）金世德修、杨日升纂《东明县志》卷八，康熙十一年刻本，第63页】

长堤烟柳

【清】逯蓉（生卒年不详）

柳拂长堤入望遥，密烟深锁翠千条。
乍经雨后含娇态，惯向风前斗舞腰。
莺度春光争汉苑，鸦栖暮霭陋隋朝。
行人系马休攀折，恐触离情似灞桥。

【（清）周保琛修、李曾裕纂《东明县续志》卷四，宣统三年刻本，第23—24页】

五霸盟坛题咏

【明】李思孝（生卒年不详）

霸图虽已矣，英气尚森然。
日暮盟坛上，悲风起树巅。

【（清）金世德修、杨日升纂《东明县志》卷八，康熙十一年刻本，第51页】

题会盟台

【明】曹琏（生卒年不详）

考城南畔望葵丘，此地曾盟列国侯。
屈子来时王禁著，桓公没后霸功休。
云横尚想朱旗暗，风响犹疑尽角秋。
最是人情堪切处，兴亡都付水东流。
百人遗台土一丘，齐桓曾此会诸侯。
宗周义重名犹在，歃血功高事已休。
五禁盟言昭日月，百年伯业著春秋。
我来吊古多伤思，遍览陈编泪欲流。

【（明）褚宦修、李希程纂《兰阳县志》卷九，嘉靖二十四年刻本】

五霸盟坛题咏

【明】李民质（生卒年不详）

春秋重会盟，霸图亦烈烈。
崇冈委蔓草，尊王义不灭。

【（清）金世德修、杨日升纂《东明县志》卷八，康熙十一年刻本，第51页】

五霸盟坛题咏

【明】陈其猷（生卒年不详）

霸图竞相长，姬辙既已东。
抵掌歃血事，萧瑟起北风。

【（清）金世德修、杨日升纂《东明县志》卷八，康熙十一年刻本，第51页】

五霸盟坛题咏

【明】穆光胤（？—1639）

王者久不作，霸图递为政。
高坛执牛耳，万国咸钦命。
日暮草萧萧，雄心徒自竞。

【（清）金世德修、杨日升纂《东明县志》卷八，康熙十一年刻本，第51页】

五霸盟坛题咏

【明】张尚友（生卒年不详）

最胜雄图那足夸，中原扰攘实堪嗟。
而今止剩荒冈在，古树凋残栖暮鸦。

【（清）金世德修、杨日升纂《东明县志》卷八，康熙十一年刻本，第51页】

五霸盟坛题咏

【明】杨绍震（1563—1643）

霸业何其雄，岑寂今如此。
碧草荫平沙，荒台抱绿水。

【（清）金世德修、杨日升纂《东明县志》卷八，康熙十一年刻本，第51页】

五霸盟坛题咏

【清】戴元（生卒年不详）

春秋尚会盟，此地传五霸。
落日照荒坛，牛羊牧其下。

【（清）金世德修、杨日升纂《东明县志》卷八，康熙十一年刻本，第51页】

五霸盟坛题咏

【清】董珩（生卒年不详）

平原万里峙高冈，云是春秋盟会场。
一自空坛传五霸，于今谁复识三王。

【（清）金世德修、杨日升纂《东明县志》卷八，康熙十一年刻本，第51页】

白云仙洞题咏

【明】石星（1538—1599）

芳草凄迷路不分，风前牧笛正堪闻。
怀深异代探黄石，坐久高山足白云。
身世远看鸿鹄侣，行藏慢托鹿麋群。
祇怜遗迹成尘土，徙倚危峰念转殷。

【（清）金世德修、杨日升纂《东明县志》卷八，康熙十一年刻本，第53页】

春游白云仙洞

【明】李朴之（生卒年不详）

千年名胜问幽岩，花柳骎骎勒玉衔。
放眼遥岑林麓阔，游心太古洞云函。
遐思道气高黄石，怅望仙风度紫岩。
峦岫参差回落照，氤氲翠岚长松衫。

【（明）褚宦修、李希程纂《兰阳县志》卷九，嘉靖二十四年刻本】

白云仙洞题咏

【明】李思孝（生卒年不详）

佐汉功已成，报韩志亦遂。
辟谷向此中，白云解幽意。

【（清）金世德修、杨日升纂《东明县志》卷八，康熙十一年刻本，第53页】

白云仙洞题咏

【明】杨绍震（1563—1643）

力政泯沙丘，为韩心事歇。

归来伴赤松，谷口白云发。

【（清）金世德修、杨日升纂《东明县志》卷八，康熙十一年刻本，第53页】

白云仙洞题咏

【明】李腾骧（生卒年不详）

昔日留侯大隐成，云栖遗得此山名。

千秋不散从龙气，犹作奇峰耸太清。

【（清）金世德修、杨日升纂《东明县志》卷八，康熙十一年刻本，第53页】

白云仙洞题咏

【明】张尚友（生卒年不详）

帷幄功成愿已酬，归来却伴赤松游。

洞天高卧浑无事，岭上白云任去留。

【（清）金世德修、杨日升纂《东明县志》卷八，康熙十一年刻本，第54页】

白云仙洞题咏

【明】穆光胤（？—1639）

子房真达者，功成身即退。

赤松何处所，白云日相对。

应知洞中心，不在洞以内。

【（清）金世德修、杨日升纂《东明县志》卷八，康熙十一年刻本，第53页】

白云仙洞题咏

【明】李民质（生卒年不详）

受书师黄石，辟谷从赤松。
至今山洞里，犹有白云封。

【（清）金世德修、杨日升纂《东明县志》卷八，康熙十一年刻本，第53页】

白云仙洞题咏

【明】陈其猷（生卒年不详）

逐鹿非为汉，报韩意自殷。
脱屣人间事，闲人伴白云。

【（清）金世德修、杨日升纂《东明县志》卷八，康熙十一年刻本，第53页】

白云仙洞题咏

【明】袁佑（1633—1699）

报汉托黄绮，逃汉托赤松。
白云山上下，子房其犹龙。

【（清）金世德修、杨日升纂《东明县志》卷八，康熙十一年刻本，第54页】

白云仙洞题咏

【清】董珩（生卒年不详）

既辟十万封，封侯复辟谷。
洞外望白云，高风犹在目。

【（清）金世德修、杨日升纂《东明县志》卷八，康熙十一年刻本，第54页】

白云仙洞题咏

【清】景命溥（生卒年不详）

汉业全凭借箸谋，功成忽伴赤松游。
只今辟谷人何处？仙洞白云岁岁秋。

【（清）金世德修、杨日升纂《东明县志》卷八，康熙十一年刻本，第 54 页】

白云山晚眺

【清】刘照（生卒年不详）

白云山色晚来幽，此日登临夸壮游。
禾黍苍茫连万井，川原缭绕豁双眸。
暮烟不断龙泉远，落日还浮漆水流。
自古高人隐胜地，于今智勇羡留侯。

【（清）储元升、纂修《东明县志》卷八，乾隆二十一年刻本，第 62 页】

高阁凌空题咏

【明】石星（1538—1599）

飞阁嶙峋倚碧岑，芳辰览胜此登临。
三春桃柳舒青眼，八面风云感壮心。
槛外丹霞光璨璨，望中古柏影森森。
宫墙遥仰还今古，几度凭栏寄慨深。

【（清）金世德修、杨日升纂《东明县志》卷八，康熙十一年刻本，第 60 页】

高阁凌空题咏

【明】石星（1538—1599）

崚嶒峻阁俯黉宫，四野苍茫入望中。
槛外寒飞炎夏雪，尊前香度紫芹风。
天空白日长悬照，云断青山雨斗雄。
制作如君真不偶，无穷班史说文翁。

【（清）金世德修、杨日升纂《东明县志》卷八，康熙十一年刻本，第60页】

高阁凌空题咏

【明】张尚友（生卒年不详）

飞阁崚嶒冲斗牛，五云缥缈赛瀛洲。
漆园自是家弦诵，不数昭明文选楼。

【【清】金世德修、杨日升纂《东明县志》卷八，康熙十一年刻本，第60页】

高阁凌空题咏

【明】穆文熙（1532—1617）

敞宴高楼酒漫斟，西风萧飒正秋深。
纵批木叶悲残景，突兀风云感壮心。
斗外晴光霞闪闪，枢中寒色月沉沉。
巡栏更欲耽清赏，何处哀鸿度远岑？

【（清）金世德修、杨日升纂《东明县志》卷八，康熙十一年刻本，第60页】

高阁凌空题咏

【明】陈其猷（生卒年不详）

危楼插碧汉，侧身傍星斗。
那用燃青藜，光照读书久。

【（清）金世德修、杨日升纂《东明县志》卷八，康熙十一年刻本，第60页】

高阁凌空题咏

【明】穆光胤（？—1639）

灿烂六经文，昭垂同日月。
杰阁起中天，文光时焕发。
春风芹藻香，讲席应不歇。

【（清）金世德修、杨日升纂《东明县志》卷八，康熙十一年刻本，第60页】

高阁凌空题咏

【明】李民质（生卒年不详）

危楼百尺雄，突兀宫墙畔。
多士乘风云，彩笔凌霄汉。

【（清）金世德修、杨日升纂《东明县志》卷八，康熙十一年刻本，第60页】

高阁凌空题咏

【明】李思孝（生卒年不详）

阁以尊经名，何如汉天禄？
应有太乙精，然藜照宵读。

【（清）金世德修、杨日升纂《东明县志》卷八，康熙十一年刻本，第61页】

高阁凌空题咏

【明】杨绍震（1563—1643）

高阁势峻嶒，六经光缭绕。
开窗星斗平，俯槛乾坤小。

【（清）金世德修、杨日升纂《东明县志》卷八，康熙十一年刻本，第61页】

高阁凌空题咏

【明】李腾骧（生卒年不详）

飞阁岧峣结蜃成，横经暇日眺吟清。
拂槛恒漳开远色，遥连紫气满春城。

【（清）金世德修、杨日升纂《东明县志》卷八，康熙十一年刻本，第61页】

高阁凌空题咏

【明】杨光启（生卒年不详）

危楼插碧汉，吟眺自徘徊。
山色凭轩外，河声拂槛来。
云霞足可蹑，阊阖叫应开。
把酒邀明月，王孙赋懒裁。

【（清）金世德修、杨日升纂《东明县志》卷八，康熙十一年刻本，第61页】

高阁凌空题咏

【清】段成章（生卒年不详）

高阁百尺迴，峻嶒薄云汉。斯文今在兹，光华拟复旦。

【（清）金世德修、杨日升纂《东明县志》卷八，康熙十一年刻本，第61页】

二贤胜境题咏

【明】石星（1538—1599）

文章华国孝宜家，遗迹犹存漆水涯。
古木森森摇玉佩，崇冈隐隐滚芦花。

【（清）金世德修、杨日升纂《东明县志》卷八，康熙十一年刻本，第69页】

二贤胜境题咏

【明】陈其猷（生卒年不详）

先哲祠堂古，桐梓荫丘封。
孝亲与华国，瞻拜仰高踪。

【（清）金世德修、杨日升纂《东明县志》卷八，康熙十一年刻本，第69页】

二贤胜境题咏

【明】穆光胤（？—1639）

闵子称大孝，公西能华国。
千载有遗灵，春秋并血食。
崇冈柏森森，还疑见颜色。

【（清）金世德修、杨日升纂《东明县志》卷八，康熙十一年刻本，第69页】

二贤胜境题咏

【明】李民质（生卒年不详）

古柏何郁郁，二贤祀其傍。
春秋虽邈矣，吾道终不亡。

【（清）金世德修、杨日升纂《东明县志》卷八，康熙十一年刻本，第69页】

二贤胜境题咏

【明】李腾骥（生卒年不详）

被芦独羡子单衣，章甫为邦世亦希。
千古林峦多气色，一时俎豆有光辉。

【（清）金世德修、杨日升纂《东明县志》卷八，康熙十一年刻本，第69页】

二贤胜境题咏

【明】张尚友（生卒年不详）

两哲芳名垂宇宙，千年遗迹寄东昏。
祠前剩有梧桐树，风雨萧萧可断魂。

【（清）金世德修、杨日升纂《东明县志》卷八，康熙十一年刻本，第69页】

二贤胜境题咏

【明】李思孝（生卒年不详）

子华志小相，子骞辞费宰。
芳轨若二趋，高风并千载。

【（清）金世德修、杨日升纂《东明县志》卷八，康熙十一年刻本，第69页】

秋日谒二贤祠

【清】储元升（生卒年不详）

洙泗同堂侍讲筵，千秋遗泽共流传。
单寒两语孚亲志，小相三言契圣诠。
孝行推崇人莫间，文为擅美孰争先？
庙廷若拟增从祀，应跻公西并闵贤。

雨霁新凉恰仲秋，西郊祇谒仰前修。
使齐不愧能专对，宰费宁甘作远游。
束带公朝虚愿望，解衔私室免愆尤。
世间荣禄须臾事，芳躅何如万古留。

【（清）储元升纂修《东明县志》卷八，乾隆二十一年刻本，第 77 页】

谒二贤祠

【清】吴鹏程（生卒年不详）

溶溶漆水水西涯，曾谒灵祠静不哗。
久立恍闻摇玉佩，乍看真见滚芦花。
重冈叠嶂砌芳草，古木疏藤宿晚鸦。
览胜未终行止意，树茏隐隐两贤家。

【（清）储元升纂修《东明县志》卷八，乾隆二十一年刻本，第 77 页】

赤水祯符题咏

【明】李民质（生卒年不详）

胜地起祯符，嘉禾兆灵异。
真人应运生，大业光千世。

【（清）金世德修、杨日升纂《东明县志》卷八，康熙十一年刻本，第 55 页】

赤水祯符题咏

【明】张尚友（生卒年不详）

白水真人应谶生，济阳宫里赤光明。
嘉禾瑞气千年蔼，夜夜还匝武父城。

【（清）金世德修、杨日升纂《东明县志》卷八，康熙十一年刻本，第 55 页】

赤水祯符题咏

【明】郭慎独（生卒年不详）

嘉禾秀济野，端不为丰年。
真主方潜曜，佳祥已兆隆。
庭飞天子气，枢绕美人虹。
赤水毓神物，千秋事业崇。

【(清)金世德修、杨日升纂《东明县志》卷八，康熙十一年刻本，第55页】

鱼窝垂纶题咏

【明】陈其猷（生卒年不详）

蒸蒸鱼跃处，必有化龙鳞。
不是无心者，披裘垂钓纶。

【(清)金世德修、杨日升纂《东明县志》卷八，康熙十一年刻本，第67页】

鱼窝垂纶题咏

【明】穆光胤（？—1639）

野水荡秋空，嘉鱼时泼泼。
日夕坐垂纶，风动芦花月。
得鱼及早归，恐烦后车辙。

【（清）金世德修、杨日升纂《东明县志》卷八，康熙十一年刻本，第67页】

鱼窝垂纶题咏

【明】李民质（生卒年不详）

飞熊梦未觉，鱼窝隐真人。

钓矶随处有，何必说富春。

【（清）金世德修、杨日升纂《东明县志》卷八，康熙十一年刻本，第 67 页】

鱼窝垂纶题咏

【明】李思孝（生卒年不详）

潭水何渟泓，潜鱼不可见。

垂纶待时清，岂为临渊羡？

【（清）金世德修、杨日升纂《东明县志》卷八，康熙十一年刻本，第 67 页】

鱼窝垂纶题咏

【明】杨绍震（1563—1643）

八百成周业，都来一钓钩。

东昏与渭水，遗迹至今留。

【（清）金世德修、杨日升纂《东明县志》卷八，康熙十一年刻本，第 67 页】

鱼窝垂纶题咏

【明】张尚友（生卒年不详）

黄钺白旄未遇周，把竿闲钓古溪头。

自从兆入飞熊梦，独有波澜万古流。

【（清）金世德修杨日升纂《东明县志》卷八，康熙十一年刻本，第 67 页】

鱼窝垂纶题咏

【明】李腾骥（生卒年不详）

古木荒原世代疏，飞熊胜绩已成墟。
临流想象经纶手，垂饵虽工不为鱼。

【（清）金世德修、杨日升纂《东明县志》卷八，康熙十一年刻本，第67页】

鱼窝垂纶题咏

【清】袁佑（1633—1699）

无心自投竿，岂有后车约？
鱼能忘我机，我亦知鱼乐。

【（清）金世德修、杨日升纂《东明县志》卷八，康熙十一年刻本，第67—68页】

鱼窝垂纶题咏

【清】梁秀（生卒年不详）

鱼窝非龙潭，龙或个里盘。
等闲逢烧尾，无事理纶竿。

【（清）金世德修、杨日升纂《东明县志》卷八，康熙十一年刻本，第68页】

鱼窝垂纶题咏

【清】范允贤（生卒年不详）

未为王者师，此地且垂纶。
一线知多少？钓来八百春。

【（清）储元升纂《东明县志》卷八，乾隆二十一年版，第75页】

鱼窝垂纶题咏

【清】吴鹏程（生卒年不详）

野烟绿树白沙东，碧水溶溶垂钓翁。
数尺游丝为旧业，一杆长竹是元功。
非关芳饵贪鲈鲙，只爱清流玩彪熊。
一自蒲轮应卜梦，鹰扬万里看飞翀。

【（清）储元升纂《东明县志》卷八，乾隆二十一年刻本，第 75 页】

黄河惊涛题咏

【明】陈其猷（1573—1619）

长空掀雪浪，天际卷秋云。
独有仙槎客，泛摇星斗文。

【（清）金世德修、杨日升纂《东明县志》卷八，康熙十一年刻本】

黄河惊涛题咏

【明】张尚友（1573—1619）

九折由来自天上，波涛映日影翩翾。
舳舻不断歌喉响，乘兴时看药王船。

【（清）金世德修、杨日升纂《东明县志》卷八，康熙十一年刻本】

黄河惊涛题咏

【明】穆光胤（？—1639）

朝出昆仑顶，夕走大梁城。
划然似天汉，滔滔万古情。
安得彭咸寿，为尔俟澄清。

【（清）金世德修、杨日升纂《东明县志》卷八，康熙十一年刻本】

黄河惊涛题咏

【清】袁佑（1633—1699）

黄河过孟津，涛声惊千里。
滨河望安澜，岁岁桃花水。

【（清）金世德修、杨日升纂《东明县志》卷八，康熙十一年刻本】

黄河惊涛题咏

【清】戴元（顺治年间）

巨浪涌天光，奔流蔽日色。
风波无定时，深险不可测。

【（清）金世德修、杨日升纂《东明县志》卷八，康熙十一年刻本】

黄河惊涛题咏

【清】梁秀（生卒年不详）

大川逾梁雍，夭矫若龙形。
浪翻无信晷，畏神比雷霆。

【（清）金世德修、杨日升纂《东明县志》卷八，康熙十一年刻本】

黄河惊涛题咏

【清】段成章（1875—1908）

万里下昆仑，风涛鸣九曲。
惟愿水时澄，民力今不足。

【（清）金世德修、杨日升纂《东明县志》卷八，康熙十一年刻本】

第六辑　牡丹

明清以来，曹州牡丹日渐赢得时名，并奠定了曹州此后几百年牡丹培育和销售中心的地位。在曹州牡丹名播海内外的过程中，文人的赋咏歌唱也起到重要作用。这些文人中，有曾任高官又作为当地牡丹园主的苏祐、何应瑞，也有清初的宰执大臣冯溥、陈廷敬，还有曾经担任过山东学政的钱宰、李中简，还有任职曹州的地方官员和一些向往曹州牡丹的朝野雅士，如王曰高、吴景旭等。

南宅内牡丹

苏 祐

载启花朝宴，中楼锦瑟张。
高才非李白，异品有姚黄。
日映疏疏景，风传冉冉香。
言承环膝喜，春在含孙堂。

【（明）苏祐《榖原诗集》卷三】

病中牡丹盛开感怀有作

苏 祐

春深抱病帘垂地，庭下花开独黯然。
正怯春寒怜丽质，况经长日度流年。
娟娟倚槛浑无赖，袅袅依人殊可怜。
拟荐金盘充贡入，东风摇曳玉栏边。

【（明）苏祐《榖原诗集》卷四】

从弟宅内牡丹

苏　祐

去年花下姑苏客，今日尊前季弟拚。
芳草池塘非昨日，故园月色好同看。
东篱谩想陶潜菊，南国虚传屈子兰。
但使常依春作主，终将持献玉为盘。

【（明）苏祐《榖原诗集》卷四】

顾中翰宅内牡丹

苏　祐

绛纱云幕护春寒，时而栏杆曲曲看。
雅丽自珍怜翰史，繁华并□？本长安。
谱翻新调频移拍，洞转欹岩故侧冠。
香色入帘堪送酒，无须重献紫芝盘。

【（明）苏祐《榖原诗集》卷四】

牡丹限韵

何应瑞（？—1645）

廿年梦想故园花，今到开时始在家。
几许新名添旧谱，因多旧种变新芽。
摇风百态娇无定，坠露丛芳影乱斜。
为语东皇留醉客，好教晴日护丹霞。

【《曹州志》，清康熙十三年版，第 408 页】

牡 丹

徐 笃

不负东君用意栽，今年尤胜去年开。
全倾嫩萼粘飞絮，低压柔枝映绿苔。
漫道名花来洛下，浑如神女下阳台。
写真那借丹青手，细把新诗为尔裁。

【（清）徐继孺《曹南文献录诗钞》，见《山东文献集成》第三辑第35册，第295页】

喜曹州刘兴甫送花

冯溥（1609—1691）

君家近洛阳，名花实繁伙。我乞数株栽，君云无不可。不惮人力劳，千里亲封裹。策蹇君自来，惠我数百棵。天竹珊瑚珠，黄梅异凡朵。花王领群芳，种植分右左。吾园本硗瘠，移换同蜾蠃。远取土之宜，审视务其妥。兼教灌溉法，阴阳殊水火。满溪色各别，畅遂如证果。因悟花性情，凡卉有真我。菀枯问所适，疆界讵能锁。九畹兰可滋，奚必湘之沱。明年花发时，酌酒众香裸。

【（清）冯溥《佳山堂诗二集》卷一，见《清代诗文集汇编》第29册，第666—667页】

题儿治世画册牡丹

冯 溥

绣幕雕栏护日华，天香争到野人家。
洛阳多少名园记，总是春风第一花。

【（清）冯溥《佳山堂诗二集》卷八，见《清代诗文集汇编》第29册，第738页】

磊亭牡丹盛开

吴景旭

其一

向来三石看成云，映带名花晓复曛。露裛红酣全得气，香欺翠浪密通闻。王孙旧第惊鸿笔，妃子新妆倚燕群。往事枞枞姑且酌，围场不用缕金裙。

其二

数枝端合抵芳荪，自结楼台贮此魂。不屑牝朝宁受贬，聿来花县独称尊。移栽孰费中人产，舒放偏当夏令暄。正是闲心闲极处，终朝作对又黄昏。

其三（月下）

朦胧夜景散幽栖，辨出房房色样齐。尽道仙姿奔月府，何知宠命隶金闺。烧残烛跋高难照，晕却眉痕淡欲迷。十二阑干空倚遍，独怜迫促是黄鸡。

其四（雨中）

幸逢十日养晴葩，忽尔中宵雨脚斜。鸠妇不思容伴侣，鼠姑疑是洗铅华。浓烟压首埋香玉，绣幌生啼带湿霞。未必兴平□酥可啖，沥将鲜水试煎茶。

其五

武丘山下卖花塘，排设层层花满堂。娃似浣余缠锦匹，客从沚底解钱囊。砌台乍可添新彩，油幕经今只故常。转信人情莫如旧，空庭不厌舞郎当。（岁丁未客姑苏，买十余种归植，次岁开四本，后此靡孑遗矣。）

其六

偶阅前贤谱籍中，最称曹县状元红。杏坛近得春为主，梓里遥将富此翁。迢递莺花虽阻绝，依稀鹿韭尚成丛。如今白舫无多路，早晚迟君颂酒功。（岁庚申，臧受澄客曹南，觅十本将见遗，惜归期逗留不及携来。）

【（清）吴景旭《南山堂续订诗》卷四，见《清代诗文集汇编》第38册，第133—134页】

并头牡丹

彭孙贻

绣园合锦出花房，照影双来各自香。
仿佛仙姝襟婉琰，参差姚汭拥英皇。
才人入座争联璧，明镜分娇笑竞妆。
独许比肩花下宿，故教文彩赠鸳鸯。

黄牡丹

彭孙贻

百宝阑前粲陆离，花王端合镇轩墀。
共看彩仗朝黄幄，重见姚家降帛姬。
金屋佳人娇笑敛，色丝少妇彩毫疑。
东皇富贵原无匹，扫尽宫鸦六院眉。

紫牡丹

彭孙贻

魏氏名家占上栏，胭脂凝袖倚琅玕。
蒲桃锦幄香徐卷，紫海春波夜不寒。
似共洛妃乘雾下，恰宜飞燕避风看。
檀槽试近花前拨，撩乱韶光顾曲难。

绿牡丹

彭孙贻

翠云承盖上流苏，青帝移春画槛隅。
笑杀小家空比玉，若非金谷漫藏珠。

鸭头池照秾芳没，螺子眉分黛色孤。
凝碧胜游丝管歇，独留花影照春芜。

墨牡丹

彭孙贻

彩笔分妍映绮罗，春阴秾蔼浓相和。
玄蜂照蕊花房暗，铁笛横尘暮色多。
索句乌衣人入梦，影蛾墨海月生波。
沉香亭畔休频倚，谁辨云鬟镜里过。

白牡丹

彭孙贻

露浥瑛瑶绝代姿，三千粉黛妒蛾眉。
浓芳隔幌摇云母，艳质惊人对雪儿。
璧月长圆休秉烛，银毫一色误题诗。
新声漫入梨园奏，舞罢霓裳总未知。

红牡丹

彭孙贻

朱门花月倚春宵，占尽风光赤板桥。
艳曲双声歌绛树，佳期一品冠红绡。
珊瑚照座敲疑折，彤管填词醉未消。
似有群仙下琼岛，丹楼五色上霞标。

【（清）彭孙贻《茗斋集》卷十九，见《清代诗文集汇编》第52册，第434—435页】

缠枝牡丹

彭孙贻

垂萝引蔓结绸缪，小作花王附玉楼。
不羡人前此飞燕，却来河畔会牵牛。
缠绵意向双行起，宛转歌成四月愁。
姚魏名家零落尽，残脂断粉擅风流。

【（清）彭孙贻《茗斋集》卷十九，见《清代诗文集汇编》第52册，第443页】

咏牡丹

王曰高（1626—1678）

其一

恋恋花间薄暮回，好花端为赏心开。
沉香亭畔凝妆久，百宝栏边舞佩来。
胜地重开锦步幛，多情欲筑避风台。
玉堂亟索金笺稿，谁拟清平供奉才。

其二

花王自是冠群芳，袅袅春风面面香。
飞燕轻身疑掌上，玉妃艳冶舞霓裳。
清平乐府传新调，富贵春葩独擅场。
莫怪情痴狂若醉，马蹄终日为花忙。

【（清）王曰高《槐轩集》卷四三，见《清代诗文集汇编》第105册，第502页】

牡　丹

王曰高

一

不是爱花偏有癖，只缘娇艳或难亲。
名花倾国浑闲事，醉倒花前可许人。

二

娇容艳冶洎天工，一出群芳果不同。
若使连宵当对卧，肯教容易别春风。

【（清）王曰高《槐轩集》卷四，见《清代诗文集汇编》第105册，第513页】

曹南牡丹四首

王曰高

一

自古名花说牡丹，开时车马动长安。
而今冷落花王甚，千里寻芳一道寒。

二

牡丹时节好风光，谷雨遨头花事忙。
万紫千红争献媚，栏边光识御衣黄。

三

洛阳自昔擅芳丛，姚魏天香冠六宫。
一见曹南三百种，从今不数洛花红。

四

偶从庭下见红芳，勾引春风千里装。

遮莫旁人传作笑，一生偏是为花狂。

【（清）王曰高《槐轩集》卷四，见《清代诗文集汇编》第105册，第516页】

曹南牡丹谱

王曰高

花王　深红色

艳姿真足冠群芳，三粲同妍斗丽妆。

自是天工夸国色，香名端不愧花王。

独占先春　红色

占得春风第一名，何人不唱丽人行。

娇羞欲破难留艳，故把柔香傍砌生。

一簇锦　浅红色

为怜锦绣特先开，仙子霓裳缓步来。

纵有海棠满日醉，谁能貌得绘天才。

瀛洲萃锦　绛红色

谪仙何日步瀛洲，分得天香第一筹。

白玉堂中曾晤面，杏园花史特风流。

天香湛露　白色

冰肌玉骨自仙仙，一片瑶华色愈妍。

待得更深香气足，和烟笼月沐婵娟。

锦帐芙蓉 淡粉色

国色天姿迥不同，秾华艳冶任天工。
相逢却向瑶台觅，绣被香寒午夜中。

铜雀春 绛红

二乔已擅吴宫艳，何事东南别有春。
笑杀百花争斗色，芳邻应念阮家贫。

飞燕新妆 浅粉色

国色羞同闺秀名，昭阳殿里都轻盈。
日华偏照晨光艳，独立汉宫太憨生。

蜀江锦 浅红

濯锦江边春满溪，美人镇日倚亭西。
不知年少缘何事，挥尽涛笺醉欲迷。

五瑞玉 粉色

嘉名锡自天章阁，玉质遥从画里传。
芳洁不同凡品艳，瑶台月下影娟娟。

【（清）王曰高《槐轩集》卷四，见《清代诗文集汇编》第105册，第516—517页】

咏牡丹

何 觐

纷纷姚魏斗春风，秀幄荆扉富贵同。
无限异名添旧谱，因多奇艳出新丛。
淡妆恰共归云碧，浓抹还随旭日红。
欲报花神新句得，清平逸调至今工。

（《曹南文献录》卷四十一）

向云泽自曹州以牡丹见遗赋答

陈廷敬（1639—1712）

春风料峭几枝斜，秾艳依然带露华。
牧佐旧为芸阁吏，曹州今有洛阳花。
写生银管曾修史，入席天香抵坐衙。
茅舍竹篱还称否，凭君相赠到烟霞。

【（清）陈廷敬《午亭文编》卷二十，据文渊阁《四库全书》电子版，上海人民出版社 1999 年 11 月版，集部别集类】

墨牡丹四首

陈廷敬

其一

新绿蛾眉画未匀，琐窗日影淡如银。
玉颜自抱临妆恨，不比昭阳镜里人。

其二

玉貌黄金事不同，铅华谁肯借春风。
眼前未解真颜色，嗤点何须用画工。

其三

舞衣连夜惜残春，只染天香肯染尘。
唤醒玉奴慵不起，紫金盏酒未沾唇。

其四

烟锁西陵翠帐尘，绮罗香散邺台春。
风流占断陈王赋，始信人间有洛神。

【（清）陈廷敬《午亭文编》卷八，据文渊阁《四库全书》电子版，上海人民出版社 1999 年 11 月版，集部别集类】

牡 丹

汤右曾（1656—1722）

种自曹州寄，名仍洛下来。
东风相欺得，芍药出丰台。

【（清）汤右曾《怀清堂集》卷十九，据文渊阁《四库全书》电子版，上海人民出版社 1999 年 11 月版，集部别集类】

城西看牡丹四捷句

曹 寅

其 一

今年花兴赴春迟，孱愁余寒怕辞诗。
孟季季旬过谷雨，画栏才见醉蜂儿。

其 二

佯颠做懒一番风，剪紫裁红特意工。
来日杯觥付闲汉，不教狼藉对诗穷。

其 三

扫垢山旁花独幽，杙船一衖绿杨稠。
可知国色无兼美，刚数曹州又亳州。

其 四

壁上题诗破紫苔，花前酹酒更徘徊。
日斜莺倦出门去，收拾残香好再来。

【（清）曹寅《楝亭词钞》卷八，见《清代诗文集汇编》第 201 册，上海古籍出版社 2010 年版，第 434 页】

荷包牡丹

顾嗣立（1665—1722）

药草芊绵一串寒，锦苞颗颗露溥溥。

洛阳花品无人识，却把文无作牡丹。

【（清）顾嗣立《秀野草堂诗集》卷四十一，见《清代诗文集汇编》第214册，第275页】

将抵曹县先寄宋嘉禹一绝

顾嗣立

曹南花中日相思，偏我来游又后时。

黄菊篱边无限好，可能抵作牡丹期。

【（清）顾嗣立《秀野草堂诗集》卷四十五，见《清代诗文集汇编》第214册，第304页】

曹 县

顾嗣立

牡丹数洛阳，花谱佳名富。迩来地气迁，曹南为独秀。鄗陵亦花县，亳城舟车凑。移根走吴越，射利俗何陋。景山自苍然，河水甘可漱。风土饶名葩，好事盛园囿。国色集倾城，家家错锦绣。新妆倚雕栏，飘香袭衣袖。瞢腾谷雨天，日日中醇酎。前季从北回，黄菊秋风后。今岁自南来，荷香弄长昼。两度失花期，饥肠夜空吼。江湖白发生，良辰愿莫酬。聊移百本归，泥封色如旧。衔杯坐草堂，新诗供刻镂。

【（清）顾嗣立《秀野草堂诗集》卷六十一，见《清代诗文集汇编》第214册，第396页】

次韵陶庵朝鲜牡丹即俗云荷包牡丹也

杜诏（1666—1736）

小草从来泖水西，无多香色使人迷。半含的的心如吐，一串垂垂首自低。红剪绒轻非带酒，紫罗囊细不占泥。分明家住杨花渡，驿贡何曾似白题。

【（清）杜诏《云川阁集》卷四，见《清代诗文集汇编》第218册，第570页】

雨后牡丹花为顾舍人震沧作

杜　诏

牡丹苦经雨，恐使颜色退。
谁知一雨后，嫣然弥可爱。
湿红淡晕香，凝碧扫黛冥。
冥濛薄雾中，晻暧斜阳内。
可笑白头人，终朝坐相对。
谁持紫金盏，一向花前酹。

【（清）杜诏《云川阁集》卷一，见《清代诗文集汇编》第218册，第629页】

瓶中牡丹分韵十四寒

杜　诏

为传花好过淮安，却遇花开到牡丹。数剪贻将贤守去硕堂时向风衣索花因折赠焉，几枝留与老夫看。莫教艳绝愁经雨，为怕香销肯耐寒。诗歌篔筜谁作伴风衣自榜其斋，曰十个篔筜屋，锦帏重护碧阑干。

【（清）杜诏《云川阁集》卷十四，见《清代诗文集汇编》第218册，第652页】

绿牡丹五首

陈万策（1667—1734）

其 一

洛都红紫竞芳芬，一种曹州迥出群。
翠幕围来轻映日，绿萝深处蔼生云。
花藏叶底遥难认，瓣在跗中近不分。
若傍兰闺含晓露，好将眉黛与文君。

其 二

倾国名花别样妆，轻蝉绿鬓斗荣光。
踏莎行去才留影，映竹窥时但有香。
左氏何年分紫绶，姚家今日赋黄裳。
谁传鹿韭葱茏色，占断深春锦绣场。

其 三

叠罗新本艳如烟，楼阁分明晕点圆。
影入渌池浑不见，栖来翠羽郁相鲜。
却胜汴都青飞蝶，休教河阳绿睡蝉。
架上荼蘼栏外柳，浓阴一色养花天。

其 四

绿暗丛中望有无，芳传曹国擅名孤。
风摇翡翠双飞翼，露浥蜻蛉午日珠。
紫陌红妆知莫并，青霓白舞也应姝。
花时若值张祠部，座上新添贵客图。

其五

百两金开尚及春，峰岚朝拥楚台神。
洗残脂粉香偏酷，点著娥眉色更新。
亭畔杨妃争解语，窗间谢女想宜颦。
何当采采堪盈匊，月幌风帘赏淡辰。

【（清）陈万策《近道斋集》卷一，见《清代诗文集汇编》第220册，第28页】

五彩结同心咏荷包牡丹

黄之隽（1668—1748）

团圆样小，软薄绡娇，对剪淡红双片。贴合浑无缝，想花后，巧度金针绣线。穿丝自向花阴系，未衬到，裙腰温软。缄小口，牢收密束，略放春风吹绽。韶华只容一点，恨安诗太窄，藏香忒浅。挂得轻匀处，也曾惹，带醉杨妃捻扁。倚栏独自无心佩，佩不了，罗囊几串。须满贮，故园春色，寄与天涯人看。

【（清）黄之隽《庑堂集》，见《清代诗文集汇编》第221册，第506页】

毛氏园[1]观牡丹

黄子云（1691—1754）

十亩芳菲园，名花最后看。
乍疑春欲醉，可爱露难干。
倚日自矜宠，回风不受寒。
药阑频徙倚，吟望夕阳残。

【（清）黄子云《野鸿诗稿》，据（清）沈德潜《清诗别裁集》卷三十，河北人民出版社1997年版】

注释：①毛氏园，今山东菏泽市牡丹区毛胡同村毛花园。建于明代。园主为五世名医毛景瑞。花园占地五亩，园内所种牡丹，花大色艳。此诗描写的正是毛氏园牡丹。

牡丹歌

刘藻（1701—1766）

春风已老众香国，冶杏夭桃无颜色。总持春事赖花王，领袖群芳有余力。晓露初拆紫玉房，晚烟半护黄金蕊。照影临池自袅袅，含香对月尤嶷嶷。主人久空色香界，绿意红情已寂默。数亩荒园自锄理，春韭秋菘是所亟。郡圃名花人共艳，匪我思存屏异域。去年友人致数本，不应弃置聊封殖。岂意东皇正有情，催放天葩无吝啬。海云凤尾幻形容，倒晕檀心费镂刻。顿令小圃擅风光，收转春光回衔勒。时闻柳外莺声来，唤起花魂花不识。

【《菏泽县志》卷十八，清光绪六年版，第 566 页】

至曹州牡丹已过

钱载（1708—1793）

屡与花期屡后期，花天况复妒风姨。
苍苔小院飞蝴蝶，绿树深城叫子规。
酒散独依斜月坐，春秾犹属老年思。
村村姚魏家家诧，郑重何人折几枝。

【（清）钱载《萚石斋诗集》卷三十九，见《清代诗文集汇编》第 314 册，第 211 页】

曹郡牡丹知名旧矣，余来以闰三月，正值花时，赋诗志慰

李中简（1721—1781）

胜游著处系征鞍，香国来寻币月欢。
长路雨风偏错综，故家池馆莫摧残。
锦帷春晚归余好，金带名高见似难。
可得应图红一捻，鬓丝相对卷帘看。

【（清）李中简《嘉树山房诗集》卷十五，见《清代诗文集汇编》第 348 册，第 601 页】

后牡丹四首（癸巳曹州试院作）

李中简

一

十郡年芳最此都，奇观真逼洛阳无。
为吟栗里园情句，乘访徐卿没骨图。
云幄深深迷凤子，锦屏冉冉上狸奴。
湘□一片笼春色，不羡仙人白玉壶。

二

始可言花不问名，酸寒无句赠倾城。
三千世界亭亭出，十二栏杆面面迎。
折柬经时金谷晚，染衣永夜玉堂清。
风前舞态妨群珮，忍遣身如燕子轻。

三

不应无语蓦愁人，如梦仙云隔绛津。
华屋亭台仍大姓，琐窗风月但前身。
两行银烛阑珊影，万杵元霜料峭春。
回首天涯惊绝代，海山独立迥伤神。

余向在滇中，永昌牡丹最胜。

四

惜春百感剧纷拏，病眼于今渐不遮。
白发开樽便即事，黄金买笑漫为家。
名园地古留鸿迹，香草编长得岁华。
寄语旧游崇敬侣，三生缘证一丛花。

丁亥侍直南苑，寓德寿寺赋牡丹四首。

【（清）李中简《嘉树山房诗集》卷十五，见《清代诗文集汇编》第348册，第601页】

牡丹行

刘大绅（1747—1828）

洛阳花事既消歇，天彭亦号小西京。当时中原已沦没，南人未到曹南城。人间尤物不可见，姚黄魏紫空闻名。状元得称第一种，玉楼禁苑齐争荣。天香一品及三变，恨不欧阳同日生。佛头之青更奇葩，春花百种谁抗衡。造物功能亦已竭，天吴纵观心不平。下土蝼蚁岂足数，上天何故娱饥伧。灵犀奋勇毒龙怒，洪涛一鼓翻长鲸。青畴绿壤卷入水，草木非敌难为勍。嗟我不才从事晚，春风到日花间行。眼中犹见十余种，醉倚酒瓮听流莺。志言曹州牡丹甲于天下，乾隆年间，黄河漫溢，少不如前。白发归来守荒径，追维往事思茂卿。花压阑干只一色，羞从临芳望华滑 。辟如阿娇失恩宠，长门宫里无逢迎。又如淮阴降侯日，与哙等伍徒自轻。几度吟诗世不识，何时酿酒家能顷。百药仙人下尘世，钧天无计闻韶英。所幸苍苍尚怜惜，不教风雨来相争。绝色宁惟老夫喜，芳容亦使山妻惊。看花十日忘昏晓，足偿一年弄花情。可笑柳浑不晓事。戎葵持较矜分明。

【（清）刘大绅《寄庵诗文钞》卷一，见《清代诗文集汇编》第 421 册，第 28 页】

崔绍先邀看牡丹

刘大绅

路入轻盈杨柳湾，浓华尽在曲栏间。

氤氲荀令风前座，绰约杨妃醉后颜。

从教芝兰香别涧，笑输桃李点空山。

如何也许林泉客，率尔空山共往还。

【（清）刘大绅《寄庵诗文钞》卷一，见《清代诗文集汇编》第 421 册，第 85 页】

赋白牡丹二首

刘大绅

其一

同是花师手种成，开时风韵独何清。
带来一点山林气，辞得千秋富贵名。
孤鹤舞余初不辩，落霞飞尽始分明。
玉人多少含羞处，半醉朱颜薄晕生。

其二

正欲簪花雪发盈，朱阑紫槛独关情。
不因淡极春无色，却似愁深月更明。
宰相自缘金带重，山人终为白衣倾。
好将吐凤扬雄赋，写向花枝寄玉京。

【（清）刘大绅《寄庵诗文钞》卷一，见《清代诗文集汇编》第 421 册，第 183 页】

杂咏牡丹

赵新（1820—1881）

菏泽牡丹不下百余种，此仅取其一二耳

姚 黄

花王应被赭黄袍，色似初春柳散绦。曹国竟同燕国侈，熔金新筑一台高。

旧云：牡丹黄者皆单瓣。予在曹所见如姚黄、御衣、黄金轮之类，无不起楼有高五六寸者，非独佳种，亦培植得宜也。第此花不甚受水，插瓶即萎。或者其品甚高，不肯供人耳目之玩，与花之有品而自重者尚如此。

魏紫

多买胭脂果不差，居然莲脸晕朝霞。夫人自昔称曹国，紫玉端应属魏家。

此种自昔与姚黄并称，然不及黄者远矣，香亦逊也。

豆绿

群芳卸后吐奇芳，高挽香鬟拥绿云。谢绝人家脂粉气，远山眉黛想文君。

绿牡丹开最迟，花瓣重叠，包裹紧实，亦贵品也。

墨魁

夺魁名目占花窠，浅紫深红教若何。砚北莫嫌颜色淡，妙文著墨本无多。

花色极紫，远出紫珠盘、葛巾紫之上，非真如墨也。

冰清

铅华洗净著清风，独抱冰心样不同。写艳无须朱点染，肖形真个玉玲珑。

长瓣曲屈似玉版而无檀心，真有洁静精微之致，名曰玉玲珑洵不愧也。

梨花雪

如广寒宫见丽华，娉婷月下一枝斜。梨花白雪工摹拟，从此休将玉色夸。

是花乃极白者，枝干短小，大有弱不胜衣之态。

一品朱衣

骨抱九仙衣一品，邺侯风度认依稀。人闲正色无多少，珍重天公特赐绯。

形似莲花，但色朱瓣圆，以其名佳人多爱之。

葛巾紫

紫胎表异谢王封，名士纶巾爱卧龙。雨侧风欹偏一角，依稀如见郭林宗。

花圆整而富丽，如古时所戴葛巾状，故名。

红　冰

粉腻脂柔日炙消，丹青束手枉摹描。杨妃香汗灵芸泪，颜色终须逊此娇。

粉色娇艳非常，俗呼冰凌照红池，为改今名。园主笑其不典，于夜露犹湿，晓日未上时观之，莫能名其研丽，惟叹观止而已。

掌花案

火珠闪烁映丹霞，艳到如斯更莫加。若使移教端节放，居然斗大石榴花。

榴花颜色最艳，此种正与相似，真奇观也。

瑶池春

仙姿端合住瑶池，雅爱梳妆绝点尘。五色衣裳嫌绚烂，藕丝衫子称身裁。

花作深藕色，黄蕊单瓣。

花牡丹

脂粉相兼衬玉肤，别开生面费工夫。妆余一捻红如此，犹带杨妃指印无。

红白相间，向无此种。乃莳花人用字种出者，俗名花牡丹。殆似沉香亭畔之一捻红乎？牡丹结子如豆，各异种皆用子种出，分枝则不能变也。初出土，止一叶，六七年后，始花，煞费工夫。故分枝多而种者少。

【《菏泽县志》卷十八，清光绪六年版，第 589—591 页】

看牡丹赠园主赵叟

赵　新

此老无惭市隐名，莳花真可当春耕。前身合是庄周蝶，安稳香中过一生。数亩闲田世守贫，艺牡丹已三世　团焦一榻仅容身。名花似解嫌寒俭，特起楼台傲主人。买花人至日纷纷，布散天香下界闻。过眼繁华空色相，居然富贵等浮云。活色生香著笔难，化工到此信奇观。从今莫更伤穷薄，饱向曹南看牡丹。

【《菏泽县志》卷十八，清光绪六年版，第 591 页】

牡丹谱诗

张泰熙（顺治年间）

时州学正竹浦苏君著有牡丹谱

北海尔雅苏夫子，古今淹贯作花史。梓泽盛概嗟已矣，富贵园林喧济水。一经时雨滋茂美，春风鼓舞殿桃李。或接或种竞秀起，不尽姚黄与魏紫。大道栽培莫可揆，本深立兮发英蕊。旷观宇宙得物理，从来繁华亦尔尔。洛阳锦绣当如此，满前绰约竟谁是。畴昔绝盛曾知否，喟然俯首曰唯唯。

【《菏泽县志》卷十八，清光绪六年版，第 587 页】

题余雪村曹州牡丹谱后

陈燮（生卒不详）

其 一

洛花从古焕双明，四十年间变态生。
何事曹南名品上，色香才附小西京。

其 二

学士诗缄百醉中，书来花叶遍三艘。
不须双桂楼抄本，谱牒新裁属寓公。

其 三

菏水曾经两度来，零烟碎雨接风埃。
可能重访胭脂国，一日花前一百回。

【（清）陈燮《忆园诗钞》卷五，见《清代诗文集汇编》第 491 册，第 598 页】

牡　丹

刘少攽（1736—1795）

好花如美女，每易招人妒。
何处阑珊风，一夜颜色故。

【（清）刘少攽《经余集》卷六，见《清代诗文集汇编》第 304 册，第 252 页】

鄄城葛园看牡丹呈翘圃司马

王朝恩（生卒年不详）

轻云叆叇天蒙蒙，欲雨不雨花光融。春衫熨贴雨袖风，翩翩结骑来城东。城东雅得山林意，司马闲居曾？游地。种成万本洛阳葩，为话辛勤十年始。开门揖客蜂蝶惊，花枝四照如相迎。秾薰习习扑衣袂，魏紫姚黄不记名。提壶小鸟花间唱，更乞花茵施步幛。十千论价百斛量，酒气花香齐酝酿。叵罗细酌我不辞，折花为汝陈芳词。买栽须得园林胜，品第欣邀地主知。主人昔日官江涘，满目河阳花似绮。甘雨犹留棠荫边，名材多在春风里。即今拂袖暂归来，笑把花枝手自栽。拼将十户中人赋，看取三春锦艳堆。我歌欲闻主人喜，一花一杯酌未已。只恐花娇酒力微，却要花扶扶不起。

【（清）王朝恩《传砚斋诗质》卷三，见《清代诗文集汇编》第 294 册，第 645 页】

咏绿牡丹

胡惟一（生卒不详）

其　一

洛阳踏遍尽寻常，羞煞纷纷是紫黄。
借问东君谁第一，荷衣初赐状元郎。

其 二

柳杨宫袍翡翠妆，饶他国色漫相当。
千年惟有石家艳，金谷楼空枉断肠。

【《菏泽县志》卷十八，清光绪六年版，第 586 页】

过毛氏园

成德乾（生卒不详）

微吟小醉踏春行，瞥见园林百媚生。
也有天资曾知雨，几多国色不知名。
芳菲莫怪美人妒，潋滟应关花史情。
做久景闲心亦静，绿杨深处转流莺。

【《菏泽县志》卷十八，清光绪六年版，第 587 页】

和清平调三章

成德乾

其 一

秀致珊珊绝世容，看来宜淡更宜浓。
去年曾醉群芳酒，一度春风今又逢。

其 二

名花相傍唱合欢，妩媚宜将醉眼看。
月下模糊认不出，恍疑仙子倚栏杆。

其 三

红红白白暗飞香，相对无言系醉肠。
九十春光容易掷，东风劝驾早催妆。

【《菏泽县志》卷十八，清光绪六年版，第 588 页】

咏白牡丹

麦廷赓（生卒不详）

百花开遍甫含芳，不羡人间倚艳妆。
春去自飘曹国雪，月明惟觉一亭香。
鹤翎叶裹条分绿，蝶粉风凝药带黄。
可是陈思能作赋，洛川神女素罗裳。

【菏泽县志 卷十八，清光绪六年版，第 588 页】

东山园牡丹

朱昌运（生卒不详）

为爱名葩不计贫，典衫沽酒卧花茵。
莲清误得称君子，梅瘦虚曾作美人。
冶艳浓香真富贵，仙姿玉骨远风尘。
春光得我方能丽，笑煞群芳号丽春。

【《菏泽县志》卷十八，清光绪六年版，第 588 页】

题东山园牡丹

朱暌（生卒不详）

绿云堆里露仙芳，红玉枝头浓淡妆。
月下飞来琼岛种，风前似舞汉妃裳。
清魂留我三春梦，幽馥袭人一夜香。
漫道向时翻旧谱，再裁新句酹花王。

【《菏泽县志》卷十八，清光绪六年版，第 588 页】

鱼儿牡丹

【清】况澄（同治年间）

谁把红英比赤鳞，伦依蒲藻亦精神。
观棠别有繁华境，临水争看富贵春。
锦队出时经雨细，香丛多处漾波新。
买栽池馆何须网，名以荷囊定可人。

【（清）况澄撰《西舍诗钞》登善堂藏版，见《清代诗文汇编》第601册，第642页】